2022 年第 2 辑

价值论研究
RESEARCH ON AXIOLOGY

2022，No.2

孙伟平　陈新汉/主编

上海大学价值与社会研究中心
中国辩证唯物主义研究会价值论研究专业委员会 /编

上海大学出版社
SHANGHAI UNIVERSITY PRESS

图书在版编目(CIP)数据

价值论研究.2022年.第2辑／孙伟平,陈新汉主编.—上海：上海大学出版社,2022.12
ISBN 978-7-5671-4676-1

Ⅰ.①价… Ⅱ.①孙… ②陈… Ⅲ.①价值论(哲学)—研究 Ⅳ.①B018

中国国家版本馆CIP数据核字(2023)第013173号

责任编辑　王悦生
封面设计　柯国富
技术编辑　金　鑫　钱宇坤

价值论研究（2022年第2辑）

孙伟平　陈新汉　主编

上海大学出版社出版发行
(上海市上大路99号　邮政编码200444)
(https://www.shupress.cn　发行热线 021-66135112)
出版人　戴骏豪

＊

南京展望文化发展有限公司排版
句容市排印厂印刷　各地新华书店经销
开本 710mm×1000mm　1/16　印张18.75　字数270千
2023年1月第1版　2023年1月第1次印刷
ISBN 978-7-5671-4676-1/B·132　定价　79.00元

版权所有　侵权必究
如发现本书有印装质量问题请与印刷厂质量科联系
联系电话：0511-87871135

《价值论研究》编委会

主　　　任　李德顺
副　主　任　孙伟平　陈新汉
委　　　员　（按姓氏笔画为序）
　　　　　　马俊峰　王天恩　文　兵　尹　岩
　　　　　　冯　平　宁莉娜　刘进田　闫坤如
　　　　　　江　畅　孙伟平　李德顺　邱仁富
　　　　　　汪信砚　陈新汉　胡海波　段　勇
　　　　　　黄凯锋　韩　震
主　　　编　孙伟平　陈新汉
副　主　编　尹　岩　邱仁富　刘　冰
执 行 编 辑　（按姓氏笔画为序）
　　　　　　伏志强　杨　丽　吴立群　张亚月
　　　　　　张艳芬　张响娜　赵　柯　姚毅超
　　　　　　夏晨朗　彭学农

名家访谈

价值论研究期待"自我革命"
——孙伟平教授访谈 …………………… 孙伟平　刘　冰 / 003

我国价值论研究主要著作巡礼

通往西方哲学价值论之桥
——重读江畅教授《现代西方价值理论研究》 ………… 周莹萃 / 031

社会主义核心价值观研究

浅析思想政治教育互动的实现路径 …………………… 张　婧 / 047
历史唯物主义的生态价值观
——评伯克特《马克思与自然》的相关观点 …………… 彭学农 / 057

价值论基础理论研究

以新视野推动新时代价值哲学的发展 ………… 高惠珠　刘利威 / 071
史伯"和实生物"思想所蕴含的全人类共同价值
　基因 ………………………………………… 周海春　蒋文汇 / 081
人类命运共同体理念的价值意蕴 ……………………… 梅春英 / 090
数字化时代的正义实践变革与数字正义的价值构建 ……… 王　轩 / 101

评价论研究

评价与探究
　　——对杜威评价理论的一个考察 …………………… 张艳芬 / 125
直觉在价值判断中的地位和作用 ……………… 陈　阳　崔朋悦 / 143

文化与价值研究

大变局中文化自信的三重价值 ………………………… 唐志龙 / 159
迷茫与超越
　　——从物质主义到心灵主义 …………………………… 王世荣 / 171
论大变局背景下中华民族文化价值体系的历史重建 …… 鹿　林 / 197
梁漱溟"文化三路向"的价值哲学意蕴 ………………… 姜春兰 / 219
大运河文化带的审美价值与价值美学建构 ……………… 徐　可 / 234

价值实践问题研究

重视基于"后物质时代"的价值观研究 ………………… 沈湘平 / 247
《神圣家族》对《什么是所有权》中贫困问题的关注 …… 任帅军 / 258

研究动态

"大变局中的中国价值哲学研究"
　　——第二十二届中国价值哲学大会会议综述 ………… 关山彤 / 279

Contents

Celebrity Interviews

Axiology Research Expects "Self Revolution"
— An Interview with Professor Sun Weiping
Sun Weiping and Liu Bing / 003

A Tour of the Main Works on the Study of Axiology in China

A Bridge to Western Philosophical Axiology
— Rereading Professor Jiang Chang's *Research on Western Value Theory*
Zhou Yingcui / 031

Research on Socialist Core Values

On the Realization Path of Interaction of Ideological and
Political Education *Zhang Jing* / 047
The Ecological Values of Historical Materialism
— Comment on the Relevant Viewpoints of Burke's *Marx and Nature*
Peng Xuenong / 057

Research on Basic Theory of Axiology

Promoting the Development of Value Philosophy in the New Era with a
New Vision *Gao Huizhu and Liu Liwei* / 071
The Common Value Gene of All Human Beings Contained in

Spu's Idea of "Harmony and Reality"
            Zhou Haichun and Jiang Wenhui / 081

The Value Implication of the Theory of the Community of
 Human Destiny   *Mei Chunying* / 090

The Reform of Justice Practice in the Digital Age and the
 Value Construction of Digital Justice   *Wang Xuan* / 101

Research on Evaluation Theory

Evaluation and Exploration
 — An Investigation of Dewey's Evaluation Theory *Zhang Yanfen* / 125

The Position and Function of Intuition in Value Judgment
            Chen Yang and Cui Pengyue / 143

Research on Culture and Value

Triple Values of Cultural Confidence in the Times of Great Changes
               Tang Zhilong / 159

Confusion and Transcendence
 — From Materialism to Mentalism   *Wang Shirong* / 171

On the Historical Reconstruction of the Cultural Value System of
 the Chinese Nation under the Background of Great Changes *Lu Lin* / 197

The Value Philosophy Implications of Liang Shuming's "Three
 Directions of Cultures" on the Perspective of Axiology *Jiang Chunlan* / 219

The Aesthetic Value and the Construction of Value Aesthetics of
 the Grand Canal Culture Belt   *Xu Ke* / 234

Research on Value Practice

Emphasis on the Study of Values Based on the "Post-Material Era"
              Shen Xiangping / 247

The Holy Family's Focus on Poverty in *What Is Ownership* *Ren Shuanjun* / 258

Research Trends

"Research on Chinese Value Philosophy in the Great Change"
 — A Summary of the 22nd China Value Philosophy Conference
               Guan Shangtong / 279

名家访谈

Celebrity Interviews

价值论研究期待"自我革命"

——孙伟平教授访谈

孙伟平　刘　冰

【孙伟平教授简介】 孙伟平，湖南常德人，哲学博士。上海大学伟长学者特聘教授，中国社会科学院大学"中宣部马克思主义理论骨干人才计划"博士生导师。曾任中国社会科学院哲学研究所副所长、直属机关党委副书记（正局级）、《世界哲学》主编。主要社会职务有中国辩证唯物主义研究会副会长及价值论研究专业委员会会长、中国现代文化学会副会长及文化建设与评价专业委员会会长、韩国成均馆大学等校客座教授。孙伟平教授是国家重大人才计划入选者，是上海市领军人才，获国家"有突出贡献中青年专家"称号，享受国务院政府特殊津贴。主要从事价值哲学、智能哲学研究。主持承担了2项国家社会科学基金重大项目，20多项国家和省部级项目；主持编写年度性的中国绿色智慧城市发展报告、中国生态城市发展报告、中国文化建设发展报告等。已出版专著15部，主编、合著47部，译著2部，包括价值论领域的《价值论转向：现代哲学的困境与出路》（安徽人民出版社2008年版）、《事实与价值：休谟问题及其解决尝试》（社会科学文献出版社2000年版）、

《价值哲学方法论》（中国社会科学出版社2008年版）、《伦理学之后：现代西方元伦理学思想》（中国社会科学出版社2014年版）、《价值之维》（吉林文史出版社2017年版）、《创建"中国价值"：社会主义核心价值体系研究》（社会科学文献出版社2015年版）、《最大公约数：社会主义核心价值观研究》（广西人民出版社2021年版）等；著作曾7次入选国家出版基金项目，2次入选"经典中国国际出版工程"，1次入选国家"丝路书香工程"。在《中国社会科学》《求是》《哲学研究》《马克思主义研究》《人民日报》《光明日报》等报刊发表论文、译文300多篇；论文100多篇次为《新华文摘》《中国社会科学文摘》《高等学校文科学术文摘》、人大复印报刊资料等转载或摘要转载。著作和论文曾20多次获得省部级以上奖励，包括中宣部"五个一工程"图书奖、"国家图书奖"、中国出版政府奖图书奖、中华优秀出版物奖、教育部人文社科优秀科研成果奖、中国社会科学院优秀科研成果奖等。

刘冰（以下简称"刘"）：您是价值哲学专业的第一位博士，迄今也是该领域最高产的作者之一，《事实与价值》《价值哲学方法论》都为人所熟知；您曾经研究过的许多价值问题，例如"休谟问题""哲学的价值论转向"以及网络和人工智能的价值反思等，不少人都很感兴趣。想必您的价值论研究有不少值得分享的故事。首先请谈一谈您是怎么走上价值论研究之路的？

孙伟平（以下简称"孙"）：我闯入价值论研究领域，纯属偶然。

我在北京师范大学攻读硕士学位时的专业是逻辑学，写过一些思维科学、科学方法论方面的论文。1993年，经袁贵仁老师推荐，我报考了中国人民大学哲学系夏甄陶教授（马克思主义哲学认识论研究方向）的博士研究生。因为是跨专业方向报考，并且准备不充分，因而考试成绩不太理想，在报考夏老师的学生中"屈居第二"。虽然夏老师与我是同乡，对我有些偏爱，但当时中国人民大学哲学系实力非常雄厚，博士生导师比较多，每位导师只有一个招生名额，这让憨厚、朴实的夏老师颇感为难。

正巧，在决定录取名单的那段时间，李德顺教授的博士生导师资格获得了国务院学位委员会的批准。他招生的研究方向是"价值论研究"。——李德顺教授是"文革"后最早毕业的一批硕士、博士，他和李连科、刘奔、袁贵仁等学者一道，刚刚开拓了哲学中的一个新兴领域——价值论研究。

李德顺教授时任马克思主义哲学教研室主任，他与萧前、夏甄陶老师一道，参加过我们博士生考试之后隔天举行（免得外地考生多跑一次的人道安排）的复试，对我的印象尚可。他对我的逻辑学出身感兴趣，对我的硕士论文关于直觉、非理性的讨论也感兴趣。尤其"另类"的是，他"居然"认为，我"原本不是学哲学原理的，所以不会受既有概念条框的束缚，适合从事与传统哲学理论不一样的价值论研究"！此外，由于我以前的专业方向是逻辑学，他还特别希望我能够研究"价值逻辑"的问题。因此，李老师向夏老师表示，如果将我调剂给他，并且我也同意的话，他愿意担任我的指导老师。

主要由于如此不合常理、"稀奇古怪"的原因，我无比幸运地成为了李德顺教授的博士"开门弟子"。就这样，我便阴差阳错地结缘"价值论"，成了国内第一个以"价值论研究"为专业方向的博士研究生。

刘：您结缘价值论的经历很有趣，成为李德顺教授的博士研究生可谓您研究生涯的转折点。李老师已经培养了一大批价值论研究方向的学者，您是否可以谈谈李老师当年是如何指导您"做"价值论研究的？

孙：价值论的主要特点是将实践视为哲学的首要的基本的观点，特别注重"主体的尺度"或主体性，旨在"变革世界"，建设一个人与社会自由全面发展的美好社会。与这样一个研究方向相呼应，李老师特别推崇独立的学术品格和锐利的分析方法，更具有鲜明的学术个性和不妥协的战斗精神。那时候，他已经完成了"价值论"的理论创建，特别推崇"主体"和"主体性"，一心想着"让思想站起来"。他由衷地希望，我们这些年轻学子也能够与他一道，富于批判性、战斗性，对于一切僵化、保守、错误的观念、思潮都敢于"硬碰硬"。他有些"学术洁癖","眼睛里容不得沙子",在论战中总是追求一针见血、入木三分。遇到问题,或者与人论战,他总是反复琢磨,刻意寻找一个"传神"的表达,不将对方"刺痛",不将对方"驳倒",誓不罢休。例如,他讥讽那些各种情势下"一贯正确"的人说的是"神话",而非"人话";批判某些官僚将"人民"抽象化,与具体的活生生的人脱离开来,令"人民"像上帝一样,"越想越伟大,越找越没有"……有时,即使因为某种原因碰壁,即使付出有形无形的代价,他也绝不低头,从不愿意妥协……。

入学后,或许是因为我是第一届博士研究生的缘故,李老师在我的身上倾注了特别的热情,对我承载着许多的期许和愿景。除了正常的上课,几乎每个星期,我都会去一趟李老师家,既汇报我的学习情况,也讨教学习和生活中的各种问题。有时,也会遇到李老师指导的几位硕士研究生。见到我们,李老师便立即放下手头的工作,就大家关心的一些学术和社会问题,与我们一起耐心地分析、研讨。这样的个别辅导或"讨论会",每次几乎都会持续一个下午。通过这种形散而神不散、见招拆招式的谈话式教学,可以学到许多书本上学不到的东西,可以锻炼自己分析问题、解决问题的能力。

入学前,我已经发表过10多篇论文。为了早日"走进"价值论,我向李老师提出,能否合作写一篇论文,边学习边研究,掌握基本的科研技能和价值论的研究方法。李老师未加思索,爽快地答应了。我以前做过一些科技哲学或科学方法论研究,结合正在攻读的价值论方向,就提出以"科学的价值"为突破口。李老师稍加思考,首肯了我的选择。

然后,我就开足马力、没日没夜地做起来。没有想到的是,这篇论文写得前所未有的艰难:我精心拟定的提纲一次次被李老师质疑、否决,大半年才勉强通过;至于研究立场的确定、主要观点的提炼、具体表达方式的选择,更是反复推敲,经常推倒重来。记不清写了多少稿,也记不清讨论过多少次。反反复复修改,到李老师最后定稿,投给《哲学研究》编辑部发表,这时已经一年半过去了。这次"实战"令我收获颇丰,是那种全面的收获,有些还是很难说清楚的收获。这让我对学术研究产生了全新的认识。

稍后的博士学位论文写作，李老师也倾注了大量的心血。他不厌其烦地与我讨论，逐段逐句地审读、批阅。其中有一章，李老师还严肃地要求我重写，吓得我在办公室拼命用功，在大楼锁门后，只能半夜跳窗回家。因此，我的博士学位论文中实际上有不少李老师的思想。记得我的博士学位论文答辩的时候，李老师执意不肯依当时的惯例做答辩委员。他认为，我们是"同伙"，应该一起"接受审判"，并驳斥一切对于我们的观点的质疑。他的这个决定，导致我的答辩只有萧前、夏甄陶（主席）、赵凤歧、吴家国、李淮春、郭湛等六位委员。在整个下午、三个多小时的答辩过程中，李老师不动声色地坐在我的身后，认真地聆听、观察和思考。对于各位答辩委员提出的意见和问题，我逐一做了简明扼要的回答，并对自己的观点进行了顽强的辩护。但依我低调、与人为善的个性，往往最后都会客气地加上一句："这个问题我不知道理解得对不对，今后还要进一步研究。"对于此等"虚伪的客套"，李老师听了极为不满，不以为然！他甚至认为，这是在向我们反对的观点妥协，是学术的求真精神所不能容忍的！遵照回避程序，在走廊里等待答辩委员们闭门评议的时候，李老师实在忍不住了，当着其他同学、板起面孔教训我："你应该把他们全部、坚决地顶回去！说那么多客气话干什么！"

我本来比较内向、敏感。经过李老师的鼓励、感染和熏陶，我在学术上也逐渐变得"主体性"越来越强，越来越自信和大胆，越来越富有否定和批判精神。

刘：这确实是一个很有意思的导师指导研究生的案例。

孙：是的。我觉得自己很幸运，难得在价值论初创时期加入进来，难得在人生的关键时刻遇到良师，难得导师当时有时间手把手地言传身教。我也从中悟到了一些担任导师的经验。后来，我自己当导师、带学生了，最喜欢做的也是"实战"，"折磨"有志向的学生与我一起"打磨"一篇论文。"打磨"时间最长的，是入学不久就开始、毕业二三年后才完成！令人感到欣慰的是，二十多年来，我也算给社会"打磨"出了一批学术新锐。

刘：在我们心目中，您开始在价值哲学领域崭露头角，应该是您的博士学位论文《事实与价值——休谟问题及其解决尝试》及前期的相关论文的出版。

孙：是的，2000年出版、2016年修订再版的《事实与价值——休谟问题及其解决尝试》，算是我的代表作之一。

该书对价值论、伦理学领域的一个基本而重大的问题——休谟提出的事实判断能否导出价值判断的问题进行了梳理和分析，以马克思主义哲学"新世界观"为基础，从探讨事实与价值、认知与评价的内在关联出发，系统研究了沟通事实与价值、"是"与"应该"的实践和理论途径，给出了解决这一古老问题的一个新尝试。

1997年，我的博士学位论文"冲出重围"，入选了中国社会科学出版社的"博士文库"。这个"博士文库"很不简单，国内不少著名学者都是通过这个文库成名的。——20世纪90年代，学术图书的出版十分困难，也不流行市场化的交费出版；实际上，那个年代的个人或单位也没有钱资助出版。那时每年的出版量比较有限，能够入选这个文库，想来着实感谢总编辑王俊义先生和一些我不知道的评审专家的"慧眼"。当然，博士论文答辩委员会给出的"优秀"评价，夏甄陶、齐振海、袁贵仁、刘奔、钟宇人、陈中立、陈志良等12位评审专家的不吝肯定，也是弥足珍贵的"敲门砖"。

该书出版之后，得到了李景源、陈波、马俊峰、陈新汉、冯平、江畅等老师的热情鼓励，先后有10多位同仁写了书评或商榷文章。一些学校哲学系还将之列为研究生教材或必读书目。2006年，该书获得了第三届"胡绳青年奖"提名奖；2016年，该书修订版入选了社会科学文献出版社"社科文献学术文库"；2020年该书获得了教育部第八届人文社科优秀科研成果奖二等奖。这令我在价值论研究领域有了一点"存在感"。

刘："休谟问题"自然是价值论研究绕不过去的基础问题。可否介绍一下您对于"休谟问题"的认识和您的解决思路？

孙：好。休谟在《人性论》中提出的事实与价值的关系问题，即以"是"为连系词的事实判断能否导出以"应该"为连系词的价值判断以及这种推导的根据与理由问题,是价值论、伦理学领域的一个基本的、但尚未解决的问题。自休谟提出这一问题之后,一些哲学家继承并发展了休谟的观点,将它演变为所谓"休谟法则",即事实和价值分属两个完全不同、互不相关的领域,价值判断决不能从事实判断推导出来。

近代以来,在"哲学科学化"以及哲学的"语言学转向"背景下,以否定的方式理解和解决这一问题,曾经是20世纪西方哲学界的主流,以至于"事实与价值的二分法""事实与价值的二歧鸿沟"广泛流传,甚嚣尘上,以至于学者们在现实生活中,往往拒绝对具体的道德或价值问题发表意见。这种事实与价值的二分对立观影响深远,对价值论、伦理学能否成立提出了挑战,也给诸如科学探索、伦理评价、行为选择以及决策活动带来深刻影响。

我认为,事实世界与价值世界不应该是分裂的,从事实或"是"是可以过渡到价值或"应该"的。毕竟,我们既生活在一个事实世界中,又生活在一个价值世界中。这并不是两个孤立、分离的世界、两个截然不相关联的世界,而是我们此时此刻生活的现实世界的两面。

一方面,孤立的、单纯的"事实"毫无意义。譬如所谓"在人之先""在人之外"的"事实",它与我们没有现实关系,与我们"无涉"。——当然,随着人类实践和认识能力的进步,随着人类活动的拓展和深化,它们可能会闯进我们的视野,从而变得"相关"和"有意义"。——不过,就现实而论,这仅仅只是"可能",或只是"可能的意义"而已,实际活动着的我们完全可以"忽略"它们。也正因为所谓的事实都与人存在一定的现实关系,与人的生活实践相关联,因而事实之为事实,就潜在地存在着对于人的种种价值可能性,或者说,存在着某种"潜在的价值"。当它在人们的生活实践中,与人们的目的、利益、需要与情感等相互撞击、作用时,其价值的可能性就可能变成现实性,成为某种"现实的价值"。

另一方面,价值必须以人们生活实践的事实世界为基础。并不存在超脱于现实世界的"价值",设想某种不食人间烟火、高高在上的"善"与"价值",既无法理解,也没有意义。或许有人会举出宗教的"上帝"

之类例子。"上帝"似乎是高高在上的纯粹"价值"或"价值之源"。但究其实,在实践唯物主义者看来,它不过是以某种"人造物"的方式,对现实世界之价值的一种抽象罢了,并且采取了颠倒、歪曲的方式。关于这一点,经典作家洞若观火,早就深刻地阐述过了。价值不过是人们在生活实践中,客体的存在、性质、功能等与主体的目的、利益、需要相互作用的产物。脱离事实世界的价值是虚无缥缈的、没有根基的,是既无法理解、也不能长久的。

同时,与具体的生活实践中事实和价值相互关联相对应,事实认知活动与价值评价活动、事实判断与价值判断也是内在关联、互相渗透、辩证统一的。

有人认为,认识与思维的领域可以是一种远离生活实践的纯粹抽象,因而事实认知与价值评价活动可以是全然不相干的,存在孤立、单纯的事实判断或价值判断。此论貌似有理,其实不然。经典作家早就指出了,认识、思维并不是超脱于人们的生活实践的杜撰,而不过是对生活实践的能动反映。事实认知与价值评价都是以人们的生活实践为基础的,它们在生活实践的基础上相互作用、相互渗透,并统一于具体的历史的生活实践。

一方面,"为认知而认知""为科学而科学"听起来很令人动容,但是,这从来就只是人们的一种幻想或幻觉。科学认知不过是主体(人)基于自己的本性、目的和需要等,在生活实践的基础上对对象、客体的一种能动反映。无论是人们观察世界、搜集事实的活动,还是加工处理、归纳整合事实材料的活动,都深深地植根于人类的根本利益和社会需要之中,即为解决问题、改变世界寻求必要的依据和指导,使之更适合、更有利于人类的生存、享受和发展。也正因为如此,科学认知活动本身以及科学认知活动所获得的一切成果——事实判断,就必然不是"价值中立"的,不是与价值无涉的,而内在地负荷着一定的价值意蕴。

另一方面,也不存在与事实认知活动、事实判断全然无关的价值评价活动或价值判断。评价作为主体依据一定评价标准对客体有无价值、价值大小之把握,它必须以事实认知为基础。没有对客体和主体的最基本的认知，根本不可能产生相应的对象意识和自我意识，形成相应的价值评价；没有对客体和主体自身的全面、深入、科学、合理的把握，也不可能获得恰当、深入、科学、合理的价值判断。

当然，事实与价值、事实判断与价值判断的这种联系，以及沟通事实与价值，在事实认知与事实判断基础上导出价值判断的过程，是一个异常复杂并令人产生种种疑虑的过程。古往今来，东西方不少思想家对之都百思不得其解，其中不少人断然否定其间的联系，否定推导的任何可能性。在这里，我们必须立足"实际活动着的人"，高扬反思和批判的大旗，走出两种传统的思维或观念上的误区：一是不能囿于传统的科学认知论框架，解决这个超出了科学认知论范围的基础性问题。在科学认知论领域，求解休谟问题的尝试很多，正反两个方面的经验启示我们，撇开主体（实际活动着的人），单纯从"客体是什么"，是推不出"主体（人）应该怎么办"的。只有走出"中立于主体"这一传统的认知论教条，立足于具体的生活实践中的主客体关系，才可能柳暗花明，找到理解和解决"休谟问题"的金钥匙。二是不能仅仅囿于纯粹思维或既有逻辑的范围，解决那些本来是不断发展和变化着的生活实践的问题。在主体（人）的具体的历史的社会实践活动中，并不存在事实与价值的截然二分，更不存在不可逾越的鸿沟，主体（人）无时无刻不在根据其本性、需要和能力，根据实践活动中发现和把握的事实，进行价值评价，以各种方式沟通事实与价值，从事实判断中导出价值判断。也就是说，主体（人）通过具体的生活实践，将事实世界和价值世界有机统一起来了。而生活实践中事实与价值关系问题的解决，又为思维与逻辑上的解决提供了前提，提供了现实的可能性。毕竟，逻辑归根结底是对人们的实践方式的提炼与总结。我们不能裁剪生活实践以服从或适应逻辑，而应该发展逻辑以反映和服务于生活实践。按照旧的狭隘的形式逻辑所不能理解与解决的休谟问题，按照某种新型的、立足于主客体关系，特别是从主体角度思考与反映实践的"主体性实践逻辑"，是完全可以得到解释和解决的。

我们还应该强调指出的是，从事实到价值、从事实判断导出价值判断的过程并不是单向、静态的，而是一个双向作用、相互过渡、相互转化的永无止境的过程。随着主体（人）的具体的历史的社会实践的发展，事实与价值、事实判断与价值判断就不断在新的水平上双向过渡，达到统一。

刘：以"事实与价值的关系问题"为基础，您一直注重探索不同于事实研究、"独属于价值论的研究方法"。为什么您这么重视方法问题？

孙：原因是多方面的，但主要是因为"方法掌握着研究的命运"。实际上，研究方法不是随意制定的程序和规则，而是依照研究对象的性质确立的研究立场、研究程序和规则以及检验研究结论的标准的总和。研究方法决定着研究的出发点、基本进路、研究的特点以及可能得出的结论。关于研究方法的自觉反思，是一门学科走向成熟的标志；关于研究方法的创造性探讨，是该学科走向深入的途径。

目前，价值论的研究方法存在问题。老实说，我对此一直感到不安。我甚至觉得，方法问题制约了中国价值论研究走向深入、成熟。也正因为此，我 2004 年成功申报的第一个国家社会科学基金项目，便是开展"马克思主义价值哲学的方法论研究"。2007 年以"优秀"等级结项后，翌年我在中国社会科学出版社出版了《价值哲学方法论》一书。

刘：可否展开谈一谈？特别是对于价值论的研究方法，您有一些什么新的思考？

孙：好。如果我们反省过去的价值论研究史，一个突出的感觉是：与近代以来哲学具有浓厚的科学主义、客观主义、认知主义传统相联系，"拟科学"、认知论研究方法是占主导地位的研究方法。无论是生物学方法、心理学方法，还是社会学方法、历史学方法；无论是否定价值论的一些极端观点和学说（如逻辑实证主义），还是肯定价值论的观点和学说（如自然主义以及我国 20 世纪 80 年代以来的典型的价值论著作和学说），常常都在以科学为范式，依照"科学认知论"的思路、方法，研究和处理价值问题。

尽管借鉴和应用"拟科学"的或科学认知论的思路和方法研究价值论，具有一定意义，也能取得一定成果，然而，完全按照"拟科学"的、科学认知论的方法研究价值论，处理价值问题，是值得怀疑和追问的，至少需要严格地加以论证。这是因为，在人学价值论与科学认知论之间存在着深刻的实质性的学术差异：科学化的认知论以客体为中心，以超主体的真理为指向，表现出"客体至上""单向认知""知识本位"等认知主义倾向。它在一定程度上忽视了人的中心地位，忽视了人的主体性及其作用。其根本特征在于寻求超主体的客观性、规律性、必然性，寻求放之四海而皆准的普遍真理。价值论则是以人和人的生活实践为中心、以人的主体地位和作用为实质的，它关注的是"世界对于人的意义、客体对于主体的意义"，是以"人的内在尺度"或"主体（人）的尺度"为根据的。价值论的根本特征在于它的"属人性"或"主体性"，表现的不是人趋近物，而是物趋近人。价值论体现了主体（人）自身的本性和目的，体现了主体（人）实践活动的方向性和目的性，体现了主体（人）对自身活动的自我调控。因此，不能不加分析地、简单地或单纯地套用、甚至照搬科学认知论的思路、规则、方法，去研究"异质性"的价值论，解决"另类的"价值论问题！

在过去的价值论研究中，由于没有真正认识到或忽视了价值论与科学认知论之间的实质性的差异，人们在理解、解释、研究和解决价值论问题时，常常简单地机械地直接套用甚至照搬"拟科学"的、科学认知论的方法，从而导致了许多理论或实践方面的悖谬。

例如，某些社会集团、某些人故意将科学、认识论问题与价值论问题相混淆，将事实、真理与价值相混淆，从而在面对价值问题时，以"客观性""普遍性"的真理的化身自居，"以真理的名义"说话、做事。他们在"真理的名义"下，别有用心，将实质上的自己的利益与需要泛化为国家或地区、民族、阶级或阶层、群众、大家、他人的利益和需要，从而冠冕堂皇地将自己的利益、欲望、情感、价值判断等强加于人。我们常常可以看到、听到一些西方政客、"代表"以及腐败分子这样说话："我这是代表大家……"，"我全是为了大家好"，"我这样做，是从大多数人的利益出发的"，"我只关心全人类的利益"……。

其中十分典型的是，在当前所谓"全球伦理""普遍价值"的追寻中，有些人在科学主义的惯性导引下，盲目追求如同自然科学、如同"真理"一样的有效性、普适性，人为地抹杀不同民族和宗教之间的差异、不同国家和地域的特色以及不同主体（个人或社会共同体）的个性，人为地追求和设定"放之四海而皆准"的价值准则、道德规范。例如，某些西方"强势国家"利用自己超人的经济、军事力量，将自己的利益装扮成全球利益，将自己的价值观念论证为全球的共同信念，从而在全球范围内强制输出自己的政治理念、文化价值观念，将单边世界秩序强加于人。

可见，"拟科学"的、科学认知论的方法的普遍流行，一统天下，已经成为制约当前价值论研究取得重大突破的"瓶颈"。基于以上的认识，我一直试图探索真正适应价值论特点（主体性）、独属于价值论的独特方法。这种探索当然十分困难，也很难短期内毕其功于一役。我觉得，这里主要应该注意如下几个方面：确立价值论的学科性质；对国内外典型的价值论研究方法作系统的、批判性的考察、梳理、反思；在把握价值的客观性基础上，充分研究价值的主要特性——属人性、主体性，突出价值论研究的主体立场、主体性尺度、主体性原则；"像生活实践那样进行思考"，对生活、实践中人们的价值思维（程序、规则、方法及其逻辑特征）进行创造性地总结和提炼等。

刘：我读过您的一些论文，例如《哲学研究》2019年第12期发表的《彰显价值维度：马克思主义哲学创新的方向》，知道您特别注重哲学中与事实维度相对应的价值维度。特别是，您甚至主张当代哲学出现了"价值论转向"。请您谈谈对"价值论转向"的看法。

孙：在我看来，哲学的"价值论转向"既是哲学理论自身发展的必然，更是时代与社会实践发展的要求。

在人类思想史上，哲学与科学（特别是自然科学）有着不解之缘。在人类思想史早期，哲学和科学都交织在"爱智慧"的混沌、笼统状态之中，哲学与科学之间并无明确的分界。后来，随着探索的深入，哲学和科学逐渐分化开来，如下一种意见逐渐明朗：科学集中于解释经验现象之间的联系，而哲学则侧重于追问经验现象背后的本原或本体。于是，本体论问题成为人们关心的主要问题。

随着文艺复兴之后近代西方实验科学的兴起，特别是科学的里程碑式的突破——伽利略、牛顿力学的巨大成功，（自然）科学取得了至高无上的权威。在自然科学的耀眼光环下，对科学的顶礼膜拜，对科学方法的极度迷信，对科学真理的孜孜追求，盛极一时。从此，科学逐渐被神话化了，科学成为一切学科的判据，成为一切学术的范式，理性主义、客观主义、知识至上等在思维王国中的统治地位得以确立。在这种情况下，科学也成了哲学的范型，成了哲学的头脑和主宰。哲学研究如同其他人文科学、社会科学一样，也往往借鉴和模仿自然科学的范式和方法，特别是一些领先的自然科学的范式和方法，如近代以前几何学中的公理化范式和方法、近代以来占主导地位的物理学范式和方法，以及更一般的科学实证范式和方法，以建构所谓"科学的哲学"。

科学的高歌猛进逐渐让人们认识到，科学不仅能够解释现象之间的联系，也可以超越这些现象，说明自然物的原因，达到现象背后的本原或本体。关于世界是怎么样的，人们可能获得怎样的世界图景，获得关于世界的什么知识，哲学并不会知道得比科学更多。实际上，在这些问题上，科学的界限往往就是哲学的界限，哲学往往只有仰仗科学才能"看"世界。既然科学也具有认识世界本原、本体的能力，或者说科学主宰着哲学的视野，那么，哲学存在的必要性、合理性就受到了严重的质疑。在这种情形下，哲学便改弦更张，在一定程度上放弃了关于"世界是什么"的本体追问，转而以各门具体科学为基础，思考"我们的知识如何可能"或康德的"先天综合判断如何可能"即出现了哲学的认识论转向，"如何认识世界"，认识的基础是什么，成为哲学的新主题。如笛卡儿给哲学规定的中心任务是："我们知道什么，我们的知识的依据是什么？"

认识论转向导致哲学研究方式发生了重大转变，无论是经验实证的研究，还是理性推理和思辨，都取得了许多卓有成效的成果，建立了一个庞大、系统的知识论、真理论体系，形成了一套系统完整地认识世界的方法。迄今我们十分熟悉的哲学教科书体系正是这种认识论转向的产物。当然,学术界同时认为,认识论转向之后,现代还有一个所谓"将哲学科学化"的"语言学转向":哲学以关于语言的逻辑分析为使命。

无论是哲学的认识论转向,还是语言学转向,都具有浓厚的科学色彩,都是以自然科学为范式、借鉴或模仿自然科学的产物,是科学化或"拟科学"哲学思潮的结晶。在这种情况下,"科学的世界观""知识哲学观"成为哲学观的经典形态,"拟科学"的实证性、客观性、普遍有效性成为哲学的目标或追求,哲学主要表现为以追求知识(真理)为目标的"科学认识论"。

然而,这种"拟科学"的哲学存在的合理性值得怀疑、需要论证;用科学的方法来解决哲学问题,也值得怀疑,需要论证。因为,哲学有其自身的特点,"科学化的哲学"既模糊了哲学与科学的区别,在一定程度上使哲学丧失了"智慧之学"的美誉,更丧失了哲学之反思、批判与治疗的功能。特别是因为其中人的"退场",在工具理性泛滥的情形下,哲学几乎背离了其本性,迷失了其方向:它的目的不再是具体的历史的活生生的人及其幸福,不是人的价值、自由以及理想世界的创造,不是人与社会的自由全面发展,而是要科学地描述、说明和解释世界。即使在科学地描述、说明和解释世界之时,主要强调的也是物对人的决定或制约作用,它忽视了人的一些主体性因素,特别是非理性因素、心理因素的探讨,忽视了人的主体性、主体间性及其作用,过分强调物对人的决定、制约作用,忽视了人的选择、建构和创造作用;人的价值、自由以及理想世界的创造,都为规律论、决定论所笼罩;甚至,在对物、对象的解释方面,它也存在着许多严重的失误,如追求必然性,忽视偶然性;强调确定性,忽视不确定性;追求精确性,忽视模糊性;诸如"归纳问题"的出现,就是对其典型的根本性追问,无可挽回的致命打击。

当"拟科学"的哲学面临内部的根本性冲击、哲学的"拟科学梦"逐渐破灭之时,又受到了现实社会的无情挤压和冲击:近视追逐短期利益的"人定胜天"、臣服自然,导致人与自然的高度对峙和严重冲突;商品经济对人与社会的扭曲和异化,使"人为物役""人对人是狼""他人即是地狱"成为普遍的事实;自动化、快节奏的异化社会、未经思考的人生、导致了人的焦虑、迷惘和生存意义的失落……特别是，伴随现代科技与市场经济的突飞猛进，全球化时代的来临，所有这些社会冲突、价值困惑、文化危机愈来愈普遍化，愈来愈难以控制和解决。走出科学化哲学的这种困境，走出"科学的世界观""知识哲学观"，在以人为本、"人是目的"的前提下，深层次、全方位、综合性地进行价值反思与批判，重新思量哲学的对象、使命与任务，还哲学以智慧之学的本来面目，成为时代的强大呼声。

在此背景下，人们蓦然回首，发现在科学认识论指向的"实然的"即事实世界之外，实际上一直存在着另一个世界——"应然的"即价值的世界。哲学作为求解人与世界之谜的智慧之学，从来不仅包括说明世界之谜的"宇宙智慧"，也包括指点人生迷津的"人生智慧"。甚至关于人生、价值、意义等的探讨，在许多时候还曾经是哲学探讨的主旋律。例如，在古希腊，苏格拉底以及智者们所论辩的话题，大多是有关政治法律、伦理道德以及宗教生活等方面的价值问题。如果仔细分析西方哲学特别是欧洲大陆哲学，那么我们会发现，以价值为主题的基督教哲学、人本主义思潮实际上源远流长，蔚为大观，只不过被"科学的光芒"所遮蔽了。

而中国传统哲学乃至整个东方哲学，则主要是以伦理政治等价值问题为主向度的。例如，儒家以君主专制与群体优先为前提的价值主体意识、以"仁"为本位价值、偏重道德的价值规范意识、以"礼"为中心的社会秩序观念、"至善"理想与"修身为本"的价值实践意识构成的价值体系，道家以"道"为价值主体、以"任自然"的价值意识、"绝圣弃智"和"无为而治"的价值实践意识、"反者，道之动；弱者，道之用"的价值行为选择、回归自然和"小国寡民"的价值理想构成的价值体系，佛教以"万般皆假"和"忘却自身"的"超主体（人）"意识、"一切皆空"和"人生皆苦"的价值意识、以"五戒"为基础的价值规范意识、注重智慧的价值实践意识、盼望"涅槃"的价值理想境界构成的价值体系，都包含着丰富而深刻的价值思想，至少是以价值为主向度的。

可见，在哲学史上，关于事实、知识、真理的探索，与关于价值、人生、实践问题的求索，自古以来就是人们穷索的"两个半球"。"拟科学"的哲学实质上是不完整的。例如，若把目光投向那些具体学科，我们会发现，千百年来，价值论的内容一直是许多具体学科的主题，如伦理学之善恶，美学之美丑，经济学之得失，宗教之圣俗，政治学之正义和公正……缺乏的只是一般价值概念以及一般哲学层面上的理论思考。于是，在哲学"拟科学梦"破灭的同时，与各门具体学科再次出现综合、系统研究相一致，在总结新的时代特征的基础上，价值概念出现了，一种寻求这些领域的价值之共同特性的"一般价值理论"的运动兴起了，哲学领域出现了所谓"价值论转向"。

因此，正是因为"拟科学"的哲学面临困境，哲学的价值维度重新突显出来；正是因为价值困惑、价值冲突的大量存在，价值反思与批判不断走向深入；正是因为价值问题在理论与现实实践中不可或缺的地位，甚至因为"人是目的"，人的价值问题更具有统摄性，因而在哲学理论建构中，便不可遗漏价值论，甚至应该实现"价值论转向"，建构以价值论为中心和归宿的哲学体系。

刘： 我注意到您的学术兴趣十分广泛，涉及的领域很多，马克思主义哲学也是您经常讨论的话题。而且，您主张把马克思哲学解读为一种"价值哲学"，对吧？

孙： 是的，在一些论文和著作中，我多次将马克思哲学解读为"价值哲学"。实际上，这个话题很宏大，我只能简要地阐述一下。

以往关于马克思哲学及其意义的解读很多，但比较遗憾的是，那些解读——包括涉及价值问题的解读——基本上都是从事实维度出发的"科学化阐释"，一向缺乏立足哲学的价值维度、依据一般价值论的理论和方法进行的专门化、系统化阐释。这导致马克思哲学中的价值意蕴一直没有得到系统的发掘，价值问题常常被当作事实问题来处理，从而造成了大量理论和实践的混乱。而实际上，马克思哲学的产生之所以是现代哲学的一场革命，关键在于它在"拟自然科学"的"认识论转向"滥觞的背景下，立足无产阶级的主体立场，开展了深刻的价值反思和批判，进行了理论与实践方面的价值建构（典型的如共产主义），表现为一种现代价值哲学的学术形态。

马克思生活在以蒸汽机为动力的工业革命如火如荼、整个社会正在发生剧烈变革的时代，这也正是自然科学高歌猛进、哲学认识论转向硕果累累的时代。在"拟自然科学"哲学氛围中诞生的马克思哲学特别崇尚科学和理性，深刻揭示了细胞学说、能量守恒与转化定律、进化论等"三大发现"的革命性意蕴，实现了"世界图景"的重大转变。同时，马克思也吸收了哲学的认识论转向所产生的哲学成果，典型的如18世纪的法国唯物主义和德国古典哲学，将之改造为以辩证的历史的实践论、真理论为核心的现代哲学理论。但是，马克思并不局限于既有的科学成果，更不满足于在书斋中建构抽象、思辨地解释世界的哲学理论体系。他对那些致力于"科学地""解释世界"的哲学家大不以为然，甚至也不太理会哲学理论体系的完整，而是作为一位志向远大的革命家，将自己的哲学与无产阶级（工人阶级）这一价值主体紧紧捆绑在一起，充满激情地投入人类社会历史发展规律的探索，投入资本主义生产方式的批判、无产阶级乃至全人类的解放事业。他从不讳言自己的阶级立场，并据此深刻揭示人类社会发展的基本矛盾和动力机制，无情批判一切不人道、不合理的社会现实，终身致力于破坏旧世界、创造新世界的历史任务。由于无产阶级的先进性和大公无私，无产阶级与全人类的利益、目标是高度一致的，无产阶级的解放事业与全人类的解放事业最终也是一致的。就此而言，马克思令哲学的主题发生了根本性转换，即从"世界是什么样的"转向"无产阶级应该怎么做"，从"世界何以可能"转向"人类解放何以可能"！

虽然囿于理论发展逻辑方面的原因，例如一般价值论晚至19世纪末20世纪初才诞生，马克思当年不可能超越时代，明确主张并系统建构自己的价值哲学理论，他甚至很少在哲学层面上使用"价值"概念，但是，这并不代表马克思没有价值哲学思想——这里所说的价值哲学思想，与《资本论》等著作中所阐发的经济价值论是一般和特殊的关系，必须适当加以区分。

如果我们立足一般价值论的理论和方法重新审视、清理马克思哲学,那么会发现,马克思从"从事实际活动的人"出发、立足实践"改变世界"、使人与社会都获得自由而全面发展的哲学倾向,包含着既丰富又深刻的价值意蕴,昭示着一种理论与实践高度融合的新价值学说。

实际上,只有确认、高扬马克思哲学的实践品格和价值维度,才能真正理解马克思哲学的"人民主体性",把握马克思哲学"真理性"与"人民性"的高度统一;才能真正理解"实践的唯物主义"的精髓,把握马克思所发动的哲学革命的意义之所在。

同时,也只有立足价值维度,将马克思哲学解读为价值哲学,我们才能真正理解如下现象:为什么马克思的一些观点并未得到类似自然科学命题那样的论证,甚至个别具体的诊断或预言会在时代变迁过程中被超越,但马克思哲学一直"没有过时"、"没有终结"、"没有被边缘化",而是一直具有旺盛的生命力,在当今时代仍然闪烁着人性的光辉,在实践中不断释放出真理的力量;为什么在总体上竭力反对马克思主义的西方世界,不少马克思的敌人也公开承认和服膺马克思,声称马克思是一位革命的道德家、"价值立法者",一位"杰出的人道主义者""争取人类自由的战士",甚至将马克思评为"世纪伟人""千年思想家"。

刘:您多次在中国价值论大会上说,价值论的兴起改变了哲学,对哲学的发展做出了重大贡献。您是怎么从学理上看待这一问题的?

孙:我确实一直坚持,中国价值论的创建对中国乃至世界哲学是巨大的贡献。而且这种理论成就仍然未能得到应有的承认。例如,在许多哲学著作中,在不少哲学原理教科书中,价值论都被边缘化了,有时甚至干脆消失了。

我认为,价值论的兴起不仅仅是使哲学增加了一个基本理论分支,直接改变了哲学的结构和面貌,而且更根本性的,是要求重新审视和彻底改变哲学。

首先,哲学不仅包括"科学的世界观",也包括"人学价值观",是二者有机统一的"整全哲学观"。刚刚我们谈到过,传统哲学是"拟科学"的。无论是与科学混沌一体的古代哲学,还是近代的"认识论转向",以及现代强调语言与逻辑分析的"语言学转向",都试图以科学为范式研究哲学,探寻世界的本原或世界的普遍规律。他们追求"拟科学"的客观性、必然性、普遍有效性,力图建立"科学的"哲学理论体系,或努力获得一种科学地位。现代科学与科学哲学研究的新成果令这种哲学观的片面性暴露无遗。由于观察的客观性受到质疑、归纳问题尚待解决、整体主义和历史主义重新抬头等,即使是自然科学本身也面临严峻挑战,尚需为自己的客观性、实证性进行论证,而由于哲学的人文性、抽象性和思辨性,"拟科学的哲学"是否可能,自然更加令人怀疑。至少,缺乏价值维度的哲学是片面且偏执的:它将历史观解释为自然观的"逻辑延伸","消解"了政治、伦理、法律、审美、宗教之类价值领域的特殊性和多样性,"消解"了人的生活世界和历史领域的丰富性和动态性。它漫不经心地将主体性的价值问题作为客观的事实问题来处理,宣称价值判断可以如同事实判断一样加以"证实",获得超越具体主体的普遍性和统一性。而这常常在现实中面临尴尬,难以令人信服。虽然价值领域也存在着客观性、普遍性和统一性,却不能人为地夸大这一点,必须实事求是,"尊重差异,包容多样"。将主体性的价值视为客观的事实,盲目追求统一性的"价值真理",强迫大众认同和服从,是既不合理也不宽容的做法,背离了哲学之"智慧学"的美誉。因此,虽然哲学确实需要处理事实问题,包括了"科学的世界观",但哲学的"拟科学梦"却难免破灭。在以人为本、"人是目的"的前提下,自觉反思人与自然、人与社会、身与心的关系,必然要求将破裂的自然观、社会观、人生观、价值观重新整合起来,建构一种综合性、包容性的哲学观。即是说,哲学不仅仅是处理事实、追求真理的"科学的世界观",也包括处理人的信念、信仰、理想等问题的"人学价值观",是二者有机统一的"整全哲学观"。

其次,在统一的"整全哲学观"视野中,哲学的各个理论分支的关系成为反思的对象,自然观与历史观,存在论、认识论与价值论相互割裂的旧格局被打破,哲学通过重新整合面貌焕然一新。实际上,哲学作为一种"大智慧",历史上不仅是求解世界之谜的"自然智慧",而且是指导社会改造、指点人生迷津的"实践智慧""生活智慧"。后者不仅在古代哲学中更为常见，而且在哲学体系中居于更为核心的地位。只是在近代以来，由于科学主义甚嚣尘上，后者曾经为一些哲学家所轻视，有时还忽视了其存在。这种轻视、忽视是一种不合理的偏见。回归哲学的"大智慧"，要求我们将关于事实、真理的探索，与关于价值、实践的问题一体化地加以探索。例如，从主体（人）及价值维度出发，我们并不怀疑在人之先、在人之外的自然界的存在，但只有通过人的活动，被人的本质力量对象化了的属人世界，才对人具有现实意义：它既是人生存与生活的现实环境，又是人进一步认识、把握和变革世界的前提与基础。认识的目的绝不是"为认识而认识"，而服从于人的价值目的，服从于人变革世界的价值活动。于是，存在论（本体论）、认识论与实践基础上的价值论一道，作为基本的哲学分支在更高的视野中被统摄、整合起来，形成具有内在联系的"一体化智慧"。在一体化的哲学智慧中，并不存在所谓自然观与历史观的人为割裂，所谓"哲学原理"与各"分支学科"（如伦理学、美学、科技社会学等）的人为割裂，所谓"哲学原理"与哲学史的并列与割裂。至于马克思主义哲学，在结构上根本不应割裂为"辩证唯物主义""历史唯物主义"两个相对独立的板块，而应该是列宁所谓的"一块整钢"。近年来的一些重要哲学教材，如肖前等主编的《马克思主义哲学》（上下册）、袁贵仁主编的《马克思主义哲学》，都已认识到这一点，开始将曾经生硬割裂的"辩证唯物主义""历史唯物主义"融通起来。

再次，变革哲学思维的视角和方式，从客体的直观的实体性思维转变为实践性的主体性的关系性思维。马克思在《关于费尔巴哈的提纲》中指出，传统思维方式的局限性在于对"事物、现实、感性"，仅仅只是从"客体的或直观的形式去理解"，而不是"当作人的感性活动、当作实践去理解"，"不是从主体方面去理解"。即是说，它是一种实体思维，对于任何思考对象，都试图找出某个存在着的具有某种性质的本原实体，如"上帝""理念""绝对精神"等"精神"本原，原子、阴阳五行等"物质"本原；是一种客体性思维，追问的是客体的存在、本性和运动规律，而不是主体或主客体的全面关系、变化发展；是一种直观形式的思维，即仅仅孤立、静止、片面地从客体方面去把握和思考问题，而不去把握人与世界、主体与客体的全面关系及其普遍联系、动态发展，不去把握主客体相互作用的动态矛盾运动。要言之，它不懂得人的生活实践作为思维方式的根源的意义。关注人及人价值维度的新哲学思维方式批判地扬弃了传统思维方式，它要求"像人的生活实践那样思维"，即人的思维、逻辑并不是脱离生活实践的概念游戏，不是纯粹的人的心智的"自由构造"，而是人们生活实践的形态、结构、方式、方法、原则等的反映与提炼。与生活实践的具体进程相一致，它是一种生成性思维，一种与思维对象的历史过程相一致的过程性思维。在思维倾向上，这种思维方式强调要把对象当作"生活实践"，从"主体方面"去理解，即在由人的生活实践所创造的人与世界、主体与客体的全面联系、动态发展中去反映、变革对象。而且，在反映、变革过程中，人与世界、主体与客体的地位不是简单并列的，而要着重从人或主体方面展开思维，从人或主体的视角和价值标准去解释和说明对象，立足主客体关系的矛盾运动辩证地反映世界、变革世界。

最后，在事实与价值相统一的哲学视野和哲学结构中，哲学思考的出发点、哲学的宗旨或使命以及哲学精神等将发生重大转变。价值是专属于人的范畴的，其根据和秘密就在于人。人是一种现实活动着、创造着的存在物。在这种价值活动中，人不断地丰富着自己的内部世界，发展着自己的本质特征，使人之"成为人"永远处于一种创造、提升状态。因此，人自身所特有的价值活动就是人之为人的根据，就是人之"成为人"的秘密。已往的哲学由于不懂得人的价值活动的意义，不懂得人是通过自身的价值活动"变革世界"、同时"成为人"的，因而或者忽视人和人的价值世界，或者诉诸自然的或超自然（如"上帝"）的因素解释世界，形成各种扭曲、颠倒的世界图景。而从马克思的"新世界观"及价值维度理解哲学，自然而然可以得出一个结论：哲学的出发点、宗旨和使命都应该落实到实际活动着的人以及人所生活和活动的世界。这实际上也是马克思的哲学革命的精髓之所在。在《关于费尔巴哈的提纲》中，马克思认为一切都应该"从主体方面去理解";在《德意志意识形态》中,马克思、恩格斯更是明确宣称:"我们的出发点是从事实际活动的人"。这实际上将哲学的视角从旧唯物主义的"物"转换到了"人",从"客体"转换到了"主体"。哲学的宗旨和使命旗帜鲜明地指向人,哲学成为一种引人注目的"人学",是一场深刻的革命。"拟科学"的哲学的主旨在于描述、说明和解释世界,追求与客观世界相符合,获得关于世界的事实、规律或真理,致力于证明现存世界的必然性和合理性。而马克思敏锐而精辟地指出:从前的"哲学家们只是用不同的方式解释世界,问题在于改变世界"。即是说,哲学的宗旨和使命在于针对时代性问题,批判世界,变革世界。它要求从实际活动着的人出发,关心人的生存状况和命运,追求对于现存世界的否定、超越,消除人的物化、异化,特别是通过对现实世界的反思、批判、解构、治疗,创造性地建设一个合乎人性和人的目的、促进人与社会自由而全面发展的理想世界。诚然,无论是描述、说明、解释,还是反思、批判、变革、创造,都是人类掌握世界的方式,都是人类活动的基本形式,但它们之间毕竟存在着实质性的区别,哲学境界和精神迥然不同。尽管"改变世界"必须以"解释世界"为条件,但"解释世界"本身不是目的,只是"改变世界"的过程和手段,唯有"改变世界"才真正体现了现代哲学的实质和精神。

总之,哲学价值论的兴起,以及立足价值维度对哲学的反思、改造和变革,是哲学回归"智慧之学"的应有之义,是对"人是目的""以人为本"、要求哲学回归人的生活实践的响应。作为现代哲学革命的有机组成部分,它不仅体现了哲学研究视野和旨趣的转变,哲学研究结构和方法的转变,更反映了人认识自己、提升自我、"变革世界"的崇高的精神追求。

刘:国外价值思想史研究是价值论研究的重要组成部分。请谈谈您在现代西方价值思想研究方面所做的一些工作。

孙:我国目前关于国外价值思想史的研究仍然不够系统、深入。特别是对于欧美、东亚之外的价值论研究,国内知之甚少,有不少是空白。我在担任《世界哲学》主编的时候,曾经要求"常态化"刊发拉美、非洲、阿拉伯、南亚、东南亚等地区的哲学研究论文,但一直缺少足够的作者和资源,编辑部执行得不太理想。这令《世界哲学》的名称多少有些尴尬。

我个人的视野和能力有限,做的工作也比较有限。我除了在韩国成均馆大学做过一年的东亚价值观研究,与韩、日学者有过一些交流外,主要是基于以前的逻辑学背景,做了一些现代西方语言分析路径的价值论(伦理学)思想研究。

这里必须插几句我与傅伟勋教授的交往。更准确地说,是傅先生对素未谋面的我的提携。我在中国人民大学攻读博士学位的时候,由陈波教授引荐,有幸加入了傅伟勋教授、韦政通教授主持的"世界哲学家丛书"阵营。考虑到我当时的学术背景和研究方向,傅先生分配给我的是《史蒂文森》《赫尔》两部书的撰写。史蒂文森、赫尔都是当代著名的分析伦理学家,他们的著作那时大多没有翻译成中文。硬着头皮狠狠啃了几年外文文献,我才基本完成任务,1998、1999年分别交由台北的东大图书公司出版了。后来,我干脆"顺藤摸瓜",完成了现代西方分析伦理学(元伦理学)的梳理,对现代西方价值思想的一些重要流派,如直觉主义、情感主义、规定主义,进行了比较系统的评析,出版了《伦理学之后——现代西方元伦理学思想研究》一书。该书于2007年获得了中国社会科学院第六届优秀科研成果奖三等奖。2014年,该书经过扩充,在中国社会科学出版社出版了修订本。到上海大学工作后,我又进一步收集、整理史蒂文森的文献,出版了《态度理论——史蒂文森情感主义伦理学思想》。很明显,以上的这些研究与伦理学研究是"交叉"的,里面涉及许多伦理学问题,这里就不展开谈了。

中国正在快速崛起,已经成为多极世界中的重要一极;中国哲学(包括价值哲学)也正在走向世界。我个人感觉,国外价值思想史的研究有必要提速、"扩容"。可惜,人才、资料、渠道、资金等都是一时难以解决的问题。研究的立场和方法也可能是一个巨大的挑战。例如,国外的宗教信仰既普遍又"理所当然",我们无神论者怎么"跨文化"地感触、理解、诠释国外的价值思想?

刘： 最近这些年，您花了大量时间和精力研究价值观问题，成果也比较丰硕。请您谈谈您和当前中国的价值观研究。

孙： 确实，近年来，我在基础理论方面做的事情少了，工作的重心偏向了与现实挂钩的价值观研究。我在价值观方面，一是主持完成了中国社会科学院国情调研重大项目《当代中国社会价值观调研报告》。二是完成了国家社会科学基金重点项目"建设社会主义核心价值体系研究"、国家社会科学基金重大招标项目"社会主义核心价值观研究"。三是主持开展了国家社会科学基金项目高校思政课研究专项"社会主义核心价值观融入大中小学思政课一体化研究"。此外，还对中国文化与传统价值观开展了清理和多方面的研究，出版了《家园》《"人化"与"化人"》《中华文化可以向世界贡献什么？》、The "New Culture" 等著作。以上这些研究的成果，不少入选了国家出版基金项目、"经典中国国际出版工程"、国家"丝路书香工程"，并曾获得中国出版政府奖图书奖、中华优秀出版物奖等。

应该承认，目前价值观的研究太"火"了，成果可谓汗牛充栋。不过，冷静下来，我经常感觉不踏实。因为透过表象，从价值哲学的角度看，价值观的研究显得比较浮躁，大量基础性、前提性的理论问题都没有真正得到解决。

例如，什么是价值观？有些学者根本不理会概念的含义，甚至常常在很不相同的意义上使用这一概念。我们在开展价值观调研的时候，一个非常令人头疼的问题是，价值观的结构应该怎么刻画？应该包括哪些价值论层面的要素？例如，价值主体地位、价值主体意识、价值信念和信仰、价值理想、价值标准、价值取向、价值秩序……是哪些要素、又是如何有机地构成了一定的价值观？而且，一定主体的价值观可能涉及许多不同方面的内容，其中是否有层级？如果有，如何"分级"才是合理的？应该根据什么标准进行"分级"？等等。这里存在大量严肃的理论问题。

实践中的问题同样令人困惑。例如，近年来，社会主义核心价值观的研究成果可谓汗牛充栋。可是，谁能说得清楚"富强""文明""自由""公正"等概念的基本含义？怎么形成公认的权威的确定的阐释？可是，很多人对这些概念几乎不加定义就开始讨论了。还有，国家层面和社会层面的社会主义核心价值观是什么关系？"富强、民主、文明、和谐"可不可以是一个社会追求的价值目标，"自由、平等、公正、法治"可不可以是一个国家的价值理想？在社会主义核心价值观提炼过程中，既然明确区分了国家层面的社会主义核心价值观和社会层面的社会主义核心价值观，那么我们就必须从理论上回答，为什么要进行这样的区分？它们之间的分野究竟体现在哪里？

又如，西方资本主义国家所标榜的"普适价值"也包括"自由""民主""平等"等概念。毫无疑问，它们与社会主义核心价值观中的这些基本概念存在本质区别，绝不能简单地"画等号"，不能不加区分地混为一谈。那么，它们之间的本质区别到底在哪里？如何从概念及其基本的理解上体现出来？怎样才能给出系统的严密的论证？这些问题如果不认真加以回答，就可能造成大量的误解和混乱。

刘：价值哲学领域需要解决的问题确实很多。2019年，您当选为价值论研究专业委员会会长。作为会长，请您谈谈，当前的中国价值哲学应该向何处去？或者说，您最近正在考虑哪些重要的价值问题？

孙：2017年，我辞去中国社会科学院的职务调入上海大学工作，其实还是有点野心的，就是想远离喧嚣，静下心来完成自己自定的学术任务。除了开展心心念念的信息、智能时代的哲学研究外，与这里有关的，我主要是琢磨所谓"价值论第二次革命"。

所谓的"价值论第二次革命"，我是这样考虑的：改革开放以来，李连科、李德顺等老一代学者勇于革命，"无中生有"地创立了价值哲学。这是非常了不起的学术贡献，我在前面已经论证过了。不过，如果深入到一些典型的价值论著作进行分析，那么又不难发现，我们基本上还是套用科学认识论的理论结构、方法建构价值论的，包括简单套用"认知论"建构"评价论"。非常具有代表性的，是学术界出现过"价值真理"之类不伦不类的概念。我一直在想，价值论是否需要"第二次革命"，一场彻底的"自我革命"，即抛开科学认识论的理论框架和方法，建构价值论自己的理论体系，找到适应价值论性质的研究方法，甚至构造出与处理事实问题的形式逻辑不同的"价值逻辑"。

另外，与上述"自我革命"的话题相关，在最近的一些学术会议上，我一直在触碰一个非常时髦的话题——"智能时代的价值哲学"。我感觉，智能技术对社会和人带来了革命性、颠覆性的变化，包括价值哲学在内的一切理论可能都需要进行重新审视，甚至可能需要重构。因为问题和挑战是革命性、颠覆性的，既有的理论框架根本容纳不了。例如，随着"机器思维"的发展，智能日益逼近人类的智能机器人，是否可以成为价值主体？它们创造市场价值的活动（例如工业制造、金融服务、法律咨询、远程手术、在线授课、播音主持、诗歌创作等），是否可以称为"劳动"？它们的自主性越来越强的活动，是否可以称为"实践"？又如，智能系统正在从事大量的价值评价、决策和管理工作。众所周知，智能征信系统一直在明里暗里搜集我们每一个人的资料，对我们是否"诚实、守信"自动做出评价，并对其所认定的失信者适用一定的政策、法规予以惩戒。在这样的情况下，我们是否已经交出了一定的评价权、决策权和管理权？更一般化的，随着社会的信息化、虚拟化、智能化，智能系统正在大规模走进我们的世界，正在重新塑造我们的社会、我们每一个人，我们应该对智能技术的发展和应用进行什么样的价值反思？应该遵循什么样的核心价值理念，建构合理的人机关系、理想的智能社会？这样的问题很多、很新、很尖锐，对我们当代价值论学者是极大的冲击，提出了巨大的挑战，需要我们直面问题，贡献我们的智慧。

【执行编辑：尹　岩】

我国价值论研究主要著作巡礼

A Tour of the Main Works on the Study of Axiology in China

通往西方哲学价值论之桥

——重读江畅教授《现代西方价值理论研究》

周莹萃[*]

【摘　要】 自20世纪80年代以来，价值论的研究成果极大地推动和指引了中国的思想解放、改革开放和现代化建设。现代西方价值论研究的历史比中国长，而且西方各国学者的价值论研究各具特色，曾经对中国价值论发展产生过重要影响，至今也仍有许多值得我们学习和借鉴的内容。江畅教授于1992年出版的《现代西方价值理论研究》（陕西师范大学出版社1992年版）作为国内价值哲学研究兴起之初最早研究和评介现代西方价值论的著作，首次对现代西方价值论作了宏观阐述，并对现代西方价值论的兴起和演进作了描述和分析，在此基础上，以现代西方价值论的三大主要流派（即直觉主义、非认识主义、自然主义）为主线，着重对现代西方价值论作了系统而深入的考察和评价。该书因其所独具的学术性、全面性、开创性，已经成为我国有关研究者通往西方哲学价值论的一座桥，对拓展国内价值论研究具有不可忽视的重要学理意义和实践价值。

---

[*] 周莹萃，湖北大学哲学学院2022级博士研究生。

【关键词】 西方价值论；《现代西方价值理论研究》；直觉主义；非认识主义；自然主义

中国的价值论研究是 20 世纪 80 年代初伴随着中国思想解放和改革开放兴起的。40 多年来，价值论的研究成果极大地推动和指引了中国的思想解放、改革开放和现代化建设。现代西方价值论研究的历史比中国长，而且西方各国学者的价值论研究各具特色，对中国价值论发展产生过重要影响。在此过程中，江畅教授 30 年前出版的《现代西方价值理论研究》曾发挥过重要作用。尽管中西价值论在研究范式上存在差异，而且中国价值论 30 年来获得了长足的发展，但现代西方价值论研究在今天仍有许多值得我们学习和借鉴的内容。重读江畅教授的《现代西方价值理论研究》一书不仅可以使我们追忆中西现代价值论交流的历史，也可以通过它从西方价值论中汲取所需要的有益内容，利用其有价值的资源，以推动中国价值论研究的丰富、完善和创新。

《现代西方价值理论研究》一书于 1992 年出版，是国内价值哲学研究兴起之初最早研究和评介现代西方价值论的著作。该书在对现代西方哲学中的价值论和价值概念、古代和近代西方价值论、现代西方价值论的兴起和演进、现代西方价值论所涉及的主要问题、现代西方价值论的基本特征等问题进行概要性阐述的基础上，以现代西方价值论的三大主要流派（即直觉主义、非认识主义、自然主义）为主线，对现代西方价值论作了系统而深入的研究和评价，为读者把握西方价值论提供了路径，拓宽了理论视域。该书一直是我国有关学者通往西方哲学价值论的一座桥，今天重读该书仍有助于深入把握现代西方价值论研究发展的整体脉络，亦有助于促进中西价值文化的交流与互鉴。

一、第一次对现代西方价值论作了宏观阐述

现代西方价值论一般说来是指 19 世纪末叶以来西方关于价值问题的哲学理论。在广义上，它包括现代西方哲学、伦理学、美学以及其他一

些有关学科的各流派关于道德、审美、政治、法律、宗教、文化等领域的价值问题的理论以及一般价值和评价的哲学理论，甚至还包括关于经济价值问题的理论。在狭义上，现代西方价值论则主要是指关于一般价值和评价问题的理论。西方学者对价值论这门学科并没有统一的看法。无论是对价值论这门学科的称谓，还是对这门学科的基本概念的称谓；无论是对价值论的性质及其在哲学中的地位，还是对价值概念及其在价值论中的地位，西方学者都存在着众多的分歧。《现代西方价值理论研究》从中国学者的角度第一次对现代西方价值论的性质、特征以及不同学派的学术分歧作了总体的概括和阐述，有助于中国读者对现代西方价值论的宏观把握。

尽管现代西方价值论各派对价值论这门学科没有统一的看法，而且研究的侧重点各不相同，但它们都直接或间接地表达了对基本价值和评价问题的态度。就此而言，各派之间存在的最大分歧主要集中在三个方面：一是在价值的基础和本质问题上存在着客观主义与主观主义的分歧；二是在价值认识和评价上存在着认识主义与非认识主义的分歧；三是在价值认识的途径方面存在着直觉主义与自然主义、或不可定义主义与可定义主义的分歧。此外还存在不那么重要但常为人们提及的分歧，即关于价值及其标准是一元的还是多元的分歧，即价值一元论与价值多元论的分歧。

尽管现代西方价值论各派之间存在着上述众多的意见分歧，但它们也有一些区别于传统价值论的共同特征和总体倾向。这主要表现在：现代理论大大突破了传统理论所局限的个人德性或至善的道德领域，从横向和纵向两个方面扩展了价值论研究，特别是关注一般价值问题的研究；注重元价值问题的研究，但同时表现出了明显的形式主义倾向；注重价值与事实的区别，但同时表现出了主观主义和相对主义倾向；重视价值认识问题，但却表现出了价值非认识主义的倾向。这些特征和倾向反映了现代理论优于传统理论的进步性质，同时也显示了现代理论自身存在的一些局限和偏向。

二、对现代西方价值论的兴起和演进作了描述和分析

从现代西方价值论的起源上看，其产生是与"价值"概念成为一个重要的哲学概念相应的，但在19世纪中叶以前，"价值"主要是一个经济学概念，而非哲学概念，使"价值"真正成为哲学概念的是19世纪后期的两位德国哲学家——洛采和尼采。洛采在古典哲学衰落之后试图到价值领域中去寻求出路而最先倡导价值研究。他针对实证主义者想要建立一个不包含价值的实在世界，力图将逻辑、伦理学和形而上学都归结为价值论。他把世界划分为事实、普遍规律和价值三大领域，认为它们之间存在着一种目的和手段的关系，只有价值是目的，经验事实和因果必然规律都是手段，并认为概念的真理性就在于它是否有意义，是否有价值，而价值则是意义的标准。洛采的这些观点给价值赋予了极其重要的意义，把价值概念提到了哲学的中心地位。在洛采提出把"价值"作为哲学的中心概念之后，以文德尔班和李凯尔特为主要代表的新康德主义弗赖堡学派的哲学家遵循洛采的思想，试图建立一种价值哲学体系，以维护哲学的独立地位，给哲学寻求出路。然而，事实表明，尽管他们为建立价值哲学体系作了许多努力，但这一体系始终未能真正建立起来，而且在它衰落之后对现代西方价值论发展几乎没有产生什么影响，仅仅是一种流产的、失败的尝试。

在现代西方价值论兴起的过程中，奥地利哲学家布伦塔诺也起过重要作用。他提出了著名的意向性学说，并为一种客观主义的价值伦理学奠定了基础。他的价值客观主义立场及对价值伦理学的重视和研究使他成为现代价值伦理学的奠基者。布伦塔诺的思想直接影响了迈农和艾伦菲尔斯，他们是最初系统阐述主观主义价值论的哲学家。在布伦塔诺的"意向性"理论影响下形成了胡塞尔的现象学，通过现象学又引出了舍勒和哈特曼等人的以客观主义、直觉主义为基本特征的价值伦理学或现象学价值论，以及存在主义者萨特等人的非认识主义

价值论。

布伦塔诺和迈农、艾伦菲尔斯等欧洲大陆哲学家对价值论的重视和研究,通过美国哲学家厄尔本对美国哲学界发生了影响,引起了美国哲学界对价值问题的重视。厄尔本是一位客观主义者,最初美国占统治地位的也是客观主义价值论。后来随着英语世界的反新黑格尔主义浪潮的兴起,这种客观主义价值论在美国受到冲击。随着新实在论和实用主义哲学在美国的兴起,形成了以培里、杜威、刘易斯等为主要代表人物的美国自然主义价值论。其中培里的非认知的自然主义和杜威的认知的自然主义代表了早期自然主义的两种基本倾向。

现代西方价值论的兴起还与英国哲学家摩尔的工作有关。摩尔指责传统伦理学理论都犯了"自然主义谬误",并基于此提出了价值客观主义和直觉主义,其主张得到了普里查德、罗斯以及布罗德等人的拥护,形成了英国的直觉主义价值论。这些哲学家虽然都持客观主义和直觉主义立场,但在善、正当、义务这几个基本伦理学概念中哪一个是最基本、不可分析和不可下定义的概念上存在着分歧,因而他们的理论被区别为价值论的直觉主义和义务论的直觉主义。摩尔是前一种观点的主要代表,普里查德和罗斯是后一种观点的主要代表。

摩尔对"自然主义谬误"的批判及其语言分析的方法对后来的价值论,特别是情绪主义①产生了重要影响。情绪主义最初是一些逻辑实证主义者为了贯彻"经验证实"原则,一方面利用了自然主义的主观主义缺陷,另一方面针对直觉主义的客观主义的困境提出的,其最主要的代表人物有英国的逻辑实证主义者艾耶尔,他系统地阐述了激进情绪主义观点,美国伦理学家斯蒂文森则阐述了一种温和的、精致的情绪主义观点。他们通过对道德和价值术语、判断的逻辑分析而在价值和评价问题上得出了极端主观主义和非认识主义的结论,成为非认识主义价值论的早期代表形式。

---

① 情绪主义(emotivism)亦译为"情感主义",为了与18世纪英国情感主义(sentimentalism)和20世纪以迈克尔·斯洛特为代表的情感主义相区别,本文统一采用"情绪主义"的译法。

三、着重对现代西方价值论的三大主要流派作了述评

在 19 世纪末到 20 世纪 30 年代前后西方价值论的兴起阶段，已经形成了现代西方价值论的三大主要流派：直觉主义、自然主义和非认识主义。《现代西方价值理论研究》正是以这三大流派为主线而展开的。首先，从理论发展的活跃时期来看，直觉主义鼎盛时期主要在 20 世纪 30 年代以前，30—40 年代西方占统治地位的是非认识主义和自然主义。其次，就具体理论所面向和拓展的维度而言，持客观主义、直觉主义价值论立场的摩尔、舍勒、芬德莱等人把价值归于客体自身，认为价值是一种客观性质，而不取决于主体是否需要、追求、享受和评价它们。持非认识主义立场的逻辑实证主义者罗素、艾耶尔、斯蒂文森以及黑尔等人把价值或者理解为仅仅表达人的情感、态度、欲望，或者理解为仅仅表达人的规定、命令。采用认识主义立场的培里、杜威等实用主义者则主张把价值归结于事物给予人的满足，这实际上指出了价值是主体与客体之间的一种满足关系。

《现代西方价值理论研究》共分为 15 章，可划分四大部分。第一章"导论"是第一部分，主要对现代西方哲学中的价值论和价值概念、古代和近代西方价值论概观、现代西方价值论的兴起和演进、现代西方价值论涉及的主要问题，以及现代西方价值论的基本特征的辨析和介绍。第二部分包括第二章"新康德主义者的价值哲学"和第三章"迈农的一般价值论"，主要是评述现代西方价值论源起时期价值哲学家的理论观点。第三部分包括第四章至第十二章，在这一部分中，作者以价值问题的内在逻辑发展为依据，分别聚焦于直觉主义、非认识主义和自然主义三大流派，对现代西方价值论做了系统的阐述。第四部分包括第十三章"现代西方哲学中价值与事实的分离"、第十四章"现代西方的评价理论"，以及第十五章"现代西方哲学中的价值判断问题"，主要是对当代西方价值论研究中的焦点问题进行专题探讨。从章节分布上看，对三大流派思

想的论述是该书的主体部分,下面将以此为线索,对该书关于各派的主要观点及意见分歧的述评作些考察。

(一) 关于直觉主义

《现代西方价值理论研究》的第四章至第六章选取摩尔的价值论直觉主义、舍勒的现象学价值论伦理学和芬德莱复兴价值伦理学的努力为代表,对直觉主义价值论的主要内容展开系统的梳理和分析,并对各思想家的理论予以客观评价。直觉主义,亦即非自然主义的认知主义,产生于 20 世纪初,随后流行于英美等国。1903 年摩尔《伦理学原理》的出版,标志着直觉主义形成了完整的伦理学体系。直觉主义者认为,道德概念不可能通过理性和经验来论证,只能靠先天的道德直觉来认识,否则就会犯"自然主义谬误"。直觉主义的基本特点是,主张存在一种不能归结为其他类型的伦理学知识,这种知识意味着作为伦理学判断对象的客观事态,应被设想为可以作为真实的伦理学直觉的对象,但在对这种客观事态的理解以及通过什么途径直觉地理解的问题上存在着分歧。

摩尔在《伦理学原理》中,通过批判传统伦理学特别是近代规范伦理学,阐述了客观主义多元价值观与直觉主义,对 20 世纪西方伦理学和价值论产生了极其深刻的影响。具体而言,他对传统伦理学"自然主义谬误"的指责,从根本上动摇了传统伦理学理论的基本信念;他对道德、价值语言分析的重视,改变了西方伦理学理论的思维方式和研究方向,开辟了伦理学研究的新领域;他所阐述的价值客观主义和直觉主义对英国一些哲学家发生了直接影响,形成了直觉主义伦理学,但其中所存在的难题和暴露的问题又成为其他学派兴起和发展的契机。

舍勒是现代西方现象学价值伦理学的确立者和最重要代表。他这方面的思想直接渊源于布伦塔诺,并以胡塞尔的现象学为基础。舍勒的现象学价值伦理学提出并试图解决两个重要问题,即价值的本体论地位问题和情感对理解价值的作用问题。对这两个问题的重视和研究显示了舍勒理论的优势和不同于摩尔理论的特点,使得他的理论在现代西方价值论中具有重要地位。强调情感对理解价值的意义,主张情感活动先天地指向特定的价值对象,是舍勒所提出的颇有独创性的见解。从总体上看,尽管以舍勒为主要代表的价值伦理学,与摩尔的价值论直觉主义的哲学基础不同,前者是现象学,后者是新实在论,但二者在价值论和伦理学上的基本立场是一致的:都主张价值客观主义和直觉主义。因此,二者有着大致相同的理论优势,也有着基本相同的理论难题和共同的历史命运。

自20世纪30年代之后,客观主义、直觉主义价值伦理学逐渐走向沉寂,这不仅与理论本身在本体论和认识论上遇到难题直接相关,也与分析哲学、实用主义在西方哲学中占据主导地位,以及相应的非认识主义、主观主义、相对主义思潮弥漫整个西方伦理学、价值论有关。然而,到50年代以后,分析哲学在西方哲学的统治地位开始发生动摇,以之为基础的非认识主义面临着挑战,芬德莱的价值论正是为了在新条件下复兴或重新确立被批判或被否定的一些理论观念而提出的。芬德莱在充分吸收布伦塔诺、胡塞尔、康德、黑格尔等人的理论成果的基础上,详细分析了价值和评价的基础。与早期价值伦理学家不同,芬德莱把价值看作是与人的心理态度和结构、与人的目的密切相关的东西,主张到人的心理结构中寻求价值的客观性。此外,他诉诸基于人的心理结构的价值的非个人性,肯定价值的认识性质,并勾画了存在于每个人心中的价值王国的图景。芬德莱对早期价值伦理学的突破,无疑给价值伦理学的发展开辟了一个全新的方向,即不是从人之外的客观事物中,而是从人的心理结构中去寻找价值的客观性和真理性的基础,由此避免了早期理论的独断论和直觉主义难题,使之以一种崭新的面貌出现。然而,尽管芬德莱把眼光从外在的客体转向了人自身,为复兴价值伦理学迈出了关键的一步,但他并没有真正解决这个问题,原因在于不能仅仅转向个人的心理结构和态度,而应当转向现实世界中生活着、活动着的人。

(二)关于非认识主义

在直觉主义之后,出现了针对直觉主义而提出的自然主义和非认识主义。非认识主义是基于分析哲学、利用自然主义的主观主义的缺陷、针对直觉主义的客观主义的困境而提出来的。通过对价值术语、价值判断或价值陈述、价值命题的逻辑、语言分析而在价值和评价问题上得出了极端主观主义的非认识主义的结论。非认识主义的主要代表人物有逻辑实证主义者石里克、卡尔纳普，情绪主义者艾耶尔、斯蒂文森，以及规定主义者黑尔。该书的第七章至第九章围绕逻辑实证主义者对价值客观主义的批判、斯蒂文森的温和情绪主义（原书中译为"情感主义"）价值论以及黑尔的规定主义价值论这三条进路，对非认识主义作了相关的介绍与评价。

逻辑实证主义者为贯彻逻辑分析和经验证实这两条基本原则，在"拒斥形而上学"的同时，对价值问题上的客观主义观点予以批判。在他们看来，一切有意义的命题要么是逻辑重言式的命题，要么是在经验上可以证实的命题，而道德命题、审美命题等价值命题既不是重言式的，也不是经验上可证实的。因此，如果承认这些命题是有意义的命题，是科学知识，就会与他们所主张的彻底经验主义观点相冲突。此外，他们也站在彻底的经验主义立场上阐发了激进的情绪主义价值观点，这是现代西方非认识主义价值论最早的、也是最极端的形式。

情绪主义在艾耶尔的《语言、真理与逻辑》中被明确阐述后，引起了众多的非议和批评。在此背景下，美国伦理学家斯蒂文森在他的《伦理学与语言》中提出了一种温和的、精致的情绪主义道德理论，并使之系统化、完善化。这种理论虽然对早期情绪主义作了很大的改进，但它仍然坚持非认识主义的情绪主义立场，特别是仍然把道德论说主要看作是非理性的，因而还是遭到了广泛的批评。批评者指出，斯蒂文森等情绪主义者虽然正确地看到价值判断主要是表达性的，但是却由此荒谬地推论出对价值作理性论证本身是不可能的，在价值问题上发生分歧时，非理性的心理影响被看作是获得一致的唯一手段的结论。

规定主义是当代西方非认识主义价值论中继情绪主义之后最有影响的派别。规定主义为了克服情绪主义的偏颇，以意义的使用论为基础，在价值判断的性质、意义、功能、证明等方面提出了系统的新见解。黑尔发现，情绪主义对认知主义价值论的拒斥是完全令人信服的，问题在于它否认了价值论中进行合逻辑论证的可能性。于是，他力图以意义使用论为根据,在克服情绪主义缺陷的基础上建立一种"非描述主义的理性主义"。在黑尔看来,斯蒂文森的情绪主义理论的错误在于,它既混淆了价值判断的理由和它的原因,也混淆了价值语言的语效力量和它的意义。黑尔认为,道德语言是一种规定性语言,而不是描述性语言,道德判断是一种可普遍化的规定性判断,虽然没有认识上的真假意义,但所提供的理由有合理不合理、正当或不正当的意义,其功能不是表达情感或对别人施加影响,而是指导人的行为。

（三）关于自然主义

自然主义是摩尔在批评传统伦理学时用以表达传统伦理学的概念。在承认道德判断存在真理性问题上,自然主义与直觉主义是一致的,因而这两种观点都是认知主义的。然而,不同于直觉主义所认为的以自然术语定义道德术语是犯了"自然主义谬误"的观点,自然主义认为,道德术语和道德判断与经验术语和经验判断没有差别,道德判断像经验判断一样具有真理性或适真性,可以用经验术语定义道德术语。20世纪上半叶,具有自然主义倾向的伦理学说主要有杜威的实用主义伦理学、培里的兴趣论等。《现代西方价值理论研究》的第十章至第十二章则主要聚焦于培里的兴趣价值说、杜威的认知自然主义价值论,以及塞森斯格结合自然主义和非认识主义的尝试这三个方面,对自然主义价值论展开评述。

培里于1926年在纽约出版的巨著《一般价值论》,开启了美国自然主义价值论运动,揭开了整个20世纪西方主观主义价值论发展的新篇章。培里在这部著作中提出了一种极端的主观主义价值论。他认为,价值是任何兴趣的任何对象,兴趣作为一般价值的核心问题,成为培里着重考察的术语。鉴于此,培里对兴趣的生物学、心理学基础,兴趣的样式、起源和变易,认识在兴趣中的作用,兴趣的复合和综合等问题都逐一作了深入、细致的探讨,同时还着重考察了价值的比较和衡量问题。然而,培里的兴趣价值说所持的认识主义的可定义主义、非认知的自然主义的基本立场引起了众多的批评和讨论。这些批评有的是来自自然主义价值论派别内部，如杜威和后来的塞森斯格等持认知的自然主义观点的哲学家批评这种理论是"粗糙的自然主义"，但更主要的是来自与自然主义相对立的情绪主义和直觉主义。

杜威的认知的自然主义价值论是基于对价值客观主义、情绪主义、非认知的自然主义的分析和批判而提出的，是深刻认识和反思各种价值论问题、并力图克服这些问题的产物。杜威注重与社会生活的联系，注重利用自然科学和社会科学的最新成果，把价值问题放在广阔的社会文化背景中进行考察，从而使得他的价值论具有自己的显著理论特色。这集中表现为杜威在坚持自然主义或经验主义立场的同时特别强调思维或智慧对于善恶观念和价值判断形成的意义。诚然，杜威的价值思想对西方价值论研究和西方社会生活产生了重要影响，但从马克思主义立场来看，杜威的价值论仍然存在着一些西方价值论共性的问题以及他在克服其他价值论问题的过程中产生的新问题。

塞森斯格的基本哲学立场是实用主义和经验主义的，基于此，他完全依据经验特别是常识来提出适当伦理学的标准，来说明伦理学判断的根据、功能和证明。此外，他还拒绝以往一切宗教的、形而上学的理论，反对直觉主义的观点，并把非认识主义纳入经验主义的范围。相应地，在道德哲学和价值论方面，塞森斯格持自然主义的立场。这种立场在对价值、义务的理解上表现为坚持主观主义，反对客观主义。他主张价值的基础是人的需要的满足，在满足之外，没有任何价值可言。这种自然主义立场在价值认识问题上则表现为认识主义的可定义主义，反对非认识主义和认识主义的不可定义主义。总体上看，塞森斯格工作的重要意义在于，在日常语言分析哲学兴起之后，在伦理学非认识主义发生重大改变的新情况下，重新阐述了自然主义的立场和观点，在新的挑战面前为自然主义辩护。除此之外，更重要的是他根据西方伦理学理论的新进展，在吸收最新理论成果的基础上，使20世纪前期的自然主义理论系统化、精致化，澄清了以前自然主义理论中一些含混不清的问题，回答了以前自然主义理论没有回答但又十分重要的问题，因而使自然主义理论乃至整个西方伦理学和价值论获得了新的重大进展。

从以上的考察可以看出,《现代西方价值理论研究》一书,并非只是对各派理论家思想的简单阐述,即并非仅仅是从"史"的方面对19世纪以来的西方价值论的发展脉络作系统的梳理;而是在介绍这些理论的同时,或是指出了各思想家理论之间的内在联系及影响,或是指出了这些理论的突出贡献与不足之处,融评于述,述中显评,从而使西方的价值论能够更好地服务于我国现代价值体系和伦理学理论体系的构建。除此之外,书中出现的一些思想家,有的理论贡献并不突出体现于价值论研究领域,而是作者在广泛收集素材与国内外研究文献的基础上所提出的颇具独创性的研究成果,由此也增进了读者对这些思想家理论的全面了解和把握,这些都是该书能够在学术界占据重要地位的原因所在。

四、未尽的影响

《现代西方价值理论研究》自1992年出版后,《哲学动态》《人文杂志》《光明日报》等多家报刊发表书评,一些著名学者也发表看法,对该书的学术价值和理论意义作了较高评价。

复旦大学哲学学院邓安庆教授评论说:"认识论定向使价值研究局限在一个十分狭窄的范围内,而且时间一长,研究就难以深入。可以说,随后价值研究的深入或多或少地依附于对纯认识论视野的超越。如何进一步超越这一视野,就成了值得认真研究的问题。正是在这种背景下,江畅博士推出了他30万言的专著《现代西方价值理论研究》,它标志着我国价值哲学研究进入了一个'对外开放'的新阶段。"邓安庆教授凝练地概括了该书所具有的三个主要特色:一是开拓性。在该书出版前,国内虽然有一些单篇的论文介绍或研究西方价值哲学,但缺乏全面而系统的研究,而有一定水平的学术专著还未曾有过。这部著作的出版填补了西方价值哲学研究的空白,具有开拓性。这种开拓性不仅表现在作者把西方的价值论系统地引入到我国的学术殿堂,而且主要还表现在作者对西方价值论诸流派、诸人物、诸观点的探索性研究中。二是整体性。西方价值论经过近一个世纪的发展,深入到了人类文化及其生活的各个方面,这就需要作者以高度的概括力把这些不同层面、不同流派、不同国度的价值论作一整体性的全面梳理和理论重构，才能让读者把握西方价值论发展的脉络经纬。在这方面，作者吸收了国内外研究成果，既以历史为线索，又以价值问题为线索，使得全书呈现出有内在联系的整体结构，而不光是不同流派的外在排列。作者正是以这种整体性完成了对西方价值哲学的理论重构。三是学术性。这部著作是作者多年来潜心研究的结晶，在该书中，仅是作者引用过的著作就达60多部，其中极少部分是有中译本的。正是由于收集到了第一手的原始素材和国外最新研究成果，才使该书的学术性得到了根本的保证，同时也为读者提供了大量可靠资料。经过对这些材料的消化吸收，作者对各个人物或学派不仅清理出他们思想观点的理论背景、前提、渊源，而且对其理论得失作出了简要而公正的评述。此外，作者还用三章篇幅，对现代西方价值论研究的焦点问题——价值与事实的分离、评价理论和价值判断问题作了专题探讨，在同诸家各派的对话和诘难中提出了一系列富有创见的观点，这部分是该书学术性的最高体现。

中国政法大学李德顺教授认为，该书"是目前国内第一本，也是仅有的一本较系统地分析介绍西方当代有关价值哲学研究发展线索及其成果的学术作品。该书在资料收集整理、理论概括和评价等方面，做了大量的艰苦细致、富有创造性的工作，填补了这方面的一个空白"。

陕西省社会科学院王玉梁研究员指出："该书是国内第一本较全面、系统地研究现代西方哲学价值论的专著，具有重要的学术价值。此书的出版，定会促进我国价值哲学的研究。"

日本早稻田大学教授、国际《价值研究杂志》编委北村实在1993年10月于西安召开的"中日价值哲学研讨会"上称："这部著作非常优秀，日本没有。"

湖北大学哲学学院魏敦友教授认为，该书具有较高的学术价值，对深化我国价值论研究起到积极的作用。总体上看，它主要具有如下特点：其一，根据价值问题的内在逻辑从整体把握了现代西方价值论进展的大势。作者在广泛吸取国内外已有研究成果的基础上，结合自己的研究心得，提出现代西方价值论主要是三大流派，即直觉主义、非认识主义和自然主义。其二，将价值问题研究与具体学派考察结合起来，指出现代西方价值问题的展开是基于现代西方社会与价值论内在逻辑进展这两个方面。其三，作者以价值问题展开的内在逻辑为依据客观地评点了各家各派的理论得失。该书的出版对于我国借鉴现代西方价值论的成果，推进我国价值论的研究，具有重要启示。

《现代西方价值理论研究》自出版以来，一直受到学界的广泛关注，它不仅被列为中国人民大学哲学系价值论专业硕士、博士研究生的正式参考书，而且多年来一直有博士研究生来信求购此书。该书因其所独具的学术性、全面性、开创性，已经成为我国有关研究者通往西方哲学价值论的一座桥，对拓展国内价值论研究具有不可忽视的重要学理意义和实践价值。

《现代西方价值理论研究》出版已经 30 年了，书店早已售罄，好在它已收入江畅教授即将由人民出版社出版的《江畅文集》第二卷之中，相信这部质量高、信度高的西方现代价值论述评著作今后还会对我国价值论的教学和研究继续发挥重要作用。

【执行编辑：陈新汉】

社会主义核心价值观研究

Research on Socialist Core Values

浅析思想政治教育互动的实现路径

张　婧[*]

【摘　要】 习近平总书记曾指出："中华文明五千多年发展史充分说明，无论是物种、技术，还是资源、人群，甚至于思想、文化，都是在不断传播、交流、互动中得以发展、得以进步的。"这句话表明互动对人类发展进步有着重要作用。在思想政治教育领域，为满足现实需要，紧跟时代步伐，我们必须重新审视教育者、受教育者、教育载体和教育情境的关系问题，拓展思想政治教育互动研究视角，从教育者组织互动、受教育者参与互动、教育载体促进互动和教育情境推动互动四个角度为有效实现思想政治教育互动提供理论支撑和实践指导。

【关键词】 互动；思想政治教育；价值；路径

习近平总书记曾指出："中华文明五千多年发展史充分说明，无论是物种、技术，还是资源、人群，甚至于思想、文化，都是在不断传播、交流、互动中得以发展、得以进步的。"[①] 这句话表明互动对人类发展进步有着重要作用。在思想政治教育领域，为满足现实需要，紧跟时代步

---

[*] 张婧，海军军医大学政治理论教研室副教授，主要研究方向为思想政治教育、价值论。
[①] 习近平：《把中国文明历史研究引向深入，增强历史自觉坚定文化自信》，《求是》2022年第14期。

伐，我们必须重新审视教育者、受教育者、教育载体和教育情境的关系问题，拓展思想政治教育互动研究视角，为有效实现思想政治教育互动提供理论支撑和实践指导。

一、教育者组织互动

在思想政治教育过程中，教育者是思想政治教育互动的承担者和实施者，他是保证互动机制有效运转的关键因素。思想政治教育，从本质上说是教育者的教育实践活动，也是整个社会的教育实践活动。2020年习近平总书记在思想政治理论课教师座谈会上指出："新时代贯彻党的教育方针，要坚持马克思主义指导地位，贯彻新时代中国特色社会主义思想，坚持社会主义办学方向，落实立德树人的根本任务，坚持教育为人民服务、为中国共产党治国理政服务、为巩固和发展中国特色社会主义制度服务、为改革开放和社会主义现代化建设服务，扎根中国大地办教育，同生产劳动和社会实践相结合，加快推进教育现代化、建设教育强国、办好人民满意的教育，努力培养担当民族复兴大任的时代新人，培养德智体美劳全面发展的社会主义建设者和接班人。"① 思想政治教育只有通过不同层次的教育者形成合力，才能取得思想政治教育互动的最佳效果。在实际的操作过程中，教育者主要包括思想政治教育的理论研究者、各级各类学校的政治理论课教员和各级党政领导干部和政治工作干部。这三种不同类型的教育者在与受教育者之间进行互动时侧重点有所不同，但它们之间也存在规律性的地方，主要体现在以下几个方面。

第一，把握方向和确立主导。教育者和受教育者之间的互动，其实质就是教育者积极主动地将教育内容传导给受教育者。在整个传导的过程中，教育者始终会将互动机制的运行向实现思想政治教育最终目标的方向引导，这不仅是教育者作为一种职业所具备的内在任务，也是思想政治教育最终目标实现的题中应有之义。在实际操作中，教育者作为互

---

① 习近平：《思政课是落实立德树人根本任务的关键课程》，《求是》2020年第8期。

动的实施者，首先，主动传导给受教育者的教育内容必须是先进正确的。在我国，思想政治教育的内容主要是习近平新时代中国特色社会主义思想以及党的方针、政策和路线等，这都是实践经验的总结，并被历史所证明。而先进正确的传导内容内在决定着教育者和受教育者之间的互动所蕴含的潜在方向，那就是要向受教育者内化吸收这些教育内容并将其外化为自身行动习惯的方向进行互动。其次，教育者作为党的政策的宣讲和传导者，其自身要时时主动维护党的形象、国家和人民的利益，并且要旗帜鲜明。"思政课上学生会提一些尖锐敏感的问题，往往涉及深层次理论和实践问题，把这些问题讲清楚讲透彻并不容易。我们这个国家是一个不断成长的国家，社会主义制度是在不断探索中完善的，现在确立了中国特色社会主义。同时，新中国成立 70 年、我们党成立 90 多年来，是在不断摸索中前进的，历经坎坷，也走了些弯路，也出现了像'十年浩劫'这样的情况。对这个问题的认识要把握住，像《国际歌》中唱的那样，我们党也不是神仙皇帝，在摸索中前进肯定会有失误，不要因为有这些失误就丧失对党的信念，动摇对我们所秉持的理想信念的坚定性。"[①] 正如恩格斯所说的一样："向工人鼓吹放弃政治，就等于把他们推入资产阶级政治的怀抱。"

第二，凝聚信念和实施监控。在思想政治教育过程中，教育者与受教育者之间的互动是一个复杂反复的过程，并不是每一次互动都能够顺利完成，有时候可能因为某些因素影响致使互动受阻，互动机制无法运行。这就需要教育者及时调整和实施调控，以确保互动机制的正常运行。面对复杂多变的受阻情况，教育者需要有持久发挥效用的信念来提供自身解决问题、实施组织行为的动力。对这种信念的凝聚是影响教育者进行互动的重要因素，如果教育者满怀信心，在与受教育者的互动过程中必定会克服各种困难，调动全部的积极因素去组织互动；反之，如果缺乏信念，教育者可能在某种外在政策压力下实现了互动，但是这种行为无法持久，从而导致失败。而教育者凝聚的信念也并非先天形成的，它

---

① 习近平：《思政课是落实立德树人根本任务的关键课程》，《求是》2020 年第 8 期。

是教育者在不断积累中形成并凝聚起来的。一般而言，教育者积极主动克服的困难越多，解决的问题越多，教育者组织和实施互动的经验会越丰富，信念也就不断凝聚加强。

教育者组织互动不仅需要信念来提供持久的动力，克服互动过程中出现的各种困难，还需要对整个互动过程进行监控，确保互动的最终完成。所谓监控就是在教育者和受教育者互动过程中，教育者为了能使互动达到预期目标，将其作为意识对象，不断地对互动过程进行积极主动的检查、评价、控制和调节。究其实质，教育者对组织互动过程的监控是其对互动活动的自我意识、自我反思和自我调节。具体而言，在互动过程中，教育者需要纠正偏离目标的计划，需要转换与受教育者沟通的方法，还需要变换传递的方式和手段等，通过这些途径对互动进行调节和校正。

第三，用心设计和掌握技巧。教育者对组织互动的用心设计，首先表现在对受教育者的适应和满足上。教育者总是一定社会形态中的教育者，是一定社会、一定阶级的代表。教育者在互动活动中，可以根据一定的社会要求和受教育者的思想发展规律以及实际状况，针对受教育者的不同特点，制定互动计划，进行互动实践。由于受教育者的家庭出身、个人经历、受教育水平各有不同，每个人的特点各不相同。教育者只有掌握受教育者的性格特征，才能在互动过程中做到一把钥匙开一把锁。其次表现在对互动方法的选用上，教育者可以组织开展丰富多彩的教育活动，带领受教育者进行参观访问、劳动竞赛、演讲比赛、政治理论学习和各种文体活动等。此外，教育者在设计和组织教育方法中，随着教育情境和受教育者的变化，可以选择有效的教育方法，灵活多样地采用教育方法，设计新教育方式，让受教育者接受教育内容。这是教育者在设计和组织上的一种自觉行为，体现了教育者更高层次的价值追求。

二、受教育者参与互动

教育者和受教育者之间的互动是一个双向交流的过程。其互动效果不仅取决于教育者组织互动的素质和能力，还取决于受教育者的积极参与和交流。受教育者对互动的认识与态度、对互动信息的主动吸收和消化、对互动愿望的表达，以及向教育者反馈互动情况等都影响着教育互动的效果。因此，互动要想顺利、有效地进行，还必须大力增强受教育者参与互动的意识、提高其互动能力。

第一，受教育者激发愿望参与互动。在传统的思想政治教育模式中，受教育者一直都处于被动的地位，不管受教育者愿意或者不愿意，都必须在外在压力的强制下与教育者进行互动，这种强制性在某种程度上消解了受教育者参与互动的内在动力。而在"主体—主体"思想政治教育模式中，受教育者与教育者具有平等的地位。这就给受教育者激活内在的互动愿望提供自由的空间。一般而言，愿望是心理动力系统中的重要组成部分，它决定着个人对现实世界的认知态度和对活动对象的选择与偏向。在互动过程中，受教育者通过认识和实践，会将自我对象化并与现实世界以及教育要求进行比较、评价而产生各种愿望，以愿望的实现来减小自我对象化与现实世界的差距。在这个过程中，与愿望相关的心理要素还有情感和意志，这两者构成了互动活动不可缺少的动力因素，其主要功能是强化或者抑制互动的运行，构成推动或阻碍受教育者参与互动的动因和动力。在互动实践中，受教育者往往因对某一教育者、某种教育形式或某一教育内容持有否定性情感和意志而产生拒绝接受行为，反之亦然。在思想政治教育中，受教育者是主动性的存在，特别是生长于新时代的青年们，他们具有更强的自主性与独立性意识，注重个性解放和自我价值的实现。这样，他们就会以自己已有的世界观和价值观为准则，有选择、有鉴别地接受教育者施加的影响，并且会在开放、比较的过程中来认识、鉴别教育者的教育水平，而不是盲目迷信教育者的权威。

第二，受教育者完善认知、深化互动。在思想政治教育互动中，受教育者的认知是指受教育者知识结构、兴趣需要和动机经验等条件以及所表现出来的内部准备状态，会产生"信息过滤"作用，直接制约和影响他们对互动信息接受的深度和广度。这是因为一方面它直接规定着受教育者观察、分析问题的角度和具体方法，使受教育者有针对性地从思想库中提取相关知识和经验;另一方面它为受教育者完成新旧信息的整合和改造提供具体方式,并以此影响和决定着新建结构的质量和水平。认知结构的不断完善并不是自然形成的,而是在不断地与外在因素进行交流的过程中形成的。

第三,受教育者自觉实践检验互动。在思想政治教育互动中,受教育者的参与,不仅仅表现为对互动机制的直接进入,还表现为对整个互动机制运行的影响,这种影响主要表现在深化和检验上。受教育者通过实践来检验互动的成效主要包含两个方面:一方面,受教育者将接受到的教育信息通过实践来判断其正确性和价值性。受教育者结合自身实际和特点,将接受信息投入到实践中,并对实践结果进行预期,如果达到预期效果,那么受教育者接收的信息就是正确的和有价值的,反之亦然。受教育者对接受信息的检验是其参与互动的前提条件,如果教育者传达的信息本身就是错误或者没有价值的,那么教育者和受教育者之间的互动就是没有价值的。另一方面,受教育者积极接受和吸收教育者传导的教育信息,并主动将自身的情绪体验、心理感受以及对信息的接受程度反馈给教育者,让其对整个互动过程进行监控,并对互动效果进行检验。

三、教育载体促进互动

思想政治教育互动机制实质上是教育者和受教育者基于实现思想政治教育目标而进行的交流和沟通。这个过程并不能在真空中进行,而是需要借用一定的载体来完成。当前,在思想政治教育互动中,教育载体的使用比较单一,使得教育者对于受教育者的思想实际情况缺乏真实的了解;受教育者也苦于找不到合适的渠道与教育者进行思想、情感的交流与反馈,这就导致双方之间的教育互动形式化。要改变这一状况,就必须采取多样化和现代化的教育载体。随着时代的发展和科技的进步,教育载体不断地发展和拓宽,新的载体不断出现,比如网络、电话等。下面以教育内容为例来论述教育载体对互动的促进作用。

教育内容是互动的重要基础。思想政治教育,从形式上看是教育者和受教育者之间思想政治观念的传递、引导、外化与内化的过程。因此,教育内容是连接教育者与受教育者的信息媒介,是构成思想政治教育互动的基本要素。而从实质上看,思想政治教育又是有着鲜明目的性的教育活动,所以教育内容又是蕴涵教育价值目标的载体,它也成为教育者和受教育者互动的重要依托。恩格斯指出:"教育人,这很好,但困难正在于正确地挑出对他们最重要的东西。"[①] 也就是说,只有确定了受教育者自觉自愿接受的教育内容,才有利于互动进行。所以,教育者必须着重把受教育者作为教育实践活动的直接出发点和落脚点,以受教育者的需要作为价值标准对教育内容进行选择和确定,才能发挥这一载体的最大作用,才能使互动取得良好效果。所谓思想政治教育的内容"是思想政治教育目标的具体化。它是党和国家对社会成员实施思想政治教育时在思想、政治、道德、心理诸素质方面的要求,是决定民族素质的重要方面"[②]。教育者对教育内容的选择,一方面是根据社会发展的要求以及受教育者具体的思想实际而确定;另一方面也体现了教育者自身需求。受教育者对教育内容的接受,一方面是根据自身的需要和社会的要求来开展,另一方面也体现了自身需求。所以,教育内容成为了教育者与受教育者互动的重要依托,教育内容的好坏直接影响到教育者和受教育者,也必定影响其两者之间的互动。

这里需要强调的是在教育载体的使用上还要挖掘传统方式的现代互动价值。"我们党历来高度重视思政课建设。在革命、建设、改革各个历史时期,我们党对思政课建设都作出过重要部署。新民主主义革命时期,我们党在红军大学、苏维埃大学、抗日军政大学、陕北公学等高校开设'党的建设''中国革命运动史''马列主义''辩证唯物主义''科学社会主义'等课程,在列宁小学开设'社会工作'课程,在解放区的小学、陕甘宁边区的中学开设'政治常识'课程。新中国成立后,我们党就把'中国革命常识''共同纲领'列入中学教学计划,在高校开设'中国革

---

① 马克思、恩格斯:《马克思恩格斯全集》第32卷,人民出版社,1974,第23页。
② 邱伟光、张耀灿:《思想政治教育原理》,高等教育出版社,1999,第193页。

命史''马列主义基础''政治经济学''辩证唯物论与历史唯物论'等课程,强调中高等学校政治理论课的任务是用马克思列宁主义、毛泽东思想武装青年,培养坚强的革命接班人。我上中学时,学的政治课本叫《做革命的接班人》,书上讲的'热爱生产劳动,艰苦奋斗,用自己的双手建设富强的社会主义祖国','立雄心壮志,做革命的接班人'等,影响了我们这一代人的理想信念和人生选择。改革开放以来,党中央先后出台10多个关于学校思想政治工作的文件,对思政课建设提出明确要求,不断推动思政课改革。"① 我们党在长期的革命实践中,总结出许多被实践证明是行之有效的互动方式。比如,面谈互动法,这是最常用、最普遍的互动法。此外,还有开会讨论、民主决策、典型学习等互动方式,这些互动方式曾经在思想政治教育中发挥过重要的作用。随着时代的变迁,它们在新时代仍然有着积极的作用。只是为了适应时代发展要求,必须使它们在内容和形式上有所创新。比如,开会互动,以前的开会互动形式是所有的与会者都必须亲临会场,这样才能聆听和接受会议组织者传达的教育内容,但是随着科学技术的发展,现在的会议在形式上进行突破,与会者可以不用亲临现场,他们通过网络传输会议组织者传达的教育内容,这种方式不仅解决了参加会议的时效问题,还解决了会议开展的空间和场所问题。网络的运用赋予了开会这种互动形式新的价值和意义。再如,将传统的叙事法与信息化条件下的幻灯片、多媒体等先进设备相结合,将无声的互动内容转化为可以感知的具体形象,以强有力的刺激效应吸引受教育者的注意,让在受教育者轻松愉快的氛围中接受引导,把握教育互动的实质内容。

四、教育情境推动互动

教育情境是互动的重要条件。教育者和受教育者进行互动和交流是在特定的时间和空间中进行的,即是思想政治教育情境。在现实互动中,

---

① 习近平:《思政课是落实立德树人根本任务的关键课程》,《求是》2020年第8期。

思想政治教育情境是教育者通过自身选择和主动创设的，一般而言，它对受教育者的受教系统是有着积极影响的。但是在不同程度上也存在着不稳定因素，这种不稳定因素会导致人们思想与行为之间的冲突。如果这些不稳定因素和冲突得不到及时有效的解决，就会干扰思想政治教育互动的进行。"环境是由人来改变的，而教育者本人一定是受教育的……环境的改变和人的活动或自我改变的一致，只能被看作是并合理地理解为革命的实践。"① 比如课堂互动，课堂是我们熟知的思想政治教育互动最重要的情境，正如多勒所说，"教师和学生就是生活在这个环境里的'居民'，因而课堂乃是由'居民'和'环境'交互作用而形成的生态系统"。也就是说，课堂中教育者与受教育者之间以及他们与情境之间的相互作用或相互影响，构成课堂情境中的互动。只有实现了课堂中教育者与受教育者之间、教育主体与情境之间信息的交流，课堂才会迈出僵化和泥淖，从而走向生机。

此外，在新时代条件下还需拓展新的教育情境。"思想政治教育活动中的实践主体处于一定的价值选择和交往行为环境之中，并在各自思想观念的指引下，在思想政治教育的行为环境中从事着生产、学习活动。"② 教育者选择和创设的情境在一定程度上讲是一种价值选择的行为环境，这种环境虽然受教育者的价值判断和价值选择影响直接，但是它仍然受社会物质环境即社会生产力的制约。根据马克思主义原理，社会生产力决定社会物质环境的发展状况、决定生产工具，影响着人们学习、思考和交流的方式和手段。而社会生产力发展也为思想政治教育互动提供现代的物质条件，如互联网的运用、微课堂平台的使用等。随着生产力的提高，思想政治教育情境的创设也面临着新的挑战。因此，我们必须要抓住社会发展的契机，在微时代、5G时代等的背景下完善网络思想政治教育平台。以互联网为媒介开设网络思想政治教育互动，在网络学习中又增强自身对主流价值的认同感，从而促使个人自觉地将自身行为

---

① 马克思、恩格斯：《马克思恩格斯文集》，人民出版社，2009，第500页。
② 刘娜：《关于思想政治教育环境的思考》，《思想政治教育研究》2011年第8期。

与社会发展要求相适应。

随着社会的迅猛发展,新时代的思想政治教育面临着许多现实困境和风险挑战,无论是教育者过度说教,或是教育内容缺乏解释力和牵引力,还是受教育者在虚拟环境中思辨能力的减弱,深究这些困境背后的原因,思索应对这些困境的方法,会发现加强教育者、受教育者、教育载体和教育情境这四者之间的互动,能够有效提升思想政治教育质量,突破困境。所以我们要重视思想政治教育互动的研究,努力探索思想政治教育互动实现路径,将思想政治教育互动成果贯穿于教学的全过程,实施全程全员全方位育人。

【执行编辑:赵 柯】

历史唯物主义的生态价值观

——评伯克特《马克思与自然》的相关观点

彭学农[*]

【摘　要】　历史唯物主义，作为本体论、认识论、辩证法、历史观和价值论的统一体，旨在建立一门唯一的科学，即历史科学。这门科学既肯定历史可以划分为自然史和人类史，又坚持认为：只要有人存在，自然史和人类史就不可分割，因而自然科学和人的科学是统一的。当代生态学的某些批评家对历史唯物主义的所谓反生态性指责，就在于其不能理解历史唯物主义的实践思维方式、辩证思维方式和价值思维方式，从而不能理解历史唯物主义的本体论、认识论、辩证法、历史观、价值论等方面的意义。本文评述了美国生态学马克思主义的主要代表伯克特对历史唯物主义的基本观点与社会生态学的基本要求之间内在统一关系的论证过程，肯定了伯克特在论证马克思政治经济学批判的生态学维度方面所做出的突出贡献。同时，本文也指出了伯克特在哲学基础理论上还存在着的不足，即尚不能从实践思维方式、辩证思维方式和价值思维方式相统一的角度，

---

[*] 彭学农，上海大学哲学系副教授，主要研究方向为马克思主义哲学。

来充分展开历史唯物主义的生态价值观。

【关键词】 历史唯物主义；社会生态学的基本要求；实践思维方式；辩证思维方式；价值思维方式；生态价值观

美国生态学马克思主义的主要代表伯克特从生态运动的理论和实践的角度，对社会生态学与历史唯物主义的内在关系进行了深入研究，提出了一些富有建设性的见解，对于我们进一步拓宽历史唯物主义的视野大有裨益。

一、社会生态学的基本要求

生态学起初主要是研究生物之间的相互关系以及生物与它们所生活于其中的周围环境之间关系的一门科学。20 世纪 60 年代以来，随着生态问题的恶化和生态危机的出现，生态学逐渐脱离生物学领域，上升到对人类与自然界之间本质关系的研究，从而催生了生态经济学、生态政治学、文化生态学、人类生态学等多种现代生态学的分支。生态哲学、环境伦理学则介于哲学、伦理学与生态学之间，主要研究关于生态学中的世界观、价值观等方面的问题。哲学层次的生态学与具体科学层次的生态学存在着一般与特殊的关系。在伯克特以及本文的行文中，更看重把作为普遍意义生态学的历史唯物主义与特殊意义的生态学统一起来，以防止造成哲学与具体科学之间的对立。

社会生态学是从以生态中心主义为前提的深生态学对生态学的禁锢中解脱开来的新兴生态学，它是一种从社会的角度看待人与自然关系的生态学。根据 20 世纪下半叶以来的社会生态学研究状况，伯克特概述了这一生态学的四个基本要求[①]：

---

① 伯克特概述的这四个基本要求，建立在 Dasmann、Enzenberger、Schnaberg、Gowdy 等著名社会生态学家的观点的基础上。参见 Paul Burkett, *Marx and Nature: a Red and Green Perspective*, Basingstoke: Macmillan Press, 1999（以下简称为伯克特）, p. 261. 第一章注释 1。

第一个要求是，社会生态学"应该是一贯地社会的和唯物主义的（social and materialist）。"① 它应该把人和自然的关系看作由社会以历史的具体的方式中介的，以避免粗俗的唯物主义（不论是技术决定论的还是自然主义的）的由自然预先决定的社会现实概念和社会建构主义（social-constructionism）片面强调社会形式在构建人类历史中的角色的观点。社会生态学要避开的两大理论流派，前者主要源自生态中心主义，后者则源自人类中心主义，其中的技术决定论作为主流的环境主义社会理论则在上述两者之间犹豫不决。对于生态中心主义和人类中心主义之争，福斯特做过批评，他认为这只是对"人类征服自然和自然崇拜之间的对立这样古老的二元论的重新阐述"②。伯克特则进一步认为，主流环境主义社会理论虽然不能完全归入上述两大流派之中的一个，但在本质上，仍然是一种二元论。因为他认为，达成人与自然统一的前提是，一方面人们要承认自然的内在价值，另一方面人们要进行绿色生产和绿色消费。伯克特认为，这里的关键是社会概念。因为如果把人与生产条件的社会关系置之脑后，就会把生态灾难归结为资本主义占统治地位的社会关系的不必然的外部后果。但是，技术和个人行为不足以让社会对其与自然的关系进行真正的自我批判和自我改造。伯克特因此特别强调："人和自然关系的社会性和物质性相统一的概念，对于避免由主流环境主义提出的那种技术的和道德的二元论是必要的。"③

社会生态学则能把社会的和唯物主义的要求贯彻到底。一方面，相对于生态中心主义和自然预先决定的社会现实概念，社会生态学强调人的意识和目的是人类社会的产物，所有的生态价值都是人类的和社会的价值，人类社会之外不存在主体和目的，不能离开人类的具体社会关系来分析和评估自然的、经济的、审美的和文化的价值；另一方面，相对于人类中心主义和社会建构主义的观点，社会生态学强调，人对自然的评估是一种弥漫着物质因素的社会建构。这种社会建构是由自然界激发

---

① 伯克特，p. 17.
② 福斯特：《马克思的生态学——唯物主义与自然》，高等教育出版社，2006，第 21 页。
③ 伯克特，p. 18.

起来的，而自然界的物体、力量和生命形式是由客观的不可改变的规律所统治的。正如哈维指出的，自然界指派丰富的、色彩斑斓的、恒久的代表来加入普遍和永恒的价值殿堂，以便激发人类的行动，给短暂的破碎的生命带来意义。①

第二个要求是，"社会生态学应该运用一种整体的但又有差异性的和关系性的方法对待人类生产。尽管需要整体论来把握物质生产的整个系统的自然条件和限度，但捕捉社会和自然之间的相互交换的动态过程（在时间和空间上）则离不开差异性方法"②。这些动态过程是由（人类的和人类周围的）自然的不断变化的多样性以及不同群体与自然条件的特殊关系形成的。这里的自然和自然条件所起的作用与它们在社会组织生产系统中的特定位置相关。简言之，人与自然的差异性关系以及社会群体之间的一切冲突，都不是由自然本身的物质多样性单独决定的，而要涉及这些自然因素在人类生产结构中不同的社会和物质地位。

伯克特把批评的矛头指向了具有极权主义倾向的整体主义深生态学。他认为，要避免无差别地把生态问题归咎于人类本身，这样会疏远为人类生产而斗争的潜在力量，而"通过淡化人与自然关系的社会差异化特征，过于集权的方法绕过了有效重新整合人类发展及其自然条件所需的社会关系变革"③。当然，对待整体主义本身，也不能采取因噎废食的立场。归根结底，"一个整体的和关系的方法是由人类对既可行又有利于人的进步的社会和自然共同进化的需求所决定的"④。这一方法必须把生产理解为一个复杂的社会和物质的总体，必须合作性地分配、利用和发展生产的社会和物质条件。"一个整体的观点，一个打破自然科学和社会科学之间以及所有科学和社会底层成员之间人为障碍的观点"⑤，对于实现

---

① David Harvey, The Nature of Environment: The Dialectics of Social and Environmental Change, In *Socialist Register 1993: Real Problems, False Solutions*, Ralph Miliband and Leo Panitch, editors, London: Merlin 1993, p. 10
② 伯克特, p. 19.
③ 伯克特, p. 20.
④ 伯克特, p. 20.
⑤ 伯克特, p. 20.

在这种方法指导下的发展是绝对必要的。

第三个要求是,"社会生态学应该对质和量同等关注"①,也就是说,要把定性分析和定量分析有机结合起来。"自然吸收或适应人类生产过程的能力大体上是由物体、力和生命形式聚合起来的质决定的,正是这些物体、力和生命形式构成了作为一个整体的特殊的生态系统和地球生物圈。"② 同时,事物的质的规定性固然是使一事物与另一事物相区分的决定性因素,但该事物的数量、程度、范围,即量的规定性,则是界定该事物的质的限度。因此,必须清楚地意识到,人类生产的广度和深度要同时受自然界吸收或适应人类生产过程的能力的质和量的制约。事实上,人类对生物圈影响的无数的形式,以及这种影响的空间和时间的不平衡性,是以自然生态系统的质的多样性和不同的弹性为前提的。当然,人类生态影响的时空不平衡和差异性,不仅是自然本身的质和量的问题,也是人类发展(与其他物种相比)的质和量的问题。特别地,劳动的社会分工、生产的全球化,有力地推动着人类生产水平的提升和生产形式的差异化。这种人类发展的质和量以及自然的质和量,共同构造着人类生产的生态轨迹。

第四个要求是,社会生态学应该具有教育意义。一种生态学,如果仅仅满足于描述生态事实,或者仅仅满足于道德说教,而不从人的社会关系着手来改变人与自然的关系,则这种生态学与生态运动将永远处于二元分立状态。生态运动及其理论过去四五十年来的表现就是这样。因此,"社会的自我批判和自我转型的能力的发展,对向社会和自然的和谐的共同进化的过渡非常重要"③。但是,改变社会关系,推进自我转型的能力,必须建立在人们为体面的工作和生活条件的斗争的基础上。这一斗争过程才能激发大众的热情和想象力,而大众的热情和想象力又反过来形成改变世界的更强大的力量。社会生态学把社会能力、斗争和想象力这些相互构建的因素连接起来,既能把职业生态学家和社会科学家,

---

① 伯克特,p. 21.
② 伯克特,p. 21.
③ 伯克特,p. 23.

也能把广大民众,都召唤到社会生态运动的洪流之中。

二、历史唯物主义基本观点与社会生态学基本要求的一致性

(一)历史唯物主义的历史观念和价值分析满足了第一个要求

第一,"在专注于社会剩余产品的生产和占有的过程中,马克思的历史观念满足了第一个要求。"① 伯克特认为,在分析社会剩余产品的生产和占有的历史发展过程中,马克思剖析了阶级间的对立关系及其变化发展过程,揭示了阶级对立关系和物质、社会条件变化状况之间的动态联系。简言之,马克思的这种历史观念"使马克思能够从物质和社会的角度,即从人与自然和人与人的关系的角度来看待社会生产能力和阶级关系的发展"②,而"考虑到生态危机涉及人类超过自然限度的生产和占有,以及鉴于剩余生产和占有在决定人类生产变易的水平和形式方面的关键角色,马克思的唯物和阶级分析的方法对于社会生态学的潜在意义就昭然若揭了"③。伯克特还指出,马克思的这一历史的观念,在福斯特的探索中得到了应用。在勾勒前资本主义的贡赋社会的生态学时,福斯特就从这些社会破坏土壤的生态溃败中,追溯到人类为获取更大的剩余产品而肆意践踏自然法则的行为④。

第二,"马克思对资本主义的以价值为基础的分析通过把资本主义生产形式理解为历史的具体的充满紧张关系的物质和社会的统一体"⑤ 生动地体现了社会生态学的第一个要求。马克思的价值分析表明,由于使用价值和交换价值的内在矛盾,资本主义与自然之间存在着一种特殊的对

---

① 伯克特,p. 18.
② 伯克特,p. 18.
③ 伯克特,p. 18 - 19.
④ John Bellamy Foster, *The Vulnerable Planet: A Short Economic History of the Environment*, New York: Monthly Review Press, 1994, pp. 36 - 37.
⑤ 伯克特,p. 19.

抗性,从而造成自然条件被特别地低估。"马克思的观点预示着,为一个没有生态危机的生产系统的斗争必须在很大程度上是一场为消灭资本主义剥削而进行的斗争,也是一场为解除劳动与自然的产品的商品形式而进行的斗争。"[1]

(二)历史唯物主义关于人类生产及其物质内容和社会形式之间关系的观点满足了第二个要求

马克思满足了社会生态学的第二个要求,即关系整体论的要求,因为他从人和人类生产的必要条件之间的历史的具体的阶级差异关系的意义上来把握社会和自然。在马克思看来,由于剩余产品的生产者和占有者之间的关系是建立在对社会生产的必要条件的不同的控制的基础上的,因此,生产者与占有者的关系就代表了作为一个阶级分化整体的人类生产的形式。由于人类生产的阶级分化整体性的不同,前资本主义时期的人与生产条件的关系区分为奴隶制的、农奴制的和封建制的剩余产品的生产和占有关系,而商品、价值、资本之所以变成了人类生产的占统治地位的形式,仅仅"随着直接的人类生产者与生产的必需的生产条件的资本主义的极端的社会分离"[2]。这就是阶级分化整体性所表现的关系整体论的整体层次,这一整体层次决定着不同社会形态的人与自然关系的变化。同时,从横向的角度来看,物质世界的自然和社会的特性决定着同一社会形态下的社会经济形式的差异性。比如,罗马的、日耳曼的和俄罗斯的封建经济形式具有各自的特点,而不同资本主义国家的商品使用价值形式、不变资本形式、租金形式也各有特点。马克思把这一看法延伸到了未来社会,他认为,共产主义社会的生产力,仍然要尊重自然的多样性,并由这种多样性所构造,两者形成一个双向建构关系。

伯克特指出,如果与第一个要求联系起来,马克思的关系整体性正是人类生产的物质和社会特征相互构建的必要因素。"作为物质和社会、

---

[1] 伯克特,p. 19.
[2] 伯克特,p. 20.

客观和主观、剥削与被剥削因素的对立统一的自然社会关系的总体性（totality）概念，是马克思能够发现人类生产中的对抗和危机的根源。它还使马克思能够确定资本对劳动和自然的发展如何在社会和生态方面越来越迫切地向非扩张性生产关系过渡。"① 伯克特还引用了科莱蒂的相关解读来增强上述观点："我们现在可以理解，马克思的经济学和社会学、自然和历史的统一并不意味着术语之间的一致性。它既不涉及社会对自然的还原，也不涉及自然对社会的还原……但我们也可以理解，相反地，马克思之所以避免这两个单方面的对立，正是因为它们的有机构成，即它们在一个'整体'中的统一；这个整体是一个总体，但却是一个确定的总体；它是不同元素的综合，它是一个统一体，但它是异质部分的统一体。"②

（三）历史唯物主义对待历史和价值问题的方法论体现了第三个要求

社会生态学认为："生态危机，是被以下两者之间的时空不和谐的进化类型所造成的，一方面，是人类生产的社会差异性和扩张性；另一方面，是自然内部的质的多样性、量的有限性和现有的吸收能力。甚至在这个通常的水平，很清楚，人类生产的社会关系，通过它们对人类对自然的占有的形式和水平的重构，是人类生态的不和谐的程度和类型的主导因素。"③

对于人类社会生产关系的生态影响，斯奈德做过一些分析，他把历史划分为生态系统文化和地球生物圈文化两个阶段④。人类历史就是从生态系统文化向生物圈文化进化的过程。奴隶社会和中央集权的封建社会，属于前一种文化，资本主义和帝国主义属于后一种文化。前者在一定的地域内发生，后者则突破地域界限，破坏了自然的质的多样性、量的有

---

① 伯克特，p. 21.
② Lucio Colletti, *From Rousseau to Lenin: Studies in Ideology and Society*, London: New Left Books 1972, p. 13-14.
③ 伯克特，p. 21-22.
④ Gary Snyder, *The Old Ways*. San Francisco: City Lights Books 1977, p. 20.

限性和自然通常的吸收能力，从而造成了巨大的生态问题。

伯克特认为，在解释生态失衡和生态危机问题方面，马克思的方法从两个层次来看都属于质和量的分析。

第一，"马克思处理人类历史的方法有助于解释环境与人类生产的不协调。"① 前面讨论历史唯物主义的历史观符合社会生态学的前两个要求的时候，主要是从历史的宏观的意义上来展开的。现在则要深入到微观方面。历史唯物主义视域中的历史，总是社会剩余产品的占有和分配的历史。只要这种历史被劳动阶级和剩余占有阶级之间对立的关系所统治，人类生产与生物圈达成和谐的可能性就不存在。马克思与恩格斯特别分析了城乡分离这一阶级对立所产生的生产形式。他们认为，随着资本主义将直接的人类生产者与必要的生产条件极端地分离开来，城镇和乡村的分离本身就被带到了历史的极端。围绕这个问题，他们讨论了过度生产的机制、城乡对立的由来、环境危机的性质和类型、积累的危机和人的危机等问题，并进一步讨论了经济危机和生态危机所蕴含的资本主义的历史性限度及其向共产主义转型的问题。这些讨论，无疑是定性分析和定量分析相统一的典范。

第二，马克思的质和量的分析，主要体现在关于财富的资本主义价值形式的理论上。这一理论表明，商品、货币、资本具有源自生产者与生产的必要条件的分离的特别的反生态性质。② 与《资本论》对待城乡分离的分析结合，马克思的价值分析提供了一个框架来研究资本积累与自然以及资本积累与人类生产者和他们的共同体的需要之间的双重冲突。这一价值分析，突出表现在价值分析的两大因素——价值与使用价值之间的矛盾和冲突中。由于使用价值从属于价值增值的需要，资本主义经常遭受生态危机就不可避免。正如马克思断言的："资本主义生产发展了社会生产过程的技术和结合，只是由于它同时破坏了一切财富的源泉，

---

① 伯克特，p. 22.
② 伯克特认为，由于对马克思生态学的逻辑的认识不足，一些生态批判家强调了马克思的价值理论的数量方面而忽视了质量方面。斯威齐在20世纪70年代就指出了片面定量解释马克思价值分析的缺陷。

即土地和工人。"而对于资本主义的价值超脱使用价值的约束而独立发展的过程的追溯,则可以从质和量上勾勒出自然界和人类受贬损、受破坏的总体状况。

(四)历史唯物主义符合社会生态学的第四个要求

"马克思的方法的教育意义来自其把生产关系看成社会关系、把社会关系看成生产关系的整体方法。对马克思来说,人们与物质条件相连的方式是阶级关系经验的一个根本的方面——这种关系构成了人类生产作为一个整体的主要形式。"① 这个方法突出了历史唯物主义的历史的、具体的、整体的维度。这使马克思能够在主流社会科学常常以支离破碎、片面的方式对待的人类生产各方面之间建立起政治上至关重要的联系②。"马克思对商品、价值和资本的处理表明,雇佣劳动的剥削和自然被简化为资本积累的条件之间存在着必然的联系,因此,这种处理指出了劳动阶级和大众的环境斗争的实质上的密切关系。"③ 事实上,马克思关于资本主义延长工作时间和工作日斗争的论述可以说代表了具有重大政治重要性的阶级分析社会生态模式。因此,马克思的生态学就不仅仅是一种解释世界的理论,更是一种改变世界的理论。

三、对伯克特观点的评论

伯克特的上述观点,概括性地阐述了历史唯物主义与当代社会生态学的基本要求的内在统一性。在其著作中,这一内在统一性得到了全面系统的论证,很具说服力,在西方生态学马克思主义界产生了重大的影响,福斯特甚至认为伯克特的《马克思与自然》一书宣告了对奥康纳、科威尔为代表的第一阶段生态社会主义的超越,并为第二阶段的生态社会主义奠定了基础。

---

① 伯克特, p. 23.
② Bertell Ollman, *Dialectical Investigations*, New York: Routledge, 1993.
③ 伯克特, p. 23.

众所周知，马克思与生态学的关系问题引起了广泛的争论，其中一个最重要的问题是生态学在马克思的理论中到底是轻声旁白还是主角独白。在这个问题上，伯克特与福斯特有一个学术分工，后者从物质变换裂缝理论出发，从自然和社会的辩证关系的角度、从劳动与物质变换的关系角度对资本主义、历史和社会主义的问题进行了阐述。前者则从城乡分离、价值形式辩证发展的角度进行了分析。当然两者都是从物质生产实践这一历史唯物主义的基础范畴展开的。这样就产生了一个与上述争论密切相关的问题，即"如何把历史唯物主义的基础范畴和基本观点更紧密地与生态学观点结合起来"？

我们有必要从实践思维方式、辩证思维方式与价值思维方式相统一的角度来进一步深化这个问题。实践观的创立是马克思主义哲学变革的标志。福斯特根据布哈斯卡的意见，把哲学唯物主义分为三个层次，分别是本体论的唯物主义、认识论的唯物主义和实践的唯物主义。[①] 福斯特得出的结论是，马克思的生态世界观就是生态唯物主义，就是实践基础上的唯物主义自然观和历史观的统一体，但与此同时，自然界的先在性仍然时时在马克思的耳边回响。但是，福斯特与坚持历史的实践的辩证唯物主义学者的区别在于，他没有处理自然界与实践之间的逻辑关系与时间关系上的区别。由于这个缺陷，虽然福斯特在第二代生态社会主义中处于领军人的角色，但遭到的批评也是严厉的。伯克特与福斯特在政治经济学批判的生态价值观上持类似的观点，但伯克特更清晰地坚持了实践对于自然界的逻辑优先性。从这个角度看，伯克特对历史唯物主义的理解，更接近于把历史唯物主义看作马克思主义哲学的核心这个观点。实际上，伯克特在上述对历史唯物主义与社会生态学的四个基本要求关系的阐述中，牢牢地抓住了人类生产实践的观点，他所指出的历史唯物主义所包含的社会的和唯物主义的特点、关系整体性特点、定性分析和定量分析的特点和教育意义的特点，都是人类生产实践这个范畴在哲学

---

① 〔美〕约翰·B.福斯特著.《马克思的生态学》，刘仁胜，等译，高等教育出版社，2006，导论第2页。

和政治经济学批判意义上所必然包含的内容。其中第一个和第四个特点或者说要求，是实践作为哲学范畴的本来意义，即实践是人类改变客观世界并推动自我改变的社会性活动。而另外两个方面，则是作为历史唯物主义根本方法的实践的历史的辩证法所提出的必然要求。也就是说，人类物质生产实践的发展，必然是关系整体性的，是质和量的统一体。

上面，我们谈到了实践思维方式和辩证思维方式对于历史唯物主义的生态性质的确立的基础性意义。下面，我们从价值论的角度来进一步讨论历史唯物主义的生态价值观。由于在传统上，实践思维方式和辩证思维方式往往与征服世界的人类中心主义观点联系起来，这就对讨论历史唯物主义的生态价值观带来了很大的困难。无论是历史唯物主义的劳动概念、价值概念、生产力和生产关系概念、资本主义基本矛盾和经济危机概念、共产主义自由时间概念，都似乎存在着严重的所谓生产主义和消费主义的生态问题。我们如果从价值论角度来看，也就是如果把实践看作是人类为达到自由和解放而进行的改变人与自然、人与人和人与自身的价值关系的活动，把实践看作是自然主义和人道主义的统一的中介，那么，实践的所谓人类中心主义的工具理性特点就荡然无存了。同样的，我们在历史唯物主义的实践辩证法中看到的所谓人类对自然的征服，所谓的商品拜物教对人类的统治，也就能够从主客相互作用的具体历史的价值属性中得到理解了。

【执行编辑：夏晨朗】

价值论基础理论研究

Research on Basic Theory of Axiology

以新视野推动新时代价值哲学的发展

高惠珠[*] 刘利威[**]

【内容提要】"三新"是马克思主义价值哲学理论研究面临的新现实,视域拓新是推进新时代价值哲学研究的认识前提。"三新"作为中国特色社会主义进入新时代的基本内涵,体现为对社会主要矛盾的新认知、新发展理念和新发展格局的确立以及社会治理的制度建设新方向和共同体意识新确立。"两结合"是新时代价值哲学研究的必由之路。在与优秀传统文化结合中,一是需深入进行中国价值哲学发展史的研究;二是须结合新时代人们的价值生活实践,深入研发与时代之需契合的传统价值观念,古今双向互动;三是须鲜明反对保守主义和历史虚无主义。在与当下中国实际结合中,须辩证处理三大关系:一是在价值取向存在多元的形势下,构建"一元主导、多元依法相随"的价值观格局;二是以立为主,重在引导,处理灌输与引导、内与外的关系;三是辩证处理动与静的关系,应以"三个一致"为核心内容的动态生成性评价标准,取代相

---

[*] 高惠珠,上海师范大学哲学与法政学院教授,上海师范大学马克思主义学院特聘教授,上海师范大学知识与价值科学研究所常务副所长,主要研究方向为价值哲学。

[**] 刘利威,上海东海职业技术学院社科部,上海师范大学知识与价值科学研究所助理研究员,主要研究方向为价值哲学。

对静止的价值评价标准。

【关键词】 新时代；新视野；价值哲学研究

发展新时代马克思主义价值哲学，是时代赋予我们理论工作者的光荣历史使命。由此，对于如何推动价值哲学研究适应新时代的需求，就成为我们的思考重心。

一、视域拓新是推进新时代价值哲学研究的认识前提

"视域"概念源于解释学，近年来在社会科学研究中被广泛使用，在一定程度上表明了这一概念所内含的创新性与生命力。据《西方哲学英汉对照辞典》解释："视域"（horizon）概念的本意是："一个人在其中进行领会或理解的构架或视野。"①

无疑，"视域"决定着人们认识的广度与深度，研究者"视域"狭窄或"视域"僵化，就难以有所发现、有所创新。所以，"视域"是社会科学研究能否与时俱进的先决条件之一。以新视野推动新时代价值哲学发展的首要之点，就是应关注时代之变，认清新时代价值哲学研究的时代之需。

那么，应如何认识当今我们所处的时代呢？自然首先需认清新时代的时代性。习近平总书记在2017年9月29日主持中央政治局第43次集体学习时指出："尽管我们所处的时代同马克思所处的时代相比发生了巨大而深刻的变化，但我们从世界社会主义500年的大视野来看，我们依然处在马克思主义所指明的历史时代。"从马克思主义发展史我们可以了解，马克思主义指明的历史时代就是"从资本主义向社会主义过渡的时代"，这个时代具有明确的社会经济属性的特征，因此，属于"大时代"，这就向我们表明了"大时代"没有变。在《共产党宣言》的英文版序言中，恩格斯对于"大时代"则有进一步的说明："每一个历史时代主要的

---

① 布尔、余纪元编著，《西方哲学英汉对照辞典》，人民出版社，2001，第447页。

经济方式和交换方式以及必然由此产生的社会结构，是该时代政治和经济的历史所赖以确立的基础，并且只有从这一基础出发，这一历史才能得到说明。"在全球化的今天，从世界范畴看，资本逻辑还是占据统治地位，故"大时代"的本质没有变。从本次新冠肺炎疫情发生后美欧及其他各国的表现看，这个"大时代"的特征还都在，但世界正经历百年未有之大变局，人类的生存和发展正面临巨大的、全方位的和前所未有之大变局。在这一"大时代"背景下，中国特色社会主义时代则属于"大时代"中的"中国新时代"，也就是说，世界范围的资本主义向社会主义过渡的"大时代"中的中国特色社会主义发展的一个新阶段，即中国特色社会主义。明确此点，对于我们在新时代价值哲学研究中的视域拓新很重要。

只有认清新时代的基本内涵，才能使价值哲学研究适应新时代。在中央文件和报告中，新时代的基本内涵表现为以下三点。

新时代，作为中国特色社会主义的新阶段，已展现了与改革开放之初及过去常用"新时期""新世纪""新起点"等话语形容的社会状况很不相同。这一新时代和基本内容主要表现为"三新"。

一"新"，是确立了对社会主要矛盾的新认知。社会主要矛盾是社会发展状况的重要标志。回顾新中国成立史，我们对社会主要矛盾的揭示与认识就有明显区别。1956年，我国基本完成了农业合作化和对资本主义工商业的社会主义改造，当时党的八大对社会主要矛盾的表述是："人民对经济文化迅速发展的需要同当前经济文化不能满足人民需要的状况之间的矛盾"。1981年，在我们粉碎"四人帮"，恢复了被"四人帮"搞得将"陷入崩溃"的国民经济之后，党的十一届六中全会对社会主要矛盾的判断是："人民日益增长的物质文化需要同落后的社会生产之间的矛盾"。在进入中国特色社会主义新时代之后，这是以新时代发展成就为底基提出的新判断。党的十九届五中全会指出："我国社会主要矛盾已经转化为人民日益增长的美好生活需要和不平衡不充分的发展之间的矛盾。"由此可见，新时代的主要矛盾是在矛盾双方均在历史中提升、发展之后，在历史的变革中形成的新任务、新水平的矛盾对立面双方。这是新时代社会发展新状况的新表达。无疑,新时代价值哲学研究,应反映这一新状况。

二"新",是面对社会发展,确立了新发展理念和新发展格局。以"创新、协调、绿色、开放、共享"为内容的新发展理念是新时代的发展理念,也是符合世界发展要求和潮流的理念。新发展理念的提出,是新时代社会生产力发展的要求,也代表了广大人民群众根本利益的要求,反映了新时代人民至上的发展原则,创新、协调、绿色、开放、共享诸理念鲜明体现了人民群众在社会生活中的根本利益,其必将会调动新时代广大劳动者的积极性,正如习近平总书记所说:"坚持创新发展,是我国分析近代以来世界发展历程特别是总结我国改革开放成功实践得出的结论,是我们应对发展环境变化、增强发展动力、把握发展主动权,更好引领新常态的根本之策"[1]。无疑,这是中国特色社会主义市场经济在新时代才有的风貌。在党的十九届五中全会上,习近平总书记又提出了"新时代"的"三新"要求,即新发展阶段、新发展理念和新发展格局。新发展格局是指,新时代的发展是以国内大循环为主体、国内外双循环相互促进的发展格局,并明确指出,"三新"是辩证统一的,特别是要扩大对外开放,不能关起门来自我循环。新时代的新发展格局是在做好国内大循环的同时,跨出国门,积极参与国际大循环,实施双循环。无疑,这些论述对于我们树立新时代新价值观念具有战略指引作用。

第三"新",是强化了社会治理的制度建设方向和共同体意识。推进国家治理体系和治理能力现代化,是新时代的重要任务。在党的十九届四中全会的报告中,就首次提出我国国家制度和国家治理体系有13个方面的显著优势。习近平总书记在"七一"讲话中已明确,新时代在社会治理方面离不开国家制度建设,这包括国家领导制度、基本经济制度、人民当家作主制度、社会主义行政体制制度、先进文化制度、民生保障制度、生态文明制度体系等一系列制度,并提出了建构最能体现新时代

---

[1] 2016年1月18日习近平在省部级主要领导干部学习贯彻党的十八届五中全会精神专题研讨班上的讲话。

治理特色的"共建共治共享"的社会治理共同体,无疑,这些论述,提出了检验新时代价值哲学理论的实践标准。

以上"三新",反映了时代之变,既是中国特色社会主义在新时代的新实践,也是新时代马克思主义价值哲学理论研究面临的新现实。

"新视域"的凸显与强调,对于马克思主义价值哲学中国化的研究之所以重要,这是由哲学的特点使然。哲学是"思想中所把握的时代",是"自己时代精神的精华",这表明,哲学所要把握的,不是"实例的总和""表现的总和",而是"总体性的现实",是由这些现实聚集创造成的"时代精神"。对这一"时代精神"的把握,没有新视域与大智慧是断然不可能的。视域的拓新,将使我们在经典理论的传承中,发现原来没有被认识与理解的重要思想的研究和重视不足,而这些重要思想正是新时代所面临的时代课题,是新时代马克思主义价值哲学应重视关注的地方。习近平总书记在纪念我们党成立100周年大会上的讲话中提出,建设新时代中国特色社会主义,必须坚持"两结合"的方针,即"把马克思主义基本原理同中国具体实际相结合,同中华优秀传统文化相结合"。我们认为,"两结合"不仅是中国特色社会主义必须坚持的方法论原则,也是中国特色新时代马克思主义价值哲学必须坚持的方法论原则,其合乎价值哲学发展的历史逻辑、理论逻辑和实践逻辑。

二、同中华优秀传统文化相结合,推进新时代价值哲学研究的路径分析

文化是民族的精神血脉,正如有学者说,马克思主义中国化不仅需要民族性的形式,也需要民族性的内容,需要内在的文化基因和文化链接。但我国的价值哲学研究,是在改革开放之后,受国外价值哲学研究的启发才逐渐兴起并发展起来的(这也可以从我们价值论研究专业委员会成立不足50年的历史中窥见)。因此,学界在挖掘和传承中华优秀传统文化在价值理论方面的优秀遗产尚显不足,这是我们在新时代价值哲学研究中需大力加强的。

习近平总书记曾全面阐述了中华优秀传统文化的基本内涵，我们可将之归纳为"六个强调"：一强调"民为邦本""天人合一""和而不同"；二强调"天行健，君子以自强不息""大道之行也，天下为公"；三强调"天下兴亡，匹夫有责"，主张以德治国，以文化人；四强调"君子喻以义""君子坦荡荡""君子义以为质"；五强调"言必信，行必果""人而无信，不知其可也"；六强调"德不孤，必有邻""仁者爱人""与人为善""己所不欲，勿施于人""出入相友，守望相助""老吾老以及人之老，幼吾幼以及人之幼""扶贫济困""不患寡而患不均"。

我们逐一反思，可以体会到这"六个强调"全部与人的价值观有关，均可对其作价值哲学方面的剖析，这些思想和理念，不仅是我们中华优秀传统文化中永不褪色的价值认知文化基因，今天读来仍可见其鲜亮的时代价值。习近平总书记将之总括为"讲仁爱、重民本、守诚信、崇正义、尚和合、求大同"六大方面，这也为我们推进新时代价值哲学的研究指明了方向。

总之，不忘本来，才能开辟未来。对新时代价值哲学的研究，我们要认真剖析、会鉴别和吸收中华大文明史中关于价值理论的种种优秀文化遗传基因，才能使新时代价值哲学的研究既体现中国文脉又具有新时代特色。为此，我们认为必须着力于以下三点。

第一，需深入进行中国价值哲学发展史的研究。

目前的中国哲学史研究，虽然也涉及价值问题，但其基本特色是总体性的，只有展开分支性的重点研究，我们才能清晰地看到，中国人的价值观和价值哲学学说，是既始终深深植根于中华优秀传统文化之中，同时又随时代的变迁而逐步变化的；既有受封建时代小农经济的局限性，又有随着社会经济、文化发展而发展的人之价值认知能力的进步性。有学者就总结了习近平总书记所指出的关于中华优秀传统文化中隐藏的解决当代人类面临的难题的15个重要启示，即：关于道法自然、天人合一的思想，关于天下为公、大同世界的思想，关于自强不息、厚德载物的思想，关于以民为本、安民富民乐民的思想，关于为政以德、政者正也的思想，关于苟日新日日新又日新、革故鼎新、与日俱进的思想，关于脚踏实地、实事求是的思想，关于经世致用、知行合一、躬行实践的思想，关于集思广益、博施众力、群策群力的思想，关于仁者爱人、以德立人的思想，关于以诚待人、讲信修睦的思想，关于清廉从政、勤勉奉公的思想，关于俭约自守、力戒奢华的思想，关于中和、泰和、求同存异、和而不同、和谐相处的思想，关于安不忘危、存不忘亡、治不忘乱、居安思危的思想，等等。

这15个重要论断背后，均有价值原则支撑，通过价值哲学史的研究，将使人们对其形成的背景、价值取向、价值功能、对人之生存活动的价值指南作用，有深入的了解。

第二，须结合当代人们的价值生活实践，深入研发与时代之需契合的传统价值理念。

常识告诉我们，传统实际上与现代人并不"无关""相隔"。传统虽源自古代，但既为"传"，就与当代有关，又为"统"，则仍对当代人有"统辖"作用。由此，新时代价值哲学研究可抓住对当代人的价值生活实践有重要影响的传统价值观念，进行深入的研讨与阐释，以古喻今、以古导今、以古创今，如针对"建设社会主义和谐社会"的要求和建立"人类命运共同体"的思想，就可以对中国传统价值观念"和为贵"的历史和时代内涵进行深入的阐发。在这一过程中，传统不是单向作用，而是在马克思主义价值哲学方法论原理的指引下，通过以古"喻""导""创"今，古今双向互动，在这一过程中，传统价值观念在新时代得到跃迁，推进了价值哲学的时代发展。

第三，在新时代价值哲学建设中，必须鲜明反对保守主义和历史虚无主义。

保守主义和历史虚无主义，是对传统文化的两个极端倾向。保守主义，对传统文化持单纯讴歌、全面肯定的态度，表现为夜郎自大、墨守成规、故步自封。保守主义的典型表现就是对传统存在一厢情愿的误读，似乎越古、越老、越旧，就越有资格代表传统，往往只看到文化传统中可以肯定和继承的优良因素，但又片面夸大这一部分，对其不合时代的消极糟粕不是故意隐瞒就是视而不见。历史虚无主义则是认为传统文化出自封建社会，对其采取全面贬斥、全盘否定、彻底抛弃的态度。在价值生活实践中，他们认为，中华民族传统文化是落后的，是封建社会的遗物，不仅不值得无产阶级重视，甚至认为是封建遗毒。这一现象，在"文革"时期就体现在造反派们砸孔庙、挖祖坟、烧古籍的行动中。正是这两种极端思维，使马克思主义价值哲学研究在当代中国难以运用辩证思维、真正做到对中华传统文化的辩证扬弃。

由此，落实以上三点，将在同中华优秀传统文化相结合方面，有助于推进新时代价值哲学的研究。

三、与中国特色社会主义实践相结合，推进新时代价值哲学研究的路径分析

党的十八大提出了"加强社会主义核心价值体系建设"的重大任务，并明确提出了"三个倡导"。习近平总书记在党的十九大报告中又提出"要把社会主义核心价值观融入社会发展各方面，转化为人们的情感认同和行为习惯"，也就是指示我们，理论要为实践服务，这也是对新时代价值哲学研究提出了实践要求，是"两结合"中的另一个结合，即新时代价值哲学研究与"中国具体实践相结合"。

对价值哲学的研究而言，如何实现价值认同也是一个不容忽视的实践侧面。

深入调查研究，便可以发现，我国改革开放，实行社会主义市场经济后的40多年来，我国社会各阶层的价值取向呈多元化，已成为不争的事实。由此，如何推进全国各阶层民众对社会主义核心价值的认同，也成为新时代价值哲学建设的内容之一。

从新时代价值哲学建设的视域观之，须辩证处理以下三大关系。

一是一元与多元的关系。即在价值取向存在多元化的形势下构建"一元主导、多元依法相随"的价值观念格局，以引领、主导价值认同新实践。所谓"一元主导"，即以社会主义核心价值观为主导；所谓"多元依法相随"是指社会各群体所持的多元价值观应以合乎宪法和法律为准，

应以有利于倡导社会的公序良俗为准。与"一元主导、多元依法相随"最相契合的社会主义核心价值观的建构模型,就是"伞型结构"。"以人为本"的社会主义核心价值观如同伞柄,起着主导和支撑作用,各阶层、各建设者群体的价值观念围绕"伞柄"分层次,由高到低依次展开,但仍受着伞柄的制约;"依法相随",既表明了其中的主次之分,又表明了服从的方向。可以坚信,随着中国特色社会主义建设实践的深入发展和不断取得成功,多元的价值取向会逐渐趋向一元,与主导价值观日益趋同。这也就是价值认同不平衡规律过程性特点的生动体现。

二是灌与导、内与外的关系。以立为主,重在引导,应是社会主义核心价值观念体系建设的基本工作原则。"灌"和"导"是有重大差别的。所谓"灌"就是不分析对象、不研究教育内容,而采取大水漫灌方式、倾盆而下,其结果往往是虽然讲者滔滔不绝,而听者则满头雾水。而"导"则不同了,它具有娓娓道来、循序渐进的特征,它是主体性、建构性和过程性的具体化,具有理论联系实际的有效性。通过教育者的循循诱导,因势利导,使社会主义核心价值观被主体认同内化,并在主体的行为中得到体现。在此,须坚持"导"的"三为先"原则。一是以"关键人物"树立正确的价值观以引导大众为先。论语说"上梁不正下梁歪",反之则是"上梁正了下梁直"。通过关键人物的价值观端正,才能实现社会广泛的社会主义核心价值观的被认同、被践行。二是以正向教育、案例教育、对话式教育为先,即运用正面教育的积极性、健康性的"导",运用案例教育具体性、情节性的"导",运用对话式教互动性、平等性的"导",真正使价值认同实践落到实处、落到人民的心坎里。三是以对青少年的价值认同教育为先。在此,且不说青少年具有较强的可塑性,而是今天的青少年即是明天的社会主体,他们的认同状况和水平将关涉未来全社会社会主义核心价值观认同的局面。正因为如此,目前必须克服在学校、家庭教育中普遍存在的"智育第一,分数为上"的倾向,帮助、引导青少年学生扣好人生价值观的"第一粒扣子"。教育部出台的相关文件已对学校教育教学工作中的价值认同与引导作了明确规定。

三是动与静的关系。应以"三个一致"为核心内容的动态生成性价值评价标准，取代整齐划一、相对静止的价值评价标准。所谓"三个一致"是从"三个代表"重要思想转化而来的，即以"是否与先进生产力的发展要求一致、是否与先进文化的前进方向一致、是否与最广大人民的根本利益一致"作为价值选择是否合理的评价标准。所谓评价标准的动态性，是强调用发展的眼光看问题，如某一价值选择，首次选择与"三个一致"的契合度为50%，而复次选择其契合度提高了10%，即达到了60%，那就应给予十分肯定的评价，那就是价值选择方面的进步，表明了对社会主义核心价值观认同程度的提高，只要在提高，就给予必要的鼓励和肯定。通过这一正向的动态性的评价标准，一方面反映了价值认同实践的过程性，另一方面在面对目前社会分层明显、价值取向多元的现实境况时，能以循循善诱的方式，推进价值认同实践的新飞跃。

【执行编辑：赵　柯】

史伯"和实生物"思想所蕴含的全人类共同价值基因

周海春 蒋文汇*

【摘 要】 中华优秀传统文化中蕴含着全人类的共同价值，具有全人类价值的基因，其中比较有代表性的思想是"和实生物"的思想。《国语·郑语·史伯为桓公论兴衰》的一个思想主题是兴衰问题，这是回答了发展价值问题。属人世界的丰富和发展既包括人这一主体的丰富和发展，也依赖客体世界的丰富和发展。史伯"和实生物"思想以发展为价值归宿，以主体的全面而自主地发展为基本价值立足点，以对象世界的丰富性为实现自我价值的条件，以个体价值成为整体价值的确证为灵魂。史伯"和实生物"的思想中包含自由、正义、发展等全人类价值的基因。全人类价值的主体同时也是众多的他者，当主体认识到自身的是他者的时候，主体自身就进入了反思的视野，从而尽量做到"无我"。当众多的他者的价值都得到尊重的时候，主客体关系变成了众多的主体之间的关系的中介，各国家和民族就都能"丰长"，同时又都能"物归之"。

【关键词】 史伯；和实生物；全人类共同价值

---

* 周海春，湖北大学哲学系副教授，主要研究方向为马克思主义哲学；蒋文汇湖北大学哲学系讲师，主要研究方向为马克思主义哲学。

习近平主席 2015 年在第十七届联合国大会的讲话中提出全人类的共同价值思想。"'大道之行也，天下为公。'和平、发展、公平、正义、民主、自由，是全人类的共同价值，也是联合国的崇高目标。"① 习近平主席在提出全人类共同价值的时候，引入了"天下"和"大道"的概念，使得全人类的共同价值的提出具有了中华优秀传统文化的底蕴。中华优秀传统文化中蕴含着全人类的共同价值，具有全人类价值的基因，对这些价值进行一定的现代创造性的转化和创新性发展，对于人类命运共同体的构建具有重要的意义。《国语·郑语·史伯为桓公论兴衰》对于探讨在中国传统文化中的全人类价值基因具有重要的意义。

一、兴衰及其根据

《国语·郑语·史伯为桓公论兴衰》的一个思想主题是兴衰问题，这是回答了发展价值问题。史伯认为周王室将要衰败了，戎狄将会繁荣，这是不可改变的趋势。"王室将卑，戎、狄必昌，不可逼也。"② 周王室为什么会衰落呢？史伯给出的理由恰好涉及和同的区别。史伯认为周"殆于必弊者"③。周为什么差不多一定会衰败呢？史伯提到了天，关于这一点后文再加以讨论，这里先讨论和同问题。"今王弃高明昭显，而好谗慝暗昧；恶角犀丰盈，而近顽童穷固。去和而取同。"④ 史伯把去和而取同看成是断定周必然衰落的一个重要理由。史伯所讲的和同在合一层面是一个价值概念。"取同"是说"好谗慝暗昧""近顽童穷固"。为什么把"好谗慝暗昧""近顽童穷固"说成是"取同"呢？因为谗慝暗昧这样的人献媚周王，这里的"取同"就意味着不分善恶，而只是喜欢那些和自

---

① 习近平：《习近平 2015 年联合国讲话选编》，外文出版社，2015，第 15 页。
② 〔吴〕韦昭：《国语》，明洁辑评，金良年导读，梁谷整理，上海古籍出版社，2008，第 239 页。
③ 〔吴〕韦昭：《国语》，明洁辑评，金良年导读，梁谷整理，上海古籍出版社，2008，第 240 页。
④ 〔吴〕韦昭：《国语》，明洁辑评，金良年导读，梁谷整理，上海古籍出版社，2008，第 240 页。

己意见一致的人,亲近恶人。"取同"包括对那些献媚自己的人分不清善恶,也包括主动亲近恶人。"愚暗昧"就是那些"谗谄巧从之人"。把史伯的论述进行一定的抽象化处理就是决定兴衰的因素的是善恶,取同的实质是取恶,而取和的本质是取善。"夫国大而有德者近兴。"① 美德如果配合一定的客观条件,就一定会兴盛。

在史伯的论述中,衰败也是由天决定的。周"天夺之明,欲无弊,得乎?"② 成功也与天有关。"夫成天地之功者,其子孙未尝不章,虞、夏、商、周是也。"③ 而楚国会有较大的发展,也是因为"是天启之心也,又甚聪明和谐,盖其先王。臣闻之,天之所启,十世不替。夫其子孙必光启土,不可逼也。"④

二、史伯"和实生物"思想的价值内涵

兴衰的问题属于发展的问题,中国古人讲生生,生生即持续发展。史伯提出了好几个制约发展的根据,其中"和"是一个重要的根据。"夫和实生物,同则不继。"⑤ 史伯所说的"和"在本质上是一个价值创造的概念。史伯说"生物"没有着眼于自然界生物多样性基础上的发展,而是着眼于人类生产和生活实践基础上的发展。史伯所说的"生物"更多的是指人类生产活动,这种活动创造出产品,这些产品丰富和发展着人的生活。因而可以说"生物"是人类生产创造的活动,正是这些生产创造活动,才使得人类得以不断地进步和发展。

---

① 〔吴〕韦昭:《国语》,明洁辑评,金良年导读,梁谷整理,上海古籍出版社,2008,第242页。
② 〔吴〕韦昭:《国语》,明洁辑评,金良年导读,梁谷整理,上海古籍出版社,2008,第241页。
③ 〔吴〕韦昭:《国语》,明洁辑评,金良年导读,梁谷整理,上海古籍出版社,2008,第240页。
④ 〔吴〕韦昭:《国语》,明洁辑评,金良年导读,梁谷整理,上海古籍出版社,2008,第239—240页。
⑤ 〔吴〕韦昭:《国语》,明洁辑评,金良年导读,梁谷整理,上海古籍出版社,2008,第239—240页。

史伯的和同思想中也是从主客体关系角度来谈论的。"以他平他谓之和，故能丰长而物归之；若以同裨同，尽乃弃矣。"① 这是一个抽象的论述，其中省略了主体，这种省略是一种高超的表达抽象思想的艺术，主体的省略意味着适用于所有可能的主体。从史伯的论述来看，和的主体主要指人。史伯论和同，有浓厚的主体精神，但这种主体精神不是孤立的主体，而是要让客体对象能够丰富，物性得到充分的发展和发挥，同时这种物性又不会以外在性和异己性、独立性等异化的形式与人相对立，或者否定人，而是能够成为人的主体力量的确证。"丰长"既指主体自身的发展，也指客体对象的发展。"物归之"是说客体对象是主体本质力量的确证，是主体对象化力量的确证。属人世界的丰富和发展既包括人这一主体的丰富和发展，也依赖客体世界的丰富和发展。

史伯对和同的界定实现了客体与客体的关系、主体与客体的关系的有机融合。两个"他"字表明"和"包括他者之间的和。使用两个"他"具有重要的哲学意义，相比于使用一个"他"而言，保证了在和中"他者"的地位。"他者"既是主体的他者，自身也是主体或者实体，"他者"如果是单一的，就没有了其他"他者"的地位，主体自身的发展也就很难表现出丰富性。"以他平他"虽然只是提到两个"他"，但已经表述除了他者世界的丰富性和普遍性。当主体"以他平他"的时候，主体就不再是与单一的"他者"发生关系，而是与众多的"他者"发生关系。当主体能够与众多的"他者"发生关系的时候，主体自身就向"他者"敞开了自身，就像"他者"开放自身，自身也就得到了发展，展现出自身的丰富性。当这种敞开达到一种普遍性的时候，自身也就具有了一定的普遍性。从这一意义上说，和同思想能够较好地说明价值的普遍性问题。

史伯的和思想没有否定主体，没有否定人的主体性地位，因为和的

---

① 〔吴〕韦昭：《国语》，明洁辑评，金良年导读，梁谷整理，上海古籍出版社，2008，第240页。

结果是"物归之","他者"是人的本质力量的确证。就具体的人来说，他人也是"他者"，他人与他人的关系即是两个"他者"的关系。他人与他人的"和"关系是一种内在的、彼此之间具有统一性的关系。"他者"说明对主体而言，客体总是一个"物化"的世界，客体是一个"他"而不是"我"。但当客体不再是一个单一的"他者"，而是两个或者众多的平行或者平等存在的"他者"的时候，客体虽然对特定的主体而言还是具有"他物"的地位，但众多的平等的"他者"消解了主体对客体的物化，从而使得"他"之间通过互补、互助而实现了其主体性基础上的丰富性，进而具有普遍性。"他"的世界的"和"实现了客体世界物化趋势的消解。史伯的和思想没有因为肯定人的主体性地位而否定客体性，"先王以土与金木水火杂，以成百物"①。相反，客体世界却在"和"中发展了。主体和"他者"之间，"他者"之间的物化的关系就在和中被消解了，从而都能够实现自身的发展。

相反，"他者"之间如果不相互成为"他者"，客体世界就没有了发展的活力。"若以同裨同，尽乃弃矣。"②"他者"之间如果只是共性的增益，"他者"就越来越同化为单一的"他者"的地位。如果"他者"与主体之间变成了"以同裨同"的关系，"他者"也就不再是"他者"，要么是主体同化为"他者"，要么是"他者"同化为主体。不管是哪种情形，"以同裨同"都会导致主体世界和客体世界的萎缩，从而失去发展的活力。

和价值不否定个体的特殊性，不否定个体的多样性，相反，"和"促进了个体多样性的发展，从而肯定了特殊价值。"和"价值也不否定普遍，主体和客体之间因为客体的丰富性，主体因而也得到了发展，从而实现了主客体之间以及客体之间的内在的关联，实现了彼此的互相补充，从而肯定了普遍价值。

---

① 〔吴〕韦昭:《国语》，明洁辑评，金良年导读，梁谷整理，上海古籍出版社，2008，第240页。
② 〔吴〕韦昭:《国语》，明洁辑评，金良年导读，梁谷整理，上海古籍出版社，2008，第240页。

史伯和同思想的价值意义还在于其中蕴含着个体类价值实现的思想。人的全面而自由的价值的实现是与人的对象世界价值的丰富性密切相关的。只有当对象世界的丰富性是人的对象化的本质力量的实现的时候，人的全面而自由的价值就实现了，其中个体的价值丰富性是类价值的确证，整体的价值体现在个体的价值当中，个体的价值是整体价值的确证。"是以和五味以调口，刚四支以卫体，和六律以聪耳，正七体以役心，平八索以成人，建九纪以立纯德，合十数以训百体。出千品，具万方，计亿事，材兆物，收经入，行姟极。故王者居九畡之田，收经入以食兆民，周训而能用之，和乐如一。夫如是，和之至也。"① 人的口、耳等感官价值不可能孤立地实现，而是要借助对象化来实现，五味调口，五味就是人的口的对象化，六律等感官对象世界让耳朵的价值得以实现。同样的道理，人造物的丰富，人的地域性存在的普遍性发展，人与人交往关系的普遍化，促进了人的全面价值的实现。这是最高的和的境界。"于是乎先王聘后于异姓，求财于有方，择臣取谏工而讲以多物，务和同也。声一无听，物一无文，味一无果，物一不讲。王将弃是类也而与专剸同。"②

史伯的和思想中蕴含着公正的价值内涵。从史伯的论述来看，和同也包括法和个人的关系。"周法不昭，而妇言是行。"③ 不管是立内妾，任用身边的小人，都涉及按照制度办事还是不受制度约束任意妄为的问题。在史伯看来，需要建立卿士，需要尊重聘后，按照周法办事，这样才能说是"和"，要不然就是"同"。

综合以上分析，可以发现，史伯"和实生物"思想以发展为价值归宿，以主体的全面而自主地发展为基本价值立足点，以对象世界的丰富性为实现自我价值的条件，以个体价值成为整体价值的确证为灵魂。

---

① 〔吴〕韦昭：《国语》，明洁辑评，金良年导读，梁谷整理，上海古籍出版社，2008，第240—241页。
② 〔吴〕韦昭：《国语》，明洁辑评，金良年导读，梁谷整理，上海古籍出版社，2008，第241页。
③ 〔吴〕韦昭：《国语》，明洁辑评，金良年导读，梁谷整理，上海古籍出版社，2008，第241页。

三、史伯"和实生物"思想中蕴含着全人类共同价值基因

史伯提到了"先王",提到了"王者",这说明"和实生物"思想具有政治哲学的性质。"和实生物"除了具有抽象的价值以外,更具有规范国家治理的价值指导意义。就政治意义来说,史伯论"和实生物"主要是着眼于国内治理而言的,但就这一思想的价值而言,对于处理国与国之间的关系同样是有启迪意义的。

就处理国际关系而言,每个国家和民族都是主体,外在世界是这些主体的对象世界,只有对象世界的发展"归之"的时候,外在对象世界的发展才是国家和民族对象化的本质力量的实现。就全人类的价值而言,每一个国家和民族都是独立自主的主体。全人类价值的主体既包括人类的所有人,也包括具体的国家和民族。主体自由、民主、平等是全人类公共的价值,但这一价值不应仅仅强调个体的自由、民主、平等而否定国家和民族的主体性。世界的命运由各国共同掌握,各国作为全人类价值的主体地位是平等的,以大压小、以强凌弱、以富欺贫与平等的全人类价值相悖。国家和民族的主体性实现的程度,体现在每一个具体的个人的主体性实现程度之上,个体的主体性实现程度是国家和民族主体性的确证和具体的表现形式。没有每一个个体的主体价值的实现,国家和民族的主体性就失去了动力和源泉。没有每一个个体主体价值充分实现,国家和民族的主体性就缺乏足够的个体表现形式。没有每一个个体主体价值的实现,国家和民族的主体性就没有足够的个体来价值确证,也就没有普遍的内容,而成为缺乏真实内容的形式,也就无法确保国家和民族的主体性。从这一意义上说,全人类共同价值的主体是国家和民族,而这一主体性的实现的基础和依据就是每一个个体的主体性。不应把全人类共同价值等同于个体意义上的自由、民主和平等思想,而是从中国传统智慧和现实经验中得出的价值洞见。"物归之"肯定了主体性,但这一主体性因为众多的他者的存在,主体也变成了他者之一。"物归之"蕴

含着主体自由、民主的价值基因。

全人类共同价值的价值主体首先是国家和民族的主体性，是国家和民族的自由、民主和平等价值的实现。这一意义上的自由首先是要坚持主权原则，各国有自主选择自己的社会制度和发展道路的自由，尊重各国发展自身实践。这一意义上的平等是"世界各国一律平等，不能以大压小、以强凌弱、以富欺贫"[1]。如果只承认个体意义上的平等，而不承认国家和民族主体的平等，个体意义上的平等价值就会沦为一种口号和工具，而不是现实的平等。作为全人类价值的平等是有历史性的，在国家没有消亡之前，作为自由个人联合的自由个性还不是现实的历史进程，这个时候全人类平等价值的现实主体依然是国家和民族。主体也变成了众多的他者之一，主体和客体之间作为互相限制、互相补充的平等的他者。"他"和"他"之间的"平"蕴含着平等的全人类价值基因。

自由、平等的国家和民族主体之间的关系应当是丰富而多样的。主体与主体之间互为主客体，世界才丰富多彩。"只有在多样中互相尊重、彼此借鉴、和谐共存，这个世界才能丰富多彩、欣欣向荣。"[2] 没有各个国家和民族的发展，世界一定是单调的。主体与主体之间互为主客体，彼此的关系一定得是多边的，发展一定是双赢、多赢和共赢的。"丰长"蕴含着发展的全人类价值基因。

没有和平的环境，各国的发展就都会受到影响，彼此的关系就会变得单调，甚至中断，自我隔绝。国与国之间的结盟关系虽然对某些特定的主客体而言，都能够在一定程度上丰富和发展自身，但与相对立的国家和民族之间的关系则变成了对抗性的。这是与发展的价值相背离的。

国家和民族之间需要对话、交流、协商，只有如此，民主的全人类价值才能落到实处。"协商是民主的重要形式，也应该成为现代国际治理的重要方法，要倡导以对话解争端，以协商化分歧。"[3] "和乐"是国家和民族之间和平关系的最高境界。

---

[1] 习近平：《习近平2015年联合国讲话选编》，外文出版社，2015，第15页。
[2] 习近平：《习近平2015年联合国讲话选编》，外文出版社，2015，第17页。
[3] 习近平：《习近平2015年联合国讲话选编》，外文出版社，2015，第15页。

没有国际正义，全人类价值就会变成空话。正义原则要求国际准则需要建立在各个国家和民族的自由、平等的价值基础之上。

　　和平、发展、公平、正义、民主、自由作为全人类的共同价值，不应看成是一成不变的，而是随着历史的发展而有不同的内容和具体的表现形式的。"世界格局正处在一个加快演变的历史性进程之中。和平、发展、进步的阳光足以穿透战争、贫穷、落后的阴霾。"① 全人类共同价值的实现需要化解过往历史造成的纷扰和仇恨，开创未来。"铭记历史，不是为了延续仇恨，而是要共同引以为戒。"② 需要各国共同努力，把全人类共同价值落到实处。

　　史伯"和实生物"的思想中包含自由、正义、发展等全人类价值的基因。全人类价值的主体同时也是众多的他者，当主体认识到自身的是他者的时候，主体自身就进入了反思的视野，从而尽量做到"无我"。当众多的他者的价值都得到尊重的时候，主客体关系变成了众多的主体之间的关系的中介，各国家和民族就都能"丰长"，同时又都能"物归之"。

【执行编辑：夏晨朗】

---

① 习近平：《习近平 2015 年联合国讲话选编》，外文出版社，2015，第 14 页。
② 习近平：《习近平 2015 年联合国讲话选编》，外文出版社，2015，第 14 页。

人类命运共同体理念的价值意蕴

梅春英[*]

【摘　要】 人类命运共同体是为了解决全球化过程中人类共同面对的问题而提出的一种设想，是习近平总书记站在全人类的高度对"世界向何处去"时代之问的回答，是对人类未来命运的一种价值关切，为全球治理提供了中国智慧和中国方案。人类命运共同体是由世界百年未有之大变局的时代倒逼而来的，是基于人类的共同利益和基本的价值共识建立起来的。因此，人类命运共同体的价值意蕴主要体现在以下三个方面：人类共同利益是人类命运共同体形成的牢固基石；人类共同价值是人类命运共同体形成的价值基础；注重人与自然的和谐发展是人类命运共同体的必然要求。

【关键词】 人类命运共同体；共同利益；共同价值；生命共同体

人类命运共同体理念的提出是对人类未来前途和命运的一种价值关切，它始终以人的生存和发展为出发点，致力于实现人的自由全面发展，其价值旨归是促进人与自身、人与人、人与自然的和解。构建人类命运

---

[*] 梅春英，滨州医学院马克思主义学院副教授，主要研究方向为马克思主义哲学。

共同体是迈向马克思所设想的自由人联合体的第一步。人类命运共同体遵循的是开放共赢的价值理念，倡导全球合作，致力于在全球范围内形成价值共识，维护全人类的共同利益，致力于人与自然的和谐发展。

一、人类命运共同体理念的提出及其内涵

在经济全球化的今天，世界各国紧密联系、相互依存的程度加深，各个国家休戚与共、息息相关，不管人们是否承认，实际上人类已经处在一个"你中有我、我中有你"的命运共同体中。继党的十八大正式提出"倡导人类命运共同体意识"之后，习近平总书记在多个场合都曾提到人类命运共同体，从倡导人类命运共同体意识到打造、构建人类命运共同体，努力促使人类命运共同体从一种思想理念和设想转化为人类的实际行动。① 党的十九大报告第十二部分专门阐述了人类命运共同体问题。人类命运共同体是基于人类共同的利益和需要而建立起来的，属于利益共同体，能够把整个人类联系起来的利益，不是一般的利益，而是生死攸关，决定人类命运和前途的根本性利益。② 但是人类命运共同体还是基于人类的价值共识建立起来的，同时也是一种价值共同体。

当今世界正处于百年未有之大变局时期，时代的主题依然是和平与发展，但是人类也面临着严峻复杂的挑战，全球性问题凸显，如环境污染、生态危机、气候危机、恐怖主义、网络安全、重大传染性疾病问题等，人类陷入了空前的迷茫。习近平总书记立足全球视野，提出了构建人类命运共同体的设想，回答了"世界向何处去"的时代之问。③ 面对日益严峻的全球性问题，为了人类的共同利益，世界各国必然要形成共识，采取一致的行动。人类命运共同体不仅意味着共富贵、共享发展的成果，而且意味着共同分担责任、协力规避灾难，这是人类命运共同体的底线。

---

① 沈湘平：《关于人类命运共同体、人类共同价值的几点思考》，《社会科学辑刊》2018年第3期。
② 汪信砚：《构建人类命运共同体的本真意涵》，《社会科学辑刊》2018年第6期。
③ 刘玲、方红姣：《人类命运共同体理念的哲学内涵》，《人民论坛》2019年第22期。

例如，面对突如其来的新冠肺炎疫情，没有人可以置身事外，因为传染病的传播是不分国界的，传染病是全人类共同的敌人，需要人类相互合作、共同来战胜它。患难与共，是人类面对灾难的正确做法，也充分彰显了人类命运共同体意识的强大感召力。

人类命运共同体理念秉承了马克思的"类哲学"思想和中华传统文化中的"和合"理念①。马克思把自由地有意识地活动看成是人的类特性，这就使人与自然的关系以及人与人的关系都呈现出一种一体性关系，正是这种一体性，蕴含着对人类命运共同体的价值追求。"和合"理念把天、地、人看作是一个统一的整体，强调和而不同，也就是在承认差异性的基础上寻求人类之间的共同性。人类命运共同体目前还不是一种客观的存在，更多的是一种理念和设想，只有当这种理念被全世界普遍认同并付诸行动的时候，人类命运共同体才能够真正构建起来。

从以上我们对人类命运共同体理念提出的时代背景和科学内涵的阐释我们可以看出其价值维度主要体现在三个方面：人类共同利益是人类命运共同体形成的牢固基石；人类共同价值是人类命运共同体形成的价值基础；注重人与自然的和谐发展是人类命运共同体的必然要求。

二、人类共同利益是人类命运共同体形成的牢固基石

哲学意义上的价值是指客体对于主体也就是人的效用，反映的是主客体之间的特定关系。具有思维能力、从事社会实践活动和认识活动的人是价值的主体，也是做出价值判断的大前提。这里的人，既可以是具体的个人，也可以是社会群体（政党、阶级、民族等），还可以是全人类。价值的客体是人的实践活动和认识活动的对象，既可以是物质的也可以是精神的，既可以是物，也可以是人。客体满足主体需要的程度越

---

① 刘同舫：《全球现代性问题与人类命运共同体智慧》，《福建论坛（人文社会科学版）》2019年第9期。

高，客体对于主体的意义也就越大，主体对于客体就会有越高的价值评价。

价值是一个属人的范畴，主体性是价值的根本属性。价值的形成离不开价值客体，但是价值客体的属性和功能是形成价值的必要条件而不是充分条件。价值客体是否有价值以及价值的大小很大程度上取决于主体的利益、需要、能力等内在尺度。因此，利益往往成为价值形成的主体条件，不同价值观之间的分歧背后往往是利益分歧和矛盾。① 没有利益就无所谓价值。马克思曾经指出："思想"一旦离开"利益"，就一定会使自己出丑②。马克思认为"人们为之奋斗的一切，都同他们的利益有关"③。恩格斯也指出，"每一既定社会的经济关系首先表现为利益"④。唯物史观从来都不否认利益，相反，它认为现实存在的人的利益的实现是人的发展和社会进步的内在动力。

价值体现的是主客体之间需要和满足需要的关系。每个主体对客体都有自己的特殊需求，但是这并不排除不同主体之间在一定条件和范围内存在共同需求，从而形成主体间的共同利益。当今世界各国之间的普遍交往和紧密联系，大大拓宽了人类共同生活的领域，人类之间不仅成为命运共同体，而且成为利益共同体。世界各国之间存在着客观的、共同的利益。人类共同利益是国际交往、合作得以产生、发展的客观基础和主要动力。人类命运共同体思想坚持全人类的共同利益观，以全人类的利益为出发点，推动人类和谐共处和共同发展，摒弃了传统的帝国体制和极端国族认同。⑤ 人类共同利益观必须坚持人类优先的理念，也就是将全人类的根本、长远和整体利益放在首位，因为面对日益突出的全球性问题的威胁，任何国家都不能独善其身，人类命运休戚与共，全球性

---

① 李永胜、肖圆圆：《论共同价值的几个问题》，《吉首大学学报（社会科学版）》2019年第2期。
② 马克思、恩格斯：《马克思恩格斯文集》第1卷，人民出版社，2009，第286页。
③ 马克思、恩格斯：《马克思恩格斯全集》第1卷，人民出版社，1995，第187页。
④ 马克思、恩格斯：《马克思恩格斯文集》第3卷，人民出版社，2009，第320页。
⑤ 徐艳玲、李聪：《"人类命运共同体"价值意蕴的三重维度》，《科学社会主义》2016年第3期。

问题的解决需要各个国家团结协作，形成合力。

第一，世界各国之间存在着客观的、共同的利益。马克思从社会关系和社会分工两个方面揭示了人类共同利益产生的历史必然性①。首先，在《关于费尔巴哈的提纲》中，马克思把"一切社会关系的总和"看作是人的类本质②。人的类本质决定了人类之间必然存在某些共同利益，这是人类相互交往的必然结果。个人总是生活在各种各样的社会关系中，个人利益必须通过共同体体现出来，个人只有在共同体中才能获得全面自由的发展。人们只有结成一定的社会关系才能形成认识和改造自然的强大力量。虽然当前出现了逆全球化思潮，但是全球化是大势所趋，各国互联互通的程度不断加深，人类的利益和命运紧密联系在一起。马克思认为社会分工是生产力发展到一定阶段的必然产物，正是由于分工使不同群体之间具有共同利益，而且这种共同利益不仅仅是存在于人们的观念中，"而首先是作为彼此有了分工的个人之间的相互依存关系存在于现实之中"③。当然人类共同利益是建立在承认各个国家、民族之间特殊性和差异性的基础之上的，我们需要在不同利益主体之间坚持求同存异、和而不同，努力寻求各个国家、民族之间的共同利益，最终实现合作共赢。

第二，人类命运共同体理念强调人类共同利益，坚持人类优先，反对某国优先，但是并没有否认每个国家的利益。某国优先试图把本国的利益凌驾于其他国家甚至全人类利益之上，不符合人类社会发展的趋势。当前全球的分工越来越细，如果奉行保护主义、单边主义甚至霸权主义，依靠贸易战、金融战和科技战打乱全球分工体系必然会导致分工效率降低，牺牲全人类的长远利益④。某国优先会导致国家之间的孤立，解决不了自身发展中面对的问题，更解决不了当今时代世界各国共同面对的全

---

① 张正光：《重大疫情防控中人类命运共同体的四维价值》，《社会科学辑刊》2020年第3期。
② 马克思、恩格斯：《马克思恩格斯文集》第1卷，人民出版社，2009，第501页。
③ 马克思、恩格斯：《马克思恩格斯选集》第1卷，人民出版社，2012，第163页。
④ 张雷：《"人类优先"构建人类命运共同体的"价值共识"》，《人民论坛》2020年第5期。

球性问题。

人类命运共同体理念强调不同利益主体之间的内在联系，体现了民族主体和人类主体的辩证统一。人类命运共同体既强调国家之间利益的高度融合，也强调每个国家都有自己的发展权利。只要国家还普遍存在，我们就必须尊重各个国家的核心利益，如领土完整、主权独立等，其他任何国家都不能以任何理由予以干涉。人类命运共同体理念承认各国之间生产力发展的不均衡，承认国家和民族的特殊利益，尊重世界文明的多样性[①]。我们尊重每个国家的利益，但是本国利益的实现不能建立在损害他国利益的基础之上，同时应该兼顾他国的合理利益，甚至应该将本国利益和其他国家的共同利益相结合，坚持互利共赢的开放战略，把本国的成功经验同其他国家共享，深化各国之间的合作关系，不断扩大人类共同利益。在全球化日益向纵深发展的当今时代，甚至国家核心利益的实现也需要各国从人类命运共同体的角度相互尊重、相互合作、相互包容，逆全球化思潮是违背历史潮流的。实际上，只有实现了人类共同利益，国家、民族利益才能更好地得到保障和实现。

三、人类共同价值是人类命运共同体形成的价值基础

（一）人类共同价值及其根据

人类共同价值是指主体间为满足共同的利益和需求而形成的价值共识。主体性是价值的根本属性，我们讨论任何价值包括人类共同价值的时候，首先应该明确主体是谁，也就是对于谁的价值，对谁有用，满足谁的需要。从理论上来讲，人类共同价值是指客体对于全人类共有的价值，价值主体是全人类，超越了国家主体的片面性和不可持续性。人类共同价值是客观存在的，这些价值集中体现在联合国宪章以及国际社会

---

① 陈智、邹海燕:《论构建人类命运共同体思想的精神基因》，《内蒙古社会科学（汉文版）》2020年第1期。

的国际惯例中。

第一,人类共同利益是人类共同价值形成的现实基础。人类共同利益决定了人类之间可以达成某种程度的价值共识,人类共同价值是人类共同利益的观念体现。根据唯物史观的基本原理,社会存在决定社会意识,作为意识的价值是客观物质世界在人头脑中的反映。利益特别是物质利益对价值观的形成具有决定性作用,价值是利益的观念反映。一个人、一个国家、民族乃至人类有什么样的利益追求,就有什么样的价值追求。人类之间的共同需求催生出人类共同利益,人类共同利益又孕育出人类共同价值。人类共同价值就是人类为了满足共同需求和共同利益而达成的价值共识,是人类共同利益的反映。由于人类共同利益在不同领域存在差异性,因此,人类的共同价值又是分领域、分层次的。一般来讲,在共同利益较多的领域国家之间容易形成价值共识,如科学技术、环境保护等领域;在关乎国家利益、意识形态、民族争端等领域,形成价值共识相对来说就比较困难。

第二,世界普遍交往是人类共同价值形成的时代境遇。马克思认为社会属性是人的本质属性。任何人都生活在一定的社会关系中,在处理人与人、人与社会以及人与自然之间关系的过程中,都会遇到一些带有共同性的问题,在解决这些问题的过程中,各个国家之间就会就形成某种共同的价值观念[1]。人类正经历百年未有之大变局,经济全球化的深入发展和当今世界正在发生的科技革命,地域性历史逐渐向马克思、恩格斯所说的世界历史转变,各国之间的经济文化交流日益密切,在长期的经济文化交流和碰撞的过程中,也会对一些具有普遍性的价值形成共识。因此,人类共同价值是人类普遍交往和思想智慧的结晶。虽然人类共同价值所包含的具体内容还是仁者见仁、智者见智的问题,但是随着全球化、信息化和智能化的不断深入,人类之间的联系不断加深,人类之间的共同利益不断增多,主体之间的价值共识也会越来越多。人类的价值共识是在长期实践中各民族文化相互交流过程中逐步形成和发展起来的,

---

[1] 赖怡静、张艳涛:《共同价值的哲学基础与现实意义》,《人民论坛》2016年第14期。

体现着世界各国人民的利益诉求和价值选择。人类共同价值不仅适用于某个国家，而且适用于整个人类命运共同体。虽然各个国家、民族由于生活实践、发展历程、文化传统尤其是现实利益存在差别，由此形成的价值观念也有明显不同，各有自己的特色，但是这些价值观念之间并不一定是相互对立，甚至是水火不容。如果我们摒弃对抗思维，可以发现不同的价值观念之间是有普遍性和共通性的，这些普遍性和共通性就形成了人类的共同价值。

（二）人类共同价值是人类命运共同体的价值基础

人类命运共同体虽然是在人类共同利益基础上构建起来的利益共同体，但不仅仅停留于利益共同体的实体性存在，它是在人类共同利益基础之上的规范性价值共同体①。价值共识可以凝聚各方面的力量促进各行为主体之间的团结合作，为人类社会指明前进的方向。人类共同价值是在尊重各个国家、民族特殊性和差异性的基础上形成的，是一种开放包容的价值，寻求的是人类的最大价值公约数。习近平总书记认为"和平、发展、公平、正义、民主、自由"是人类的共同价值②，这是构建人类命运共同体的共同价值追求，是其背后的有力支撑。当然这些共同价值目前还是一种目标性价值，带有理想性，在现实中还远未实现，需要各个国家努力在实践中去践行。

第一，人类共同价值是人类命运共同体的精神支柱。人类共同价值反映了各个国家、民族的根本立场和思想意识以及构建人类命运共同体的根本利益和需要，说明了为什么要构建人类命运共同体以及构建什么样的人类命运共同体。"和平、发展、公平、正义、民主、自由"构成了人类命运共同体的基本要素和价值理念。

第二，人类共同价值提供了评价各个国家、民族行为的价值标准。人类共同价值往往表现为一定的评价尺度，是各个国家、民族判断是非、

---

① 邵发军：《人类命运共同体建构的价值逻辑及价值位阶问题研究》，《理论月刊》2020年第1期。
② 习近平：《论坚持推动构建人类命运共同体》，中央文献出版社，2018，第253页。

善恶、好坏、得失的观念模式，是其做出价值选择和决策的价值根据①。如和平、发展、公平、正义、民主、自由分别体现了人的生存需求，各国人民的经济、社会发展诉求，以及各国要求自主选择发展道路的呼声，形成一个有机的整体成为评价人类命运共同体构建程度的价值标准②。当然人类的共同价值不是固定不变的、僵化的，随着人类实践活动的发展，也在不断发生变化。

第三，人类共同价值是构建人类命运共同体的黏合剂。构建人类命运共同体需要世界各个国家的共同行动，思想是行动的先导，只有在事关全球利益的重大问题上达成共识，各个国家才会采取一致的行动。对于人类命运共同体来说，成员之间的价值共识是维系其存在的纽带。价值共识可以在共同体成员之间形成强大的凝聚力，把不同的国家和民族团结起来，组成休戚相关、命运相连的共同体，通过相互合作实现双赢甚至是多赢。在每次突如其来的灾难面前，只要人类携起手来，就能够战胜它，如2014年的埃博拉病毒等，充分彰显了人类命运共同体的强大力量。只有建立在人类共同价值基础之上的人类命运共同体，才能够具有强大的抗压能力，否则，共同体就会是一盘散沙，很难在各个成员之间形成向心力和凝聚力，导致成员之间的勾心斗角、貌合神离，经不住风雨。一旦面对严峻的全球性问题，就会产生激烈的矛盾和冲突，甚至最终走向土崩瓦解。

四、人与自然的和谐发展是人类命运共同体的必然要求

马克思主义经典作家都高度重视人与自然的关系问题。人与自然之间的关系可以从这样几个方面去理解：首先，人是自然界中的一

---

① 孙伟平：《"人类共同价值"与"人类命运共同体"》，《湖北大学学报（哲学社会科学版）》2017年第6期。
② 贾凯：《倡导人类共同价值和构建人类命运共同体——全球发展、全球治理的中国智慧》，《中国延安干部学院学报》2019年第3期。

员,是自然界发展到一定阶段的产物。马克思指出:自然界是人的无机的身体①。在马克思看来,自然界对人来讲具有先在性,自然界为人类提供了生存的场所和生产、生活资料等物质基础,人要依靠自然界才能生存和发展。恩格斯也指出"我们连同我们的肉、血和头脑都是属于自然界和存在于自然界之中的"。这些都说明了人和自然界不可分割的有机整体性。其次,人并不是被动地适应自然界,人是能动的存在物,能够反作用于自然界。人通过自己的能动的实践活动来改造自然界,使其适应人类的生存和发展。再次,人在改造自然界的过程中,要认识和运用自然规律,否则就会受到自然界的报复。关于这一点,恩格斯早就对人类发出了警告:"我们不要过分陶醉于我们人类对自然界的胜利。对于每一次这样的胜利,自然界都对我们进行报复。"② 最后,造成今天生态环境问题的根源在于不合理的社会制度,要实现人与自然的和谐发展,必须变革社会制度。从以上分析我们可以看到,马克思主义经典作家关于人与自然关系的理论阐释是构建人类命运共同体的理论源头。

习近平总书记提出的人类命运共同体中不仅包含着处理人类之间关系的维度,而且包含着处理人与自然之间关系的生态之维。因为人类生活在同一个地球上,人类的生存环境恶化,威胁的是整个人类,而且,地球上的资源是有限的,人类之间的斗争必然包含着对自然资源的争夺。在党的十九大报告中,为了应对全球性的生态危机,习近平总书记进一步提出了人与自然是生命共同体的思想,强调人类必须尊重自然、顺应自然、保护自然,这是对人与自然之间关系做出的科学判断。

建设社会主义生态文明是构建人与自然生命共同体的现实选择。在社会主义生态文明建设中应该处理好人的能动性和受动性之间的关系,坚持人的内在尺度和自然的外在尺度的统一。人与自然和谐共生的根本在于尊重生态规律,这也是生态文明建设的底线原则。人类要充分认识到自己受动性的一面,尊重自然规律和社会规律,只有这样才能阻止在

---

① 马克思、恩格斯:《马克思恩格斯文集》第1卷,人民出版社,2009,第161页。
② 马克思、恩格斯:《马克思恩格斯文集》第9卷,人民出版社,2009,第559—560页。

开发利用自然上面走弯路，习近平总书记指出，人类对大自然的伤害终究会反过来伤害人类自身。人与自然是生命共同体，社会主义生态文明建设的最终目标都是为了人的自由全面发展。所以建设社会主义生态文明要坚持以人为本，坚持人的主体性，在尊重自然规律和社会规律的基础上，充分发挥人的主观能动性。人和其他动物相区别的重要标志是人类的活动是自觉地有意识的活动，所以人类应该主动有所作为来促进人与自然的和谐共生，如坚持绿色发展的基本范式，生态文明归根到底是生产方式问题，要把绿色的生产方式和生活方式相结合①。对自然资源的利用要有节制；倡导勤俭节约、绿色低碳的生活方式，主张适度消费代替过度消费，让生态文明渗透到我们的生活方式中。

人类命运共同体和人与自然的生命共同体是相通的，因为人与自然的关系和人与人的关系是同体发生的，同时又是相互规定和相互制约的②。构建人类命运共同体和人与自然的生命共同体的最终目标是一致的，都是为了人类的前途和命运。正确处理人与自然的关系是人类命运共同体的应有之义，为了人类的生存和发展，我们要共同守护好我们赖以生存的唯一家园——地球。人类只有处理好人与自然的关系才能重塑社会秩序，如果继续延续工业文明的老路，人类依然会为了争夺自然资源而进行争斗，很难建立起新的社会秩序。而且人与自然的关系问题，最终还是为了发展社会生产力，实现人民的共同富裕。反过来依然如此，解决全球性问题，构建人与自然的生命共同体，不是哪一个国家自己可以做到的，需要世界各国团结协作，达成共识，共同行动，担当起自己在人类命运共同体中应承担的责任。

【执行编辑：赵　柯】

---

① 朱春艳、齐承水：《论习近平生命共同体理念的历史唯物主义向度》，《广西社会科学》2019年第7期。
② 付清松、李丽：《生态文明和人类命运共同体的时代相遇与交互式建构》，《探索》2019年第4期。

数字化时代的正义实践变革与数字正义的价值构建

王 轩[*]

【摘　要】 数字正义是社会数字转型的整体性价值实践。内蕴着数字化时代人本身及人之数字自我实现的新价值境界。在人类业已形成真实的现实世界与虚拟的数字世界之间相互交往的实践结构中，与时代特质深度介入的数字社会着眼组织、解释、规范和重构的数字实践智慧的多重逻辑，其理论与话语具有深度导向性和总体性的价值逻辑就是数字正义。在当代人类文明新形态的创造引导中，数字正义正是实践关照网络空间人本身及数字人实现，反思当代人类数字命运共同体，努力实现网络文明的数字正义价值理念、数字文明形态、数字社会构建实践及人民数字生活主体等方面数字变革的价值自觉与自主构建，为数字中国建设提供基于数字生产方式、数字生活方式、数字治理方式和数字价值方式变革的实践价值支撑。立足社会普遍主义正义观的适用性和实效性，着力对网络空间数字组织与生产结构的价值反思，数字正义价值实践变革对正义理论的

---

[*] 王轩，西北政法大学文化与价值哲学研究院教师，主要研究方向为马克思主义价值哲学。

构建，为数字化时代网络空间治理实践确立合理性的价值逻辑与评判标准。

【关键词】 数字化时代；数字正义；价值重塑

人类业已形成真实的现实世界与虚拟的数字世界之间相互交往的实践结构，规范虚拟数字世界的非正义实践逻辑，推动人类交往实践价值深度融合，揭示马克思哲学价值本质即人的本身及人自我实现趋向成为新时代的核心主题。当今世界，人类正经历一场大范围、深层次、多领域的科技革命和产业革命。互联网、大数据和人工智能等现代信息技术不断取得突破，伴随数字资本化、网络化的推进，资本逻辑从社会生产领域扩展到人类网络空间生活中，有力促进了社会生产实践与运行机制结构实践的数字化转型，深度扩充了网络空间在社会财富、精神文化等方面的生产、调节和资源配置中的基础价值。同时，资本的消极方面也加剧了网络空间资本的扩张性、非正义性，正义理论所直面的现实问题不断空间化、数字化，价值规范面临和遭遇网络化、数字化的严峻挑战。正义如何适应数字化时代的价值要求，推进新价值规范构建并形成有效的实践，成为数字正义出场和价值变革的重要契机，从网络空间数字转向的视域与方法论反思、重构正义理论，探讨资本数字化逻辑的价值评判尺度，为数字经济、数字社会和数字中国建设确立实践合理性的价值规范和评价标准，构建中国网络社会的数字生产方式、生活方式和治理方式，这成为新时代数字正义理论价值构建的主题。

一、数字时代的理论自觉与现实驱动：
数字正义出场的价值逻辑

人类处在一个数字变革迅猛的时代，数字正义是数字化时代网络空间数字转向过程中生成的核心论题。互联网深刻改变人类的生产方式、生活方式和治理方式，人类社会面临全面的数字转型，将迎来新时代深远而广泛的互联网空间数字价值变革。空间转向内在蕴含社会实践、社会正义的空间转向与空间价值实践正义批判双重维度,一是空间转向中社会实践价值结构重新理解与探讨社会正义价值的空间内涵与维度,认识考察社会正义价值的空间构成与实现形式,推进社会实践空间治理与原生形态的反思批判,开拓有利于价值实现的生态化空间。伊森·凯什等在《数字正义:当纠纷解决遇见互联网科技》一书中明确指出:"在互联网社会,人与人之间相互沟通超越了国家界限,同时也扩大了产生争议的范围……当下纠纷变得异常活跃和日益复杂,日益影响我们的生活。"[1] 互联网在改变人的生活方式中,改变了人的价值思维,也改变着正义理念。网络空间治理中数字与正义是互联网时代理解与建构数字化生存的价值理念。作为一种复杂社会现象的正义,从构成维度看,是社会形态实践与理论的产物,"就理论构成而言,正义呈现一种综合形态,内含着理念、标准与规范三重维度"[2]。因此正义是一种价值理念,一种普遍有效的价值规范和原则,正义价值标准是社会根本尺度。网络空间治理中的数字正义是社会正义的网络空间具体存在方式和实现方式,是数字社会的正义范式与价值规范。具体地讲,数字正义直面人民群众日常网络生活中的数字非正义问题,分析与辩证批判数字资本化逻辑,着力构建网络空间生态化的数字正义价值理念、标准与规范,推动形成新时代数字文明。自亚里士多德以来,正义都是围绕着一定的过程实现什么样的结果展开,马克思则通过改造世界实践的方式、结果来判断正义。当代数字社会语境下的数字正义从社会实践层面包含:一是数字正义是互联网社会下的正义理论,是数字社会实践中社会正义观的重塑;二是一种"自下而上"的正义理论,数字转型下的生产方式、生活方式和治理方式变革的使命,直面人民网络生活实践的正义实现路径;三是数字正义是历史的实践的正义,在互联网社会中,数字正义是每个实践者践行着的价值理念。总体上讲,数字正义本质上是体现数字转型中人类数字文明现实与虚拟的交往实践主体结构之价值规范、价值变革、价值构建

---

[1] 〔美〕伊森·凯什、〔以色列〕奥娜·拉比诺维奇·艾尼:《数字正义:当纠纷解决遇见互联网科技》,法律出版社,2019,第12页。

[2] 任政:《当代都市社会语境中的正义转型与重构》,《天津社会科学》2017年第3期。

的正当性逻辑,力求将社会正义价值实践与反思的视域重新纳入当代数字化时代中,反思批判虚拟数字空间生产、消费、交换和分配不平衡问题,规范引导数字空间生产,寻求数字空间生产的数字正义实践路径,最终在当代中国数字经济发展、数字化转型和数字强国实践中构建数字正义价值理论叙事。

(一)网络虚拟空间实践结构视域的开启

人类交往实践推动现实与虚拟空间的新交往实践运动,成为当今时代全新的实践正义价值生长点和新的发展趋势。数字生产、数字经济、数字正义成为社会生产与再生产的重要组成部分,深刻改变了社会的运行方式,引发财富、价值的生产与分配形式的深层变化,权力与财富、身份与地位、利益与价值文化都在不断空间化、数字化,并且必须以数字的形式来实现。因此,人类社会真正从内在构成与问题视域得到了数字重构,形成了与人类现实实践相密切交往的网络虚拟空间实践。

在第一次工业革命对人类社会实践的影响下,马克思提出、表达了资本主义现代性对人类生产力和世界历史发展的积极意义。同时,马克思还批判资本主义生产方式及制度使人的劳动、人自身、人与人、人与社会的全面异化,进而导致人的非安全生存境遇和发展命运。虽然马克思、恩格斯对工业革命下人类社会实践中资本主义非正义逻辑进行全面辩证批判和探讨,也指出了实现人的自由而全面发展之哲学实践论与方法论统一的正义论构建。马克思没有提出独立、结构完备的一般正义论,也"没有创立与发展出完整的空间理论"[1],但是,马克思在对"现代大工业城市""物质劳动和精神劳动""城市和乡村的分离"等论述中蕴含实践合理性的空间正义思想。20世纪60年代之后,资本主义城市化矛盾加速和凸显,都市马克思主义者提出都市马克思主义的空间批判理论,明确用空间生产、资本城市化等核心概念创造性地诠释批判资本主义的

---

[1] 蔡运龙:《马克思主义地理学及其中国化:跨国、跨界、跨代的知识行动》,《地理研究》2016年第8期。

城市化，推动形成马克思社会批判理论的空间转向，事实上继承运用了马克思的空间思想和正义逻辑，奠定了空间正义的理论和方法。因此，从马克思对资本逻辑的辩证批判的历史维度可以确证，马克思空间转向与批判是理解把握人类社会发展规律的基本视域，也是正确看待人类21世纪网络文明出场与数字化时代历史价值的意义与方法论基础。

数字的历史实践为现代社会多主体、全过程的价值实践赋予了重要使命，也正是此一点，网络虚拟空间数字正义的正当性之思就是马克思空间思想及人的全面价值内在规律的发展。马克思在《资本论》中指出："在这个必然王国的彼岸，作为目的本身的人类能力的发展，真正的自由王国，就开始了"[1]。人类能力就是马克思在《黑格尔法哲学批判导言》中说的"人的根本就是人本身"。目的本身就是价值本身。在西方哲学史上，普罗泰戈拉提出"人是万物的尺度"，主张人本身是万物价值的开端。苏格拉底提出"认识你自己"，主张面向人自身寻求存在的真理。康德明确指出："人就是这个地球上的创造的最后目的"；"只有人类，以及一切有理性的被造物，才是一个自在的目的"[2]。因此，"'最后目的''自在目的'就是价值本身，此价值本身就是人，而人就是人类历史实践基础上形成的人性能力及形式结构"[3]。马克思空间转向与人的全面思想是在揭示价值本质即人本身及人自我实现趋向的历史生成中形成的。人的本身及人自我实现趋向为人类历史实践提供了安全实践架构，确立了作为目的本身的人类能力和人本身的价值发展空间转向的基本历史定向。从必然王国到自由王国既是一种历史逻辑，也是一种价值本质揭示的空间逻辑。人类社会实践形态的历史嬗变与人的自我实现趋向实践有内在辩证统一性。马克思指出："人的依赖关系（起初完全是自然发生的），是最初的社会形态，在这种形态下，人的生产能力只是在狭窄的范围内和孤立的地点上发展着。以物的依赖性为基础的人的独立性，是第二大形态，在这种形态下，才形成普遍的社会物质交换，全面的关系，多方

---

[1] 马克思、恩格斯：《马克思恩格斯文集》第7卷，人民出版社，2009，第929页。
[2] 〔德〕康德：《实践理性批判》，关文运译，商务印书馆，1960，第89页。
[3] 刘进田：《价值与人及其自我完成》，《哲学动态》2015年第8期。

面的需求以及全面的能力体系。建立在个人全面发展和他们共同的社会生产能力成为他们的社会财富这一基础上的自由个性，是第三阶段。第二阶段为第三阶段创造条件。"① 在此，蕴含人本身及人自我实现趋向的价值本质揭示的人类社会发展三个形态，就是马克思空间转向和人的全面思想的三大价值形态，是以人本身的发展与人自我实现趋向为价值尺度构建起的三大空间实践。

人的依赖关系的阶段，是以农业文明为特质的价值本质空间实践。人类以生产和占有实物为价值目标，没有形成普遍交往的社会结构。社会关系是一种以血缘关系为基础形成的伦理道德实践结构，虽然社会有一定的地域空间文化、思想和价值的融合，但是，本质上人本身和人自我实现还是面对的是自然隔离与思想统一的价值空间；物的依赖性为基础的人的独立性，是以工业文明为特质的价值本质空间实践。工业文明发轫于文艺复兴后，兴起于工业革命，是人类迄今为止最富活力和创造性的文明。规模化生产与普遍交换，一方面形成人的独立性价值空间；另一方面，形成"普遍的社会物质变换、全面的关系、多方面的需要以及全面的能力的体系"②。建构了自由交往的文化价值空间，人已经从前一种价值空间中解放出来，这种解放是在现实中实现的，是人本身和人自我实现的现实实践空间扩展。但是，由于资本主义社会现实固有矛盾，使"人同人相异化"③、人和人的社会关系的全面异化，"异化借以实现的手段本身就是实践的"④。人本在实现自己和人类能力中形成了人本身发展的价值空间，造就了反对自身、残害自身和制约自身能力发展的价值空间实践结构。改变世界实际上，"对实践的唯物主义即共产主义者来说，全部问题都在于使现存世界革命化，实际地反对并改变现存的事物"⑤。改变现存事物同时也是价值本身的复归，是"通过人并且为了人

---

① 马克思、恩格斯：《马克思恩格斯全集》第46卷（上），人民出版社，1979，第104页。
② 马克思、恩格斯：《马克思恩格斯文集》第8卷，人民出版社，2009，第52页。
③ 马克思、恩格斯：《马克思恩格斯文集》第1卷，人民出版社，2009年，163页。
④ 马克思、恩格斯：《马克思恩格斯文集》第1卷，人民出版社，2009，第165页。
⑤ 马克思、恩格斯：《马克思恩格斯文集》第1卷，人民出版社，2009，第527页。

而对人的本质的占有；因此，它是人向自身、向社会的即合乎人性的人的复归"①。个人全面发展和他们共同的社会生产能力成为他们的社会财富这一基础上的自由个性阶段，是以新文明为特质的价值本质空间实践。新文明在当代是信息时代的数字文明为核心。进入21世纪以来，计算机和互联网的出现，人类价值实践的现实媒介发生本质性变化，人类不再以实物文字为主要价值实践、价值思维媒介，而是以数字化、虚拟化的图形、声音和文字为价值媒介，这必将使人本身及人的主体能力有着质变性的提高。

（二）数字生存的非正义性实践与社会数字化凸显

计算机的出现和互联网的发展，先发现代化国家秉持狭义化的数字理念，给人类带来许多严重的数字生存的非正义性难题。数字鸿沟、数字荒漠、数字霸权、算法资本化等问题，威胁人类网络安全治理和数字生存，制约数字经济发展，影响全球数字命运共同体构建。在此种时代状况下，全球社会都认识到"没有网络安全就没有国家安全，就没有经济社会稳定运行，广大人民群众利益也难以得到保障"②。缺失数字正义价值关切的数字生存、数字经济是背离人民的。不容否认，长期以来，对正义价值的现实与理论着力点，仅仅局限于人类社会现实实践内部，对于网络空间与数字的正义价值问题并没有实质意义的探究。在这个意义上，当代网络空间安全治理学视域内的数字正义，无疑是正义价值在网络社会的新发展，是人机关系的新价值自觉，体现着对网络空间安全危机成因的价值反思深化。

网络空间数字正义不仅是对网络空间资本批判的问题转换，更重要地体现着社会正义理论的创新和价值重塑。因此当代信息社会中资本网络化进程所导致的数字正义问题的反思批判，既是一种社会正义的空间视域转向，也是对资本原则的网络空间生产与组织的辩证批判。在资本

---

① 马克思、恩格斯：《马克思恩格斯文集》第1卷，人民出版社，2009，第185页。
② 习近平：《习近平谈治国理政》第3卷，外文出版社，2020，第306页。

逻辑下，网络空间的生产与再生产主要服务于资本的数字化扩张，其本质表现是资本的数字积累与实现方式的网络化、数字化，具体体现为资本的全球网络化过程。在工业资本主义时代，资本主义创造了工业城市，工业城市被工业资本塑造和模塑成工业化资本空间。而人类进入信息时代，数字与社会互动现象成为人类社会新的交往实践方式，伴随着全球网络化、数字化的深入推进，资本逻辑加速叠加网络空间，一方面，助力网络数字技术更新发展，海量数据互联互通成为新时代鲜明特质；另一方面，"这划时代的转变对大多数人类来说并不吉祥"①，丰厚利润预期与资本逻辑的充分契合正使网络技术成为资本密集型技术形态，每一次网络技术变更都需要大量商业资本，但也能在网络数字技术的迭代更新中获得大范围、多领域的技术业态利润。因此，"金融业是企业信息技术投资方面的排头兵"②。

在信息时代，网络空间数字化推进了资本积累模式的变化，走向了便捷性与高速性的相交融，也导致数字算法的资本化与私利化。随着网络空间数字化发展，网络空间资本积累模式从以实体化为中心转变为实体与虚拟双维交互模式。虚拟网络空间资本积累的灵活性和高度组织化越来越成为经济发展的新引擎，日益成为现代社会资本积累模式的新高度，借助网络数字化空间生产与流通，重构了现实的资本积累和生产模式，有效解决了因地域与制度限制所导致的资本积累瓶颈和矛盾，有力补充了现实传统社会中资本积累的缺陷和不足，对当代社会经济发展与安全起到支撑作用。在网络空间数字经济深入发展的同时，也出现了各式各样的网络空间数字算法异化现象，集中表现为受资本逻辑奴役的算法机制的出现。一是资本家对网络空间数字算法的操控和垄断。现实中，"虽然新科技和新组织形式，向来对我们摆脱危机大有帮助，但他们从来不曾发挥决定性的作用"③。资本生产的利润叠加才是起决定作用的力量，

---

① 〔美〕丹·席勒：《数字资本主义》杨立平译，江西人民出版社，2001，第16页。
② 〔美〕丹·席勒：《数字资本主义》杨立平译，江西人民出版社，2001，第19页。
③ 〔美〕大卫·哈维：《资本社会的17个矛盾》，许瑞宋译，中信出版集团，2016，第19页。

是通过控制算法实现的,"利润率是资本主义生产的推动力;那种而且只有那种生产出来能够提供利润的东西才会被生产"①。二是资本趋利性与算法正义的侵蚀。在资本逻辑下,算法被各种利益集团和资本力量操控,成为资本家增殖财富的一种特殊技术方式。用算法推荐、流量引流和联系关联来引导用户的注意力、购买力成为侵蚀算法正义的常用手段,互联网业界所尊崇的"技术中立""算法无罪"在资本趋利化中却成为资本家掌握的非正义的存在。实际上,资本与算法技术本身没有直接联系,而是通过控制算法的资本方休戚与共地联系起来。

社会数字化实现了社会生产、生活与消费的深度融合,也加速人民网络空间的生产方式、生活方式和消费方式的转型升级。社会数字化转型构成新时代中国特色社会主义的鲜明特征。突如其来的疫情对国家社会造成巨大损失,但也给我们带来了社会数字化转型的机遇。在疫情倒逼下,全球产业链数字化大大提速,数字经济蓬勃发展,推动生产生活的实体结构向生产生活的数字化结构转换。社会数字化塑造,使社会的数字生产方式、数字生活方式和数字消费方式成为新时代社会生活的重要存在范型,主导了后疫情时代的社会存在方式的实践及其运作。人民网络空间的生产方式、生活方式和消费方式的数字化,直接推动数字社会存在方式成为新时代社会生活实践的重要部分。

社会数字化实现了文化、大众娱乐和精神生活生产相融合,催生了网络文化生产消费及其打造的网络购物新空间、网络时尚消费等。进入新时代,在社会主义核心价值观的引领下,满足人民群众美好精神生活需求已经成为全面建成小康社会后的重要历史任务。因此,社会数字化转型在文化领域最集中、最鲜明的特质就是把网络文化生产、消费塑造成为新时代人民精神文化需要供给的重要部分,尤其是要打造快速便捷网络文化平台、网络文化消费方式、网络购物新文化空间,网络时尚文化消费引领和表达着新时代社会数字文化的新风尚,成为当代社会数字精神文化生活的重要内容与发展趋向。

---

① 马克思、恩格斯:《马克思恩格斯文集》第7卷,人民出版社,2009,第288页。

（三）数字正义的价值目标与问题指向

数字正义是网络空间转向价值实践变革下反思与批判普遍主义的抽象正义观，推动马克思社会实践正义研究视域、方法变革过程中产生的理论范式。数字正义推动社会正义研究从现实的人本身及人的自我实现趋向走向网络虚拟的人本身及人的自我实现趋向，呈现为普遍规范到具体化、多元化的规范及现实价值实践到网络化、数字化价值实践转型，凸显了正义理论的虚拟性网络语境的意义与价值，既丰富了社会正义理论讨论的多维性，也在一定意义上有力推动了人的自由而全面发展，使马克思主义意义上的人的第三阶段发展，个人全面发展从"现实的人本身及人的自我实现"到"虚拟的人本身及人的自我实现"转变，意味着现实与虚拟、经验与超验、抽象与具体真正地交往融合实践。

第一，在现实社会正义中推进虚拟网络社会中数字正义话语与价值实践反思与批判。数字化转型语境与日常生活网络实践叙事为数字正义出场奠定价值基础，强调数字性、互通性、互联性的生产方式、生活方式和治理方式，有效消解普遍主义正义话语的抽象价值独断问题，揭示了新时代价值实现的本质特征。"没有普遍、永恒的绝对真理；只有解释的不同自由度而已，这种自由度可理解为源于时间和空间的偶然性。"[①] 为此，网络空间数字转向，强调新时代社会数字驱动的价值性、实践性和多样性，批判和质疑普遍主义正义理论的优先性和正当性，在历史实践价值中的普遍适用限度，揭示抽象虚假话语的实质，为虚拟网络社会的价值生产提供基础。所以数字正义价值实践有助于弥补抽象社会主义探讨的不足和盲点，有利于社会数字化转型的价值生产及其实践，打破西方普遍主义正义话语的地方化强势宰制，进而获得中国对于新时代网络空间治理的理论主导权和价值自信。

第二，推动社会正义研究问题的数字扩展与转型。"'数字化'是一

---

① 〔美〕迈克尔·迪尔：《后现代都市状况》，李小科译，上海教育出版社，2004，第54页。

个从工业文明形态向信息文明形态转化并在信息文明形态中不断深化的历史过程。"① 数字化转型是人类信息文明发展的历史必然结果,是对新时代社会现实问题的把握与透视。可以说,人类从现实世界走向现实与虚拟世界全面交往融合实践是人本身及人自我实现趋向,也是社会正义理论及价值规范发展史表现为现实和虚拟两个世界交融史、问题史的实践自觉。但是,在现实性上,在普遍主义社会正义观及宏达实践框架之内,虚拟网络空间正义问题被虚幻化、抽象化,用现实世界的正义问题对待和解决方式简单投射到网络空间中,造成网络空间人民日常生活中正义问题没有得到充分的反思和批判。因此,社会正义研究要紧密围绕人类面临的数字化转型特质,认真直面反思网络空间正义问题,根据现实与虚拟两个世界交往实践的新历史发展状况,不断确立新的研究对象和主题。当代社会数字化转型的深入介入,社会实践已经发生重大变化,已经走向数字社会。现实地、理论地把握和解答数字化社会中的正义问题,成为网络空间治理和正义研究的关键所在。

第三,数字正义是网络空间中数字社会正义理论与概念的创新,体现着对数字资本主义批判问题的理论回应。"我们的目标毋宁说是创造理解的框架、细致的概念工具,以此来掌握在社会转化错综复杂的动态中运作的最有意义的关系"②,真实的现实世界与虚拟的数字世界相互交往的实践结构,是内嵌于当代人类社会实践现实之中,并且持续性进行网络化数字转型,资本主义逻辑的数字化进入是当代中国社会主义网络空间治理的关注重心。走向网络空间数字正义的架构,不仅是对当代网络空间问题的非正义批判超越,更重要的是面向现实-虚拟两个世界同时性叠加于当代现实的基础性清理与奠基。所以,数字正义不只是社会正义研究的一种视域,而且是指向以资本为原则空间数字生产与组织的批判与超越。数字正义为网络空间治理揭示资本主义正义问题以及推进资本主义批判的虚拟理论视角与方法,也有力加速现实世界中资本主义价值

---

① 陈新汉:《价值世界在信息文明形态中建构的若干哲学思考》,《学术界》2021年第5期。
② 〔美〕大卫·哈维:《资本的限度》,张寅译,中信出版社,2017,第687页。

思维、价值判断的实践批判。

二、数字文明形态实践与数字正义的价值变革

数字文明形态实践是社会数字化转型的必然性逻辑,数字文明形态的创造也伴随社会数字化转型的历史过程。社会数字化转型对重塑社会结构的意义,远远超越市场化和工业化对社会结构变迁的影响。人类以虚拟信息所开创的数字文明就其文化价值逻辑意义而言,数字文明的文化价值实践包括数字正义价值理念、数字文明形态、社会数字化转型、数字社会构建及人民数字生活等系列转型实践。数字文明形态是对以往人类包括农业文明、工业文明在内的所有文明的辩证继承和文化价值超越。任何文明形态都在一定的文化价值方式和知识形态上产生,并受其价值所导向,比如近代工业文明形态的认识方式、知识形态和文化价值就是近代科学理性文化价值特征。而数字文明形态的认识方式、知识形态和文化价值则发生了质的变化,不再以实物文字为思维方式,而是以数字化、虚拟化的文字、图像和声音等非实物的信息为认识方式、知识形态和文化价值。这一变化促使人类文化价值思维比之前有了革命性的提升,人本身及人自我实现的趋向较之以往有力质变性的提高,主要特质是虚拟网络空间中,数字化人本身及人能够完全自我实现,并进行全景式体验,人类由此进入了"新文明"的时代。新文明的时代是以数字文明为核心,以社会数字化转型为特质的人类文化价值主体能力超越发展即马克思主义意义上的人的全面发展阶段。因此,作为数字文明的核心文化价值实践数字正义不仅是体现人类文化价值主体能力的社会正义追求,更是数字文明价值重塑的根本。数字文明新形态的价值重塑,是一种人类命运共同体意义上的生存与生活范式的文化价值变革。从数字文明认识方式、主体形态和实践方式变革等层面的文化价值意蕴重塑开始,将普遍深刻地影响人类对固有文化价值意蕴的理解,并从社会数字转型与数字文明价值重塑中获得作为人本身和人自我实现趋向的新解答。

（一）数字化时代的价值变革

数字化时代以数字技术的广泛、整体和深层运用为实践基础，用现实与虚拟交往的、数字技术组织化建构的思维方式、价值方式取代以往现实的、单一的思维方式，实现了一种新人（即数字化的人）、新社会、新生活、新组织的建构实践。其深刻作用已经转化为一种新价值思维、价值原则、价值主体和价值实践的重新构建。数字平等、自由和公正成为网络空间数字化世界所遵循的价值原则，改变了人类对世界的原有的价值判断方式。数字时代以数字技术广泛深刻应用为特质，市场价值主体、平台价值、新产品服务价值、新商业模式价值不断涌现，这些新的价值业态的出现和变化已经成为引领数字时代价值变革的重要引擎。总的来讲，数字化时代的价值变革包括以下几方面。

一是时代特征的数字技术赋能变革。20世纪之前技术与文化价值的交往融合较少，制约了文化价值变革发展。特别是20世纪最近半个世纪以来，网络空间数字技术广泛深入渗透进入文化价值的生产、传播、分配和消费各方面，极大地赋能了文化价值发展变革，成为文化价值创新迭代、有效传播的新动能。尽管数字技术强有力地渗透进入文化价值，也带来了文化价值受制于资本的力量的担忧，但从价值变革的维度已经改变了文化价值以往低效率的全过程作业方式，文化价值越来越多地从"劳动密集型艺术"向"资本技术密集型艺术"转变。[①] 数字技术提供了文化表达价值的新能力，音频、视频和图像变为可以随时随地在网络上共享的数字文件，改变了之前单一文字的价值塑造方式，多样性、多层性、直观性、便捷性和共享性成为数字化时代价值新的样态。

二是时代形态的现实与虚拟交往实践变革。现实与虚拟交往实践是数字价值最鲜明的变革，以现实虚拟的融合、交往的文化价值为核心，强调了虚拟空间的数字的文化内涵的首要性和必要性，同时在现实领域，依托数字技术，强调了文化价值必须要有数字技术的赋能，提升了现实

---

① 〔美〕泰勒·考恩：《商业文化礼赞》，严忠志译，商务印书馆，2005，第317页。

文化价值的全产业链的实践表达和体验。数字时代所开启的价值变革，不仅是文化与价值生产、传播和消费的效率，更是全民参与、全民消费、全民共享的价值业态的民主化价值实践方式的再造。突破时间和空间的阻隔，世界各地，不管穷富都能够参与共享文化生产与消费、创作和欣赏优秀的作品。信息的有限性是产生信息鸿沟的主要方式，现实与虚拟交往实践的信息方式，能改变以往因生产者和消费者之间信息有限产生的困境，以前所未有的便捷式信息方式，携带价值文化融入老百姓的日常生活，极大扩展文化价值对社会的影响力。

三是时代精神的开放创新变革。时代精神是整个时代的精髓和精华，是体现时代的普遍性特质和人民集体性意识的核心标识。数字时代精神以其特有的技术开放性和创新性表达着人对于自由的向往和追求，是人类进入数字化生存时代，数字自由权利和数字独立人格的征象，是打开现实人格独立和自由的一种数字价值方式。数字创意、创作和创新成为新的精神需求。第47次《中国互联网络发展状况统计报告》显示，截至2020年12月，我国网络文学用户规模稳步增长至4.67亿户，占全部网民数量的47.2%。数字时代精神激发了人类深层文化诉求，人类社会行为、文化消费偏好、大规模精准文化传播、数据变现能力等得到飞速提升。数字文化精神生产消费成为社会市场的主流，促进了文化消费结构、文化生产结构、文化分配结构、文化市场结构和文化对外比例结构的转型升级。

（二）人类实践方式的价值变革

人类实践方式数字转型价值变革的实质，整体性表现为生产方式、生活方式、治理方式的数字化变革。此种变革是人类实践图景的根本性变革，是一个与人类现实实践方式交往互通的数字生存的权利变迁，以及"数字价值"和"数字现实人格"逐步得到确认的时代。网络数字技术在深刻改变已有社会实践方式中，促使生产方式、生活方式、治理方式不断升级与分化，从相对封闭单一、稳定保守的状态向开放、流动的状态转向。

以往的实践对象是客观现实世界,而数字实践的对象是虚拟现实世界。数字实践随着数字经济和当代技术的发展正崛起为一种新型的实践,突破以往实践局限的生产实体化、生活现实性和治理方式的真实性。数字实践从其对象而言,是人的一种数字化的感性活动。以往的实践形态是现实实践形态,而数字实践所造就的实践形态是现实与虚拟交往的实践形态。数字实践是主体按照一定的目的使用数字化技术在网络空间中进行的感性实践活动。数字实践形态以一种源于现实又超越、融合、交往现实的创造性方式表达人类社会,这种创造性表达不仅是"数字的现实",而且是"现实的数字",它奠基于人类社会文明形态和理论思维的发展。"分工只是从物质劳动和精神劳动分离的时候起才真正成为分工。从这时候起意识才能现实地想象,它是和现存实践的意识不同的某种东西;它不用想象某种现实的东西就能现实地想象某种东西。从这时候起,意识才能摆脱世界而去构造'纯粹的'理论、神学、哲学、道德等等。"[①] 因此,数字意识、数字想象和数字实践作为基于现实地建构数字生活世界的一种思维方式,创造了巨大丰富的文化价值,也形成全新的数字实践形态。

(三)从人的数字化到数字化的人之价值变革

人的数字化是数字实践的认识论阶段,而数字化的人是数字实践的实践论阶段。从人的数字化到数字化的人之价值变革,是数字化时代质变的必然要求。从本质上讲,人的数字化是人类创造技术、利用技术,并具有数字思维、数字认识的实践形态。计算机和互联网的出现,人类不断在实践中应用,建立和谐的人机环境,这突出的表现就是人在数字技术中获得重要发展。在人与机器关系的历史上,数字技术使人围绕着机器的重要标志就是开发虚拟现实系统的算法和软件。而机器围绕着人,即数字化的人。人机合一将是数字现实人的重要标志,意味着人体上会有辅助性机器部件或重要性的机器部件,这对人来说将是质的飞跃,可

---

① 马克思、恩格斯:《马克思恩格斯文集》第1卷,人民出版社,2009,第534页。

以改变人类食物的取得方式、健康状况、学习方式、生存方式、情感方式等。

数字化的人也就是说数字现实的人之价值表达、价值实现跟以往根本性的区别就是具有价值超越性，这个价值超越性指的就是抓住人的根本即人本身，意味着此时的人有更大的自由时间和自由空间去关注自身根本性的东西，人以现实与虚拟交往实践的整体性方式、全面地去寻求人本身的价值趋向。数字已经还原为每一个人自由而全面发展的条件，唤醒和呼吁广大人民去获得和追寻不同生命存在的解放方式，进而从人之价值优化或人之根本性幸福体验视域找寻人之原像。

三、新时代人民美好数字生活实践对数字正义价值的创造性重构

数字正义的价值重塑是数字文明形态实践的价值表征，也是当代中国网络文明文化价值的集中体现，更是中国社会数字文明支撑的核心与价值灵魂，凝聚着数字文明的价值传统、价值构成与价值走向，规范和影响着中国未来数字发展。因而，新时代下的数字文明形态实践必须以当代数字正义价值重塑为基点，建构适合数字文明形态实践发展的数字正义价值。

（一）新时代人民美好数字生活的价值坐标、原则、规范和理想的确立：数字正义价值之理论构建

当代社会主义核心价值观和共产主义价值理想是当代中国精神的价值定向，是新时代人民美好数字生活的价值坐标、原则、规范和理想，更是中国社会的精神支撑和价值灵魂，凝结着中国价值传统、价值理想和价值取向，规范和引导中国现实社会和网络社会的未来发展。"要加强网上正面宣传，旗帜鲜明坚持正确政治方向、舆论导向、价值取向，用新时代中国特色社会主义思想和党的十九大精神团结、凝聚亿万网民，深入开展理想信念教育，深化新时代中国特色社会主义和中国梦宣传教

育,积极培育和践行社会主义核心价值观,推进网上宣传理念、内容、形式、方法、手段等创新,把握好时度效,构建网上网下同心圆,更好凝聚社会共识。"① 当代数字正义理论构建最大限度的凝聚社会共识,就需要确立新时代人民美好生活的社会主义核心价值观和共产主义理想的价值定位,不断提高人民美好数字生活的影响力、感召力与凝聚力,成为广大人民群众认可和乐于接受的共同价值信仰,从现实与虚拟交往实践中指导、约束和规范民众日常生活。

就新时代中国而言,最为重要的就是通过以人民美好数字生活为中心确立网络社会主义核心价值观和共产主义理想推广与价值灌输,强化全体人民的价值信仰。把数字正义的理论真正融入人民美好数字生活实践中,根据不同群体的信仰情况和需求,遵循人民群众数字生活认同、接受规律和特点,确立数字正义价值理论的出发点与落脚点。人民群众数字生活是丰富多彩的,需求也是多层次、多领域、全方位的,所以就要构建适应多层次、多领域和全方位的正义价值规范,引导共同的精神价值追求,塑造安全发展的数字生活。

(二)新时代人民美好数字生活的动力结构与规律:数字正义价值结构之制度的创造性构建

在全球互联网大发展的背景下,文化价值交往日益密切,多样的内容形式带来多元文化价值的交流、碰撞、融合,在促进价值交往的同时,价值的异质性不断增加,价值共识难以达成。社会主体价值在数字化驱动中越加呈现了多元发展引起的观念冲突与对立,分化和瓦解着整体性的社会有机体。在这种状况下,必须构建以制度为中心,具有动力结构与规律的数字正义价值的制度样态。制度是产生动力结构和规范的前提,也是形成规律、发现规律的价值方向。多样的文化只有在制度价值定向中发展,才能相互借鉴和相得益彰。数字正义价值结构之制度性构建不是价值封闭,而是保障价值在主体权利资质下多样发展的内在要求。

---

① 习近平:《习近平谈治国理政》第3卷,外文出版社,2020,第306页。

面对西方世界价值多元化现实和网络社会价值多元思潮,更为重要的是要以数字正义价值制度构建为价值取向,以形成新时代人民美好生活的动力结构与规律中心,批判和揭露消极落后的数字价值观、数字价值生活,在反对"数字殖民""算法操纵"中,也要坚决抵制"数字躺平"。发挥社会主义核心价值观与习近平新时代中国特色社会主义思想的核心定向作用,引领主流数字生活,规范非主流数字生活,规范与整合数字价值观发展,推动确立以人民为中心的科学、合理的数字正义价值制度。

(三)新时代人民美好数字生活实践路径:数字社会实践的创造性构建,数字社会实践对数字正义价值的实践创造性重构

新时代数字社会实践是数字文明形态社会化表达的制度性设计与实践路径,为新时代人民推动数字正义价值重塑、实现数字化生存与生活确立全新的社会构建支撑。数字社会实践是把握新一轮科技革命和产业变革新机遇的国家战略价值选择,是中国进入新发展阶段、贯彻新发展理念、重构建数字发展格局,通过数字社会的构建,推动数字国家高质量发展。让数字技术这一新的价值动能融入市场主体组织模式的新价值,为"数字中国"建设真正确立社会安全发展意义与未来发展制高点的中国式现代化实践,为数字人类命运共同体和网络空间人类命运共同体建设提供数字价值规范。

数字文明是人类文明的本质属性,是当代文明的价值基点,成为当前世界百年变局和世纪疫情交叠期的共同性人类发展机遇。包括数字正义价值理念、数字文明形态、数字化转型、数字社会构建在内的人类数字文明实践正义新的价值理念、价值模式、价值业态全面融入当代人类经济、政治、社会、文化、生态、发展、安全各领域和全过程,给新时代人类生活生产和分配消费带来多层次广泛而深刻的文明价值变革。数字化、网络化、智能化发展趋势已经成为现实虚拟两个世界实践交往的共同性时代精神价值,构成社会发展与安全的内在性价值秩序,不断创造并激发出人类崭新文明的深层精神价值力量,成为人与自然、人与社

会、人与人、人与自我心灵重构的秩序性实践符号。数字社会实践是从数字文明整体性实践形态中把数字正义价值嵌入新时代社会体制与社会实践的中国式现代化哲学构建。

数字社会是一种历史性发展和人民数字权利共享的社会结构形态，从实质意义上是以"数字正义价值重构"与"人民数字生活富裕"为核心旨趣的社会存在实践，从根本上解决"人同自然的和解以及人类本身的和解"①。因为只有人类积极地推动数字化转型，以数字驱动推动人与自然及人类本身的和解，才能重新激活并找到人类真正意义的自然存在。所以，马克思指出："只有在社会中，人的自然存在对他来说才是自己的人的存在，并且自然界对他来说才成为人。因此，社会是人同自然界的完成了的本质的统一，是自然界的真正复活。"② 人同自然完成了人本质统一构成了社会，意味着任何社会都不是一种定型的状态，而是人与自然参与并把人本质力量融入其中的历史性实践，这里马克思主义意义上的自然是人化世界中的实践结构和实践元素，数字天然就是一种自然。数字社会就是一种人同数字历史性完成了人的数字本质统一的社会，是随着生产力的发展变化、人类不断推动数字演变的结果，基本上是同历史性时代中人民对人自身本体性安全追求同步性发展。从人类社会文明发展范型意义结构上说，人类自始都思考着数字文明形态的价值规范，早在古希腊时期，著名哲学家毕达哥拉斯提出数是万物的本原，数是万物的原型，数的原则统治着所有现象，万物都是数的摹本。在中世纪时期，数被认为是上帝的文字和语言，近代理性都是建立在数的基础上的。而现代社会计算机的基础理论就是数学，因此数字文明话语体系不仅是当代信息文明问题，而且是围绕真人类历史数字文明形态价值规范演化的时代精神主题，积极构建数字社会，推动数字化转型，可以说是对一种新的"安全生存共同"文明宿命的文化价值与制度伦理观念的长历史段传承、探索与追求。

---

① 马克思、恩格斯：《马克思恩格斯文集》第1卷，人民出版社，2009，第63页。
② 马克思、恩格斯：《马克思恩格斯文集》第1卷，人民出版社，2009，第187页。

数字化时代的数字社会一定是为了某种价值意义而建设的，这种意义就是人民数字化生活的公共性实践和人类数字命运共同体的养成。通过数字社会建设实现发展与安全的价值革命和中国式现代化的数字转型，其本质的观念逻辑就是数字正义价值文化公共性秩序的确立。此种根本结构将现实人民数字化实践方式培育置放在对现实社会生活与生产不断实践改造中，突出数字文明就是新时代人类文明新形态的现实重要建构。马克思意义的改变世界，就是人的本质力量不断实现的现实路径与困局的突破，在当代社会，就数字社会的核心之数字正义价值理想而言，其表达和呈现为一种数字的社会关系总和，承载并实现以往人类生活与生存所面对的社会生活主体、社会制度、社会关系结构、治理体系等单一的实体化困局，真正化解、超越真实与虚拟、网络与现实对抗性的社会关系逻辑，使人民从无法应对的生存安全危机的社会实践结构和心灵安全精神样态中走出来，开启数字化生存与美好生活的新价值境界，让数字生活方式、生产方式和治理方式真正进入社会的实践观念结构之中，使数字中国真正成为人民美好数字生活的新期待和新体验。

（四）数字人类命运共同体的创造性构建

数字人类命运共同体内蕴着世界人民的价值共识、规范与评价标准，是一种以世界人民利益为主体、全世界人民共同参与的公平正义的全球网络空间治理方案。"推进全球互联网治理体系变革是大势所趋、人心所向。国际网络空间治理应坚持多边参与、多方参与，发挥政府、国际组织、互联网企业、技术社群、民间机构、公民个人等各主体作用。"[①] 数字人类命运共同体正是以多主体为基础的新网络空间价值方略，旨在打破西方对网络空间的公平正义话语霸权，超越以往狭义的网络空间治理，走向对全世界人民美好数字生活真切关照的公平正义网络治理观，推进新时代中国理论的主体自觉与价值自信。

人民数字权利共享和人民数字生活富裕是新时代网络空间治理的核

---

① 习近平：《习近平谈治国理政》第3卷，外文出版社，2020，第308页。

心价值旨趣。要从真正意义上实现人民数字权利共享和人民数字生活共同富裕就必须创造数字人类文明新形态，践行数字文明人民实践，重构数字正义价值，直面人类命运共同体的数字宿命，从推动数字正义价值重塑的根本处，着力彰显人民真实的数字幸福生活。站在人类数字文明实践形态创造价值维度反思人类命运共同体，一个重要的主题就是我们人类有一个共同的宿命，这个宿命不是别的，就是人类文明的历史演进逻辑必然使人类共同性地奔赴同一个归宿，每一个种族、国家、政党、人民都将有这样一个同一个归宿，这就是人类命运共同体。在现实性上，同一个归宿就是人类数字命运共同体或网络空间命运共同体。人类共同的命运，不仅包括死亡，还包括共同面对的所有问题，即文化、经济、宗教、科技等，这都是人类共同的命运元素。人类数字命运共同体是人类命运共同体的时代精神和当代形态，是人的本质力量、人本身和人自我实现趋向在世界历史中总体性的实现。而数字社会实践对数字正义价值重构，不仅为人本质力量、人本身和人自我实现趋向的价值实践提供载体和场域，而且更为实质的价值取向则是人类文明新形态的数字主体价值觉醒、数字价值理想、数字价值原则的展开。数字正义价值重构不是一般政治学意义上的范式转换，而是关涉人类数字文明实践与人本身数字主体本质力量生成与实践的文化价值重塑。数字文明实践所蕴含的数字转型、数字文明理念、数字正义价值、数字社会、数字实践方式等对于新时代中国而言，不是脱离历史与逻辑的社会实践结构悬置，也不是人民主体生活自我静态对现实反思建构，而是与数字文明内在价值发展的实践、主体、结构和社会关系、社会实践、社会生活的全面性链接，是历史与实践正当性的合理性价值逻辑出场，同时，则是数字化时代社会数字全面转型创制与人民现实生活主体数字观念更新重塑的过程。

【执行编辑：尹　岩】

评价论研究

Research on Evaluation Theory

评价与探究

——对杜威评价理论的一个考察

张艳芬[*]

【摘　要】　首先，在有机体与环境的关系中，一方面，评价发生在有欲求的地方，这个欲求是根据所期待的目的而得到修正的原始冲动，而修正是在探究中做出的；另一方面，评价发生在出问题的地方，从探究出发的评价指向问题的条件，而问题的解决就是条件的改变。其次，评价并非立足于原因与结果的关系，而是立足于手段与目的的关系，前者在一定的条件下转变为后者，即外在的和偶然的关系转变为内在的和自由的关系。原因会随着结果的出现而消失，但是手段的意义却会延续到目的之中。最后，探究不能失去刺激和目的，而刺激和目的是以社会的方式给出的，它们具有道德方面的属性。作为假设的善或好的评价对探究做出引导和推进。这样的评价是根据以往经验中已经发展出的准则做出的。

【关键词】　探究；评价；假设；手段；目的

---

[*] 张艳芬，上海大学哲学系副教授，主要研究方向为西方哲学、国外马克思主义、评价论等。

杜威在他的经验学说中对有机体和环境的关系做出了深入的思考，无独有偶，米德在谈到智能时也表示，"智能的独特之处在于，它是一种涉及彼此重组的变化，有机体的调适和环境的重构……"①，有机体之所以需要调适，是因为之前的状态或活动碰到了某些问题、陷入了某些麻烦，以至于无法顺利地保持和进行下去。而调适和重构就是对这些问题以及麻烦的解决，这意味着评价的发生，因为正如杜威所说，"……评价只发生在出问题的时候；需要去除麻烦的时候，需要改善短缺、匮乏或者困顿的时候，需要通过改变既存的条件来解决各种倾向的冲突的时候"②。不过，米德的陈述中提及的智能显然不能被忽视，这在杜威讨论评价时所贯彻的探究原则上也有所透露，即评价或者说问题的出现以及解决乃是在探究中展开的。

一、作为互动过程的探究

在说完"……评价只发生在出问题的时候……"那番话之后，杜威紧接着说，"这个事实反过来证明，无论何时只要有评价，理智的因素——一种探究的因素——就是在场的，因为所期待的目的被构建和设计为这样的东西，即，如果按照它行事，那么它就会为现存的短缺或匮乏提供补给，并解决现存的冲突"③。之所以说评价发生在出问题的时候，乃是因为，一方面，原来保持的状态或进行的活动被打断了，另一方面，去除这些问题以及麻烦的欲求被激起了；但是，仅仅如此还不构成完整的评价活动，因为评价还涉及如何为着这样的欲求去设计目的、考虑步骤乃至在此基础上反过来对欲求做出修正，而这一点是借着这里所说的作为理智因素的探究所达成的。如果是这样的话，那

---

① George H. Mead, *The Philosophy of the Present*, Edited by Arthur E. Murphy, With Prefatory Remarks by John Dewey, London: The Open Court Company, 1932, p. 4.
② John Dewey, *Theory of Valuation*, in *The Later Works, 1925–1953, Volume 13: 1938–1939*, Edited by Jo Ann Boydston, With an Introduction by Steven M. Cahn, Carbondale and Edwardsville: Southern Illinois University Press, 1988, p. 221.
③ ibid., p. 221.

么可以说，正是由于探究，评价活动中的欲求与有机体的直接冲动区别了开来。

对于这个区别，杜威是这样阐述的："……有一种观点将欲求和兴趣等同于（作为有机机制的产物）偶然产生的冲动，另一种观点是把欲求视为通过预见其结果对原始冲动做出的修正；唯有后者才是欲求，而造成冲动与欲求之间全部不同的乃是，对于所期待的目的——亦即作为被预见到的后果的对象——的欲求的在场。预见在以下程度上是可靠的，即，它由对于事实上决定结果的诸条件的审查所构成。"① 简单来说，欲求乃是根据"所期待的目的"得到修正的原始冲动。作为结果，欲求在与冲动区分开来的同时，与"所期待的目的"结合在了一起，而这个与"所期待的目的"结合在一起的欲求才是对评价而言有其意义的东西。事实上，杜威正是直接地说，在评价中，这样的欲求和目的乃是一同在场的，即："哪里有欲求，哪里就有**所期待的目的**，而非简单地是在纯然冲动、欲望和常规习惯的情形下产生的效果。所期待的目的作为反作用于给定欲求的预期结果，从定义上来讲或者同义反复地讲乃是**观念的**。就像任何其他的理智推论因素那样，所涉及的预见、预测或预期，在其基于充分观察活动之结论的诸命题的程度上，是正当的。……鉴于所期待的目的在指导那些有助于实现或挫败欲求的活动上所扮演的角色，如果欲求是有智能的，且目标并非短视的和非理性的，那么评价命题的**必要性**就得到了证明。"② 由于这种一同在场，一方面，给定的欲求在所期待的目的对它的反作用之下成为有智能的欲求；另一方面，所期待的目的作为观念的东西对涉及欲求的活动做出正当指导。

当陷入诸如短缺或匮乏之类的问题中时，只有这样的一同在场的欲求与目的才能引发或激发真正的行动，即能够持续下去并产生预期结果从而解决问题的行动。反过来讲，即便纯然冲动之类的情形下也可能产

---

① John Dewey, *Theory of Valuation*, in *The Later Works*, 1925 – 1953, Volume 13: 1938 – 1939, Edited by Jo Ann Boydston, With an Introduction by Steven M. Cahn, Carbondale and Edwardsville: Southern Illinois University Press, 1988, p. 217.

② ibid., pp. 237 – 238.

生行动,这样的行动,就其缺乏正当的指导而言,也只会在盲目、混乱和松散中匆匆告终甚至戛然而止。事实上,不仅是冲动,而且梦想、幻想之类也是面临困难时的反应,但是它们同样与行动以及评价无关。对此,杜威这样说道:"然而,思考并非困难的个人解决所寻求的唯一途径。正如我们所知,梦想、幻想、情感的理想化都是用以逃避困惑和冲突的焦虑的道路。根据现代心理学,许多系统化的妄想和精神障碍,或许歇斯底里本身,就是作为摆脱引起麻烦的冲突因素的手段而产生的。……方才提及的这种捷径的'解决'并没有除去冲突和问题;它们只是除去了对其的感觉。它们掩盖了对其的意识。……所以思考的第一个显著特征就是面对事实——探究,细致而广泛地检查、观察。"① 显而易见,梦想以及幻想之类之所以无法成为问题的真正"解决",是因为它们把作为事实的问题与关于它们的感觉等同了起来,这样一来,指向事实的行动就被掩盖了——既没有行动的方向,也没有行动的步骤。与之相反,探究,作为杜威所说的思想的特征,是在对事实进行"细致而广泛的检查、观察"的基础上把问题提出来的,这样提出的问题是结合着"所期待的目的"以及朝向它的行动的。

由此,我们再来看杜威诸如"评价只发生在出问题的时候"之类的表述,就会发现,问题的提出不仅意味着那些麻烦存在着,而且意味着解决问题的行动得到了提示。换句话说,出问题而吁求评价与有疑问而吁求探究乃是同一桩事情。唯其如此,杜威说:"哪里没有短缺,没有欲求,哪里就没有评价,正如哪里没有疑问,哪里就没有探究。正如唤起探究的问题是同问题呈现于其中的经验情境联系在一起的,欲求和对作为要达到的后果的目的的预测也同具体的情境及其对变化的需求有关。……有些条件构成了匮乏和短缺并因而充当着形成可以达到的目的或结果的积极手段,从这些条件来对情境所做的审查便是由以保证(必需的和有效的)欲求以及所期待的目的得到形成的方法:由此,简而言

---

① John Dewey, *Reconstruction in Philosophy*, in *The Middle Works 1899 – 1924*, Volume 12: *1920*, Edited by Jo Ann Boydston, With an Introduction by Ralph Ross, Carbondale and Edwardsville: Southern Illinois University Press, 1982, p. 160.

之,评价发生了。"① 问题的存在同时意味着造成问题条件的存在,相应地,问题的解决无非意味着它的条件发生了变化。这就如同,当我们讨论某种疾病的时候,其实并不是在讨论身体中的某个被称为疾病的东西,因为我们无法在身体中找到这样的作为实在的疾病——我们仅仅是在讨论一些症状并探究这些症状的原因或者说条件。就此而言,当我们说一种疾病被诊断出来时,无非是说造成它的条件被找到了,而这等于是说,我们可以通过变化这些条件来对这种疾病进行治疗。在这里,诊断就是从条件出发对疾病呈现于其中的症状进行审查的结果,就此而言,对疾病的诊断也可以说就是对它的评价,即,它们的发生有着相同的机制。这一点,当我们考虑到由诊断而来的治疗同样也是向着所期待的目的做出的时,就更加明显了。

到这里,我们已经明白以问题为契机发生的评价就是探究,接下来我们有必要进一步对探究的机制做出考察,以便了解作为探究的评价是如何运作的。关于探究的机制,杜威从他的经验学说出发做出了一个全面而又简明的描述:"反思的经验的一般特点就是这么一些:它们是(i)由于以下事实产生的困惑、混乱、疑问,即,人们被牵涉进一个其全部特征尚未确定的不完整的情境之中;(ii)推测性的预期——对给定元素的试探性解释,将引起某些后果的倾向归诸它们;(iii)对手头所有可得到的定义和澄清问题的考虑进行仔细调查(审查、检查、勘察、分析);(iv)因与更大范围的事实相协调而对试探性假设做出后续的详尽阐述,以使之更加精确且更加连贯;(v)把所设计的假设当作应用于既存情势的行动计划:为实现预期结果而公开做些什么,从而对假设做出检验。"② 尽管探究的机制在这里被描述为五个步骤,但是,显然它们是一个连续的过程,其间并无截然的区分与隔断。并且,更为重要的是,这

---

① John Dewey, *Theory of Valuation*, in *The Later Works, 1925–1953, Volume 13: 1938–1939*, Edited by Jo Ann Boydston, With an Introduction by Steven M. Cahn, Carbondale and Edwardsville: Southern Illinois University Press, 1988, pp. 239–240.

② John Dewey, *Democracy and Education*, in *The Middle Works, 1899–1924, Volume 9: 1916*, Edited by Jo Ann Boydston, With an Introduction by Sidney Hook, Carbondale and Edwardsville: Southern Illinois University Press, 1980, p. 157.

个过程是在人们与情境的互动中展开的:一方面,困扰人的麻烦是由人置身于其中的情境引起的;另一方面,根据预期后果所设计的假设又是应用于情境的。不过,要说明的是,这样的互动并不是在两种实在之间发生的。之所以这么说是因为,互动的任何一方,无论是人还是情境,从根本上来说乃是使他和它作为如此这般的他和它呈现出来的条件,而这些条件恰恰是彼此渗透、交叉、重叠的。就此而言,即就这些彼此渗透的条件的变化而言,前述的有机体的调适和环境的重构乃是同一件事情。

既然如此,那么当我们观察作为事实的某样东西的时候,就不是把这样东西当作有着固定属性的东西来看,而是把它当作诸般变动条件的某种呈现状态来看;这样一来,我们所看到的就是这样东西可能会变成什么,或者说,预示着什么事情会发生。显然,这样的观察已经不再是对某样东西或者某个问题的看看而已,而是意味着探究或者说评价的发生。这就如同杜威说的:"铁匠注视他的铁,它的颜色和纹理,以便得到它正待变作什么的证据;医生观察他的病人,以便查明某个明确方向上的变化症状;科学家将他的注意力集中于他的实验室材料,以便得到什么事情会在那些确定条件下发生的线索。观察本身并非目的,它只是对证据和迹象的搜寻,这个事实表明,与观察结伴而行乃是推论、预期的预测——简而言之,观念、思想或者概念。"① 在这番关于观察的阐述中,就观察与"观念、思想或者概念"结伴而行而言,它并非仅只感觉地看看而已,而是涉及了理智的因素,因为观念之类正是理智的产物。然而,如果我们考虑到,就像杜威提醒的,理智的因素无非就是探究的因素,那么,观念之类的东西就不是所谓理性层面上的什么永恒不变的实在或者原理,而只是吁求行动并在行动中接受检验的假设。

也就是说,如果我们得到了一个观察或者说观念,那么这仅仅意味着,我们得到了一个需要以行动来检验的假设,这也正是杜威"理性就

---

① John Dewey, *Reconstruction in Philosophy*, in *The Middle Works 1899 – 1924*, *Volume 12: 1920*, Edited by Jo Ann Boydston, With an Introduction by Ralph Ross, Carbondale and Edwardsville: Southern Illinois University Press, 1982, p. 162.

是实验的智能"① 这个判断中所包含的意思。在这一点上,他的更为明确的说法是,"这足以表明,概念、理论、系统,无论它们是多么的详尽和自洽,都必须被视作假设。它们是被当作检验它们的行动的基础而不是当作定局来接受的。明白这个事实就可以把死板的教条从世界上废除了。这就是认识到,思维的概念、理论和系统总是通过使用而向着发展开放的。……它们是工具。正如在所有的工具的情形中,它们的价值不在于它们本身,而在于它们在它们的使用后果中显示出来的工作效能。"② 从死板的教条转而成为有待检验的假设,这对于概念之类的东西来说,不是削弱了它们的效力,而是肯定了它们的效力。原因非常简单,这就是,只有在预期的结果尚未实现的时候,才需要概念之类来对行动做出指导;反过来,一旦结果实现,那么概念之类连同它们的指导就都失去了意义。当然,这个指导行动的过程,对于概念之类本身来说,就是检验假设的过程。在这里,概念或者说假设的重要性在于,它们是预测性的,因此可以通过得到指导的行动来实现或者避免预测的结果。这就如同,在对于好和坏的评价中,好作为一个概念或假设,乃是一个呼求行动来实现的预期结果,而相应地,坏则是一个呼求行动来避免的预期结果;而当好和坏不再是假设,而是不变的实在时,它们就失去了意义并成为空洞的东西,就像那些将好或坏指认为某种具有相应本质的东西的形而上学思考所做的那样。

二、诉诸探究的评价

诸如好或坏之类的概念,就其为评价而言,它们意义不在于它们本身,而在于它们在它们的使用中体现出来的预测能力。或者说,在探究活动中,当我们以理智的概念来进行观察而不是心不在焉地看看而已时,

---

① John Dewey, *Reconstruction in Philosophy*, in *The Middle Works 1899 – 1924*, *Volume 12: 1920*, Edited by Jo Ann Boydston, With an Introduction by Ralph Ross, Carbondale and Edwardsville: Southern Illinois University Press, 1982, pp. 134 – 135.

② ibid., p. 163.

我们对于某样东西或者某件事情的知觉总是与预期结合在一起的。杜威甚至用连字符"-"把观察和预测、把预期和知觉连在一起来对此加以说明。他说，诸如观念、意义、概念之类的东西"乃是对可能发生或终于发生的某事的暗示，它们是（正如我们在理想的情形中通常看到的那样）对那正在行进的东西做出回应的站台。如果某人察觉他的困难的原因乃是一辆汽车向他快速逼近，那么他就无法保证安全了；他的观察-预测可能做得太迟了。但是，如果他的预期-知觉来得及时，那么他就有了做些什么以防止威胁性灾难的基础。因为他预见到了即将到来的结果，他可以做些什么来使得情境最终以别的方式发生。一切智能的思考都意味着行动之中自由地增长——从机会和宿命中解放出来"[①]。从这样的探究的角度来看，不幸并非不可改变的因而必须接受的定局，它们很大程度上只是由于观察-预测做得太迟；反过来说，与之相仿佛，幸运并非上天眷顾因而只需享用的福佑，而只是由于预期-知觉来得及时。唯其如此，即，唯以观察-预测和预期-知觉来从事向着所期待的目的的行动，不幸与幸运之类的概念才具有评价的意味。评价与探究都有着所期待的目的，而后者的如前所述的步骤使得向着这样的目的的行动获得了机制上的支持，这样它就成了前者所诉诸的东西。

由此，我们再来看好和坏的评价，就会发现，它们所指的还不仅仅是结果，而且更是不同的运动方向。比如，杜威说，"无论个人还是团体都不是根据它们达到或未达到的某个固定结果来判断的，而是根据它们的运动方向来判断的。坏人是指一个人，无论他曾经多么好，现在正在开始变坏，逐渐变得不好了。好人是指一个人，无论他在道德上曾经是多么地没有价值，现在正在向变得更好而运动"[②]。这就如同前面说的，一样东西或者一件事情的存在同时并且更是意味着它的条件的存在，在这里就是，好和坏的存在就是它们的条件的存在，而条件之为条件恰恰

---

① John Dewey, *Reconstruction in Philosophy*, in *The Middle Works 1899 – 1924*, *Volume 12: 1920*, Edited by Jo Ann Boydston, With an Introduction by Ralph Ross, Carbondale and Edwardsville: Southern Illinois University Press, 1982, pp. 162 – 163.

② ibid., pp. 180 – 181.

意味着它们是可以发生变化的，这样一来，条件的变化就形成了这里所提及的不同的运动方向。判断或者说评价正是由此而做出的。反过来说，那些"曾经"的好和坏，就其无关乎现在正在发生的向着某个方向的运动而言，无关乎评价。

所以，在评价活动中有着重要意义的结果，正如概念之类的东西是假设那样，也不是固定的、静态的东西，而只是作为所期待的目的将变化的行动引发出来，或者确切地说，将透露着成长、改善、进步的变化的行动引发出来。之所以如此，是因为"较之静态的结果和结局而言，成长、改善和进步的过程成了更有意义的东西"①。如果要进一步地询问为什么成长的过程比静态的结果更有意义，那么道理也很明显，这就是，生活本身是一个成长的过程，而当人类以其智能来展开这个过程时，这个过程就成为一个探究的过程。在这个意义上，目的不是一个终点，而只是一个提示，即对于一个被称为成长的活动过程的提示——就此而言，目的的意义取决于这个过程。这样一来，前文多次提及的杜威的术语"所期待的目的"也就得到了解释，即，它的意义不在于作为终点的目的，而在于它的期待或者说预期；之所以有目的可以期待，仅仅是因为期待引发着行动，并且，正是由于行动由期待所引发，所以它是通过假设和检验（即探究）来展开的。简单来说，对于生活而言，成长本身是唯一的目的，这就是杜威说的，"目的不再是将要到达的终点或边界。它是改变现存情境的活动过程。生活的目标不是作为终点的完美，而是完善、成熟、改进的持久过程。……成长本身才是唯一的道德'目的'"②，既然目的是通过过程来考虑的，那么，尽管这个过程就其最后总是会达到某个目的而言仅仅是为着目的的手段或者说工具，但却是意义重大的。

不过，问题也正是在这里，即这种意义重大是对于真正的目的和手

---

① John Dewey, *Reconstruction in Philosophy*, in *The Middle Works 1899 - 1924*, *Volume 12: 1920*, Edited by Jo Ann Boydston, With an Introduction by Ralph Ross, Carbondale and Edwardsville: Southern Illinois University Press, 1982, p. 181.

② ibid., p. 181.

段而言的，可是，在许多情形下，不是目的的东西被误认为目的，同样地，不是手段的东西被误认为手段。杜威注意到了这个问题并做出了分析，"……用手段这个名字来称那根本不是手段的东西；这些东西仅只是另外东西发生的外在且偶然的前件。相似地，除偶然之外，被称为目的的东西也不是目的，因为它们不是手段的履行和完成，而仅只是结束一个过程的末项"①。这并不是简单地说，那不是手段的手段与那不是目的的目的之间没有联系，恰恰相反，它们是有联系的，否则的话，它们也不会得到这样的误认或者说混淆了。事实上，这种联系不但存在，而且相当紧密——这里所说的前件和末项表明，它们之间的联系乃是因果关系。不过，即便它们之间存在着因果关系，它们也并不因此而必定就是手段与目的的关系，假如这个原因是"外在且偶然的"，而结果也不意味着有什么得到"履行和完成"的话。不难看出，这种混淆实际上是这样两种关系之间的混淆，一种是手段与目的的关系，另一种是原因与结果的关系。当然，就手段可以达成目的而言，它们之间无疑也存在着因果关系，但是仅仅的因果关系，还并不就是手段与目的关系。对此，杜威做了这样的辨析，"手段总至少是原因条件；但是只有当原因条件具有一个附加资格时，它们才是手段；这就是，它们由于其与我们所选择的后果之间的联系被我们所知觉，而为我们所自由地使用。把某样东西当作目的或后果来加以怀有、选择和实现，就是致力于同样地喜爱和关心任何成为其手段的事情和行为。相似地，后果、目的至少是结果；但是，结果并非就是目的，除非思想已经知觉到并自由地选择那些成为结果之条件的条件和过程"②。也就是说，仅仅的因果关系之于原因和结果而言还只是一种外在的关系，即，外在于对"成为结果之条件的条件和过程"的知觉与选择；就这种外在性而言，原因与结果之间的关系对于事情本身或目的来说就是偶然的，它只是出于运气，因而不是自由的。

---

① John Dewey, *Experience and Nature*, in *The Later Works 1925–1953, Volume 1: 1925*, Edited by Jo Ann Boydston, With an Introduction by Sidney Hook, Carbondale and Edwardsville: Southern Illinois University Press, 1981, pp. 274–275.

② ibid., p. 275.

这种从目的出发考虑的原因与结果之间的偶然或者说运气关系,在亚里士多德那里就已经得到了阐述。他说:"例如:一个人是为了别的理由到市场上去的;如果他知道在某处可以遇到欠债人,他本来也会到那里去的;这次他去了,但不是为了要债这件事,却是偶然地在那里取回了他的债款。要债并不是通常也不是必然要去那里的;而收回债款这个目的,在他说来也不是他去的原因,但到那里去却还是他的意图或思考的结果。只有上述这些条件都具备时,才能说这个人是由于偶然性去的。如果他是为了讨回债款去的,或者,为了收取债款他总是或通常是到那里去的,那么他去那里就不能说是由于偶然。"① 这里存在着一种因果关系,即这个人,因为去市场,所以从他在市场遇到的欠债人那里取回债款。但是,去市场并不是他由以实现取回债款这个目的的手段。这是因为,他是为着别的目的即出于别的意图或思考而不是为着取回债款去市场的。用杜威的话来讲就是,一方面,取回债款并不是这个人所选择的后果,他也没有知觉到去市场与这个后果之间的联系,就此而言,去市场不是他自由使用的手段;另一方面,尽管去市场是造成取回债款这个结果的条件,但是,对于这个条件,思想既没有知觉到也没有自由地选择它的条件和过程,所以,这个结果并非目的。

到这里,某种程度上,杜威的这个辨析工作的意义也得到了揭示。这就是,之所以要把手段与目的的关系同原因与结果的关系区别开来,是因为只有在前者中才存在评价,而在后者之中不存在评价,确切地说,我们无以对后者之中的那种偶然的或者说不自由的联系做出评价,以便在探究之中继续杜威所说的"成长、改善和进步的过程"。比如,在亚里士多德的那个例子中,对于那个人因为去市场而取回债款这件事情,既无法做出成功的评价也无法做出失败的评价,因为根本就没有评价,也没有失败和成功,而只有偶然,即,这个人无法从这件事情中明白对于取回债款这个目的来说如何做会成功而如何做会失败,从而从中获得成长的契机。

---

① 亚里士多德:《物理学》,张竹明译,商务印书馆,1982年第56页。

接下来的问题是，原因与结果的关系如何得以转变为手段与目的的关系？正如我们所知，一方面，人置身于其中的这个世界充满着因果关系，另一方面，人又以自己的欲望参与到这些因果关系中——而当这些加在因果关系上的欲望成为被知觉到的意义时，原因与结果的关系就成了手段与后果的关系。对此，杜威的阐述是这样的："当欲望在其意义上被知觉，在其所导致的后果上被知觉，而这些后果在反思的想象中进行实验，其中的一些被视为彼此一致，因而能够共存并能够逐次地有序实现，另一些则被视为不能相容，既禁止同时的结合，又逐次地彼此妨碍——当达到这一状况时，我们就生活在人类的水平上了，从事物的意义上对事物做出回应。原因-结果的关系就转变成手段-后果的关系。后果整个地属于那些会产生它们的条件，而后者则具有特征和区别。原因条件的意义也延续到后果之中，所以后者就不再是一个单纯的目的，一个最后的和结束的中止项。它在知觉中标画出来，由于那些已经进入到它里面的条件的效力而显著。"① 显然，方才所说的外在的和偶然的关系之所以转变为内在的和自由的关系，正是由于意义被知觉到了。也就是说，这个时候，事物之间不仅存在着因果层面上的关系，而且存在着意义层面上的关系，后者刻画了事物之间的相容或者不相容，以及相应地，它们的有序实现或者彼此妨碍。这些得到刻画的东西，连同刻画它们的意义，作为一条调适和重构的线索贯穿在事物之间和之中。原因或许会随着结果的出现而消失，但是原因中所包含的对于目的的条件意义却不会消失，这些意义延续和转移到后果或者说作为后果而实现的目的之中，而后果也正是由此而属于那些条件。这样一来，正如杜威从古代目的论中获得的启发那样，"……包含对于意义的知觉，从而灵活地指导前进运动。目的于是成为所期待的目的，并在前进运动的每一个阶段上得到持续而累积的再造。目的不再是一个外在于导致它的那些条件的终点；它是当下各种倾向的连续发展着的意义——我们正是把这些得到指导的东

---

① John Dewey, *Experience and Nature*, in *The Later Works 1925–1953, Volume 1: 1925*, Edited by Jo Ann Boydston, With an Introduction by Sidney Hook, Carbondale and Edwardsville: Southern Illinois University Press, 1981, p. 278.

西称作'手段'"①。当然，更为重要的是，这个意义是在反思想象的实验中以探究的方式得来的，就像这里说的"持续而累积的再造"所提示的那样。

以上，借助杜威对于手段与目的的分析，评价所指向的运动方向得到了更为深入的考察。这就是，由以做出评价的这个运动方向必须表达真正的手段与目的的关系，即意义层面上的关系。这样的意义是在探究中得到的，评价由此对探究做出了进一步的诉诸。

三、评价何种程度上推进探究

以上那个事实，即目的乃是所期待的目的因而是在前进运动的阶段上得到持续再造的，提示我们，对于探究来说，没有什么特定的目的被事先确立起来从而对探究造成干扰，使得它无法前进和改造。也就是说，探究中所言的目的并非特定的目的，并因而在这个意义上不是私人的、片面的目的。杜威正是做出了这样的区分并说道："说所有的认识都有超出它自身之外的目的是一回事情，说认识的行为事先有一个它必须要达到的特定的目的则是与之相反的另一回事情。更加不对的是，思考的工具本性意味着它是为了获得人们心之念之的某种私人的、片面的利益而存在的。"② 唯其如此，探究从其本性来说是无偏狭的，即，"无私与不偏的探究……意味着并无特定的目的事先确立起来以致将观察活动、观念形成以及应用封闭起来。探究得到解放。它被鼓励去关注与界定问题或需要相关的每一个事实，并追踪对线索做出允诺的每一个暗示"③。而我们知道，无私与不偏恰恰也是评价的属性。这表明，探究的解放同时意

---

① John Dewey, *Experience and Nature*, in *The Later Works 1925 – 1953*, *Volume 1: 1925*, Edited by Jo Ann Boydston, With an Introduction by Sidney Hook, Carbondale and Edwardsville: Southern Illinois University Press, 1981, p. 280.
② John Dewey, *Reconstruction in Philosophy*, in *The Middle Works 1899 – 1924*, *Volume 12: 1920*, Edited by Jo Ann Boydston, With an Introduction by Ralph Ross, Carbondale and Edwardsville: Southern Illinois University Press, 1982, pp. 163 – 164.
③ ibid., p. 164.

味着评价的解放,既从机械的因果里解放出来,更从偏狭的欲求即个人私利里解放出来。那么,探究的这种无私与不偏如何得到保证呢?对此,杜威的回答是,"不偏的、无私的探究的唯一保证是,探究者对于他与之有关的那些人的需要和问题有着社会性的敏感"①。这一点即社会性的敏感对前面的讨论做出了重要的补充说明,这就是,尽管前面讨论的探究的机制、作为运动方向的好与坏以及尤其是手段与目的等,已经告诉我们,探究作为思考的显著特征是如何面对事实来展开的,但是,这样的事实更多地不是从它本身出发,而是从探究者的社会性的敏感出发来加以考虑的。也就是说,探究者是以他们的社会性的敏感来关注他们由以界定问题或需要的事实的。

不仅如此,社会性的敏感还避免了一种可能出现的糟糕状况,这就是,探究沦为劳动分工中的一种专门的职业或者说孤立的领域。这一点在杜威关于以探究为其职业的研究者的描述中得到了揭示:"……劳动的社会分工逐渐发展起来了。研究对于有些人来说已经成了其一生的主要职业。不过,这只能从表面上证明一个想法,即,理论和知识本身就是目的。相对而言,它们对于有些人来讲本身就是目的。但是这些人代表了劳动的一种社会分工;他们的专业化,只有在这些人同其他社会职业无障碍地合作时,并且对他人的问题以及为了行动中的更广泛应用而将结果转达给他们保持敏感时,才能得到信任。当那些专门从事认识工作的人的这种社会关系被遗忘,并且这个阶级变得孤立时,探究就失去了刺激与目的。它就退化为无果的专业化,一种于社会方面心不在焉的人所从事的理智的繁忙工作。"② 可以说,更为重要的东西不是某项劳动分工本身,而是这个分工得以于其中发展出来的社会——后者使得前者避免陷入分工所导致的划割或者说切分,并使其获得实际的结果和意义。而探究,就像分工所形成的职业那样,有着自身的机制与特征,但这并

---

① John Dewey, *Reconstruction in Philosophy*, in *The Middle Works 1899－1924, Volume 12: 1920*, Edited by Jo Ann Boydston, With an Introduction by Ralph Ross, Carbondale and Edwardsville: Southern Illinois University Press, 1982, p. 165.
② ibid., p. 164.

不能证明它因而就是一种以自身为目的的东西。它的目的不是从它自身来考虑的东西，而从它以其社会性的敏感所把握到的他人的问题来考虑的东西。简单来讲，探究必须有刺激和目的，否则它就是空洞与无果的，而这个刺激和目的是以社会的方式给出的。

那么，这样的以社会的方式给出的刺激和目的究竟是什么呢？不管是什么，它们必定有着道德方面的属性，即，尽管前面所讨论的更多的是以自然科学为原型的探究，但是它们就其在救治人类的苦痛以及缓解人类的状况上起作用而言，它们又有着道德的意义。这就如同杜威说的："当物理学、化学、生物学、医学有助于察觉人类的苦痛，有助于发展救治苦痛和缓解人类状况的计划时，它们就变成道德的了；它们成了道德探究或道德科学的设备的一部分。……自然科学不再与人性分离；它本身就在性质上成为人道主义的了。它不是以一种技术性的和专业化的方式为着被称作真理的东西本身来加以追求的，而是以它的社会影响的感觉、它的理智必要性的感觉来加以追求的。它仅仅在以下意义上才是技术性的，即，它提供了社会的和道德的工程的技术。"[1] 对于自然科学而言，它的技术方面的属性既不是出于它自身，也不是出于它所追求的被称作真理的东西，而是出于社会和道德。这意味着，自然科学的技术从根本上来说乃是社会的和道德的技术，即，技术之为技术的规定性来自后者。如果结合探究来考虑，那么这一点并不难理解，这就是，在探究中，原因与结果的关系转变为手段与目的的关系，而后者中的目的正是有着道德的属性。事实上，把活动的目的特别是一切活动的根本目的视作道德上的善，已经形成了一个漫长的思想传统。比如，亚里士多德就认为："所以，如果在我们活动的目的中有的是因其自身之故而被当作目的的，我们以别的事物为目的都是为了它，如果我们并非选择所有的事物都为着某一别的事物（这显然将陷入无限，因而对目的欲求也就成了

---

[1] John Dewey, *Reconstruction in Philosophy*, in *The Middle Works 1899 – 1924*, Volume 12: 1920, Edited by Jo Ann Boydston, With an Introduction by Ralph Ross, Carbondale and Edwardsville: Southern Illinois University Press, 1982, pp. 178 – 179.

空洞的),那么显然就存在着善或最高善。"① 当然,正如我们在这里或者别处所看到的,这个思想传统中同时发展出了手段与目的的割裂,这是杜威所反对的,我们前面也做出了讨论;但是,无论如何,活动目的的道德属性在杜威那里得到了坚持,并且是在手段与目的之间关系得到辨析的基础上得到了坚持。这样一来,向着所期待的目的的探究,也就是向着善或好的探究。所以,对于杜威这里的这个想法,我们不是简单地将其视为一般而言的自然与社会相统一的某种表达,而是要落到更为具体的方面,这就是道德,即,如果存在着这种统一,那么这种统一是在道德的方面达成的。唯其如此,杜威说:"当科学的意识完全为人类价值的意识所浸润时,现在沉重地压在人性上的最大二元论,物质的、机械的、科学的和道德的与理想的东西之间的分裂被摧毁了。……就在道德集中于智能的同时,理智的事物被道德化了。自然主义和人道主义之间的令人烦恼而又纯属浪费的冲突就告终了。"② 这里所说的二元论的摧毁,或者方才说的那种统一的达成,被明确地归结到人类价值对于科学的浸润,而这样的价值浸润的表现就是理智事物的道德化。当然,反过来说,就道德所集中于其上的东西乃是智能而言,价值或者说道德上的善或好并不是作为某种绝对的东西来达成那种统一,恰恰相反,它仅仅作为一种不确定的然而又是所期待的东西,使得自然和社会的事物对于它来讲作为条件而统一了起来——而条件的审查以及改变之类正是意味着智能的工作,即探究。恐怕只有在这个意义上,我们才可以说,做出善或好的评价对探究做出了引导和推进。

当然,这样的引导和推进,根据方才的讨论,是以作为假设的善或好来做出的。尽管善或好是假设,但是必须有这样的先行的假设,这同时意味着必须有先行的评价。那么,这样的评价何种程度上是先行的?这个问题某种意义上等同于,评价何种程度上引导和推进探究?之所以

---

① 亚里士多德:《尼各马可伦理学》,廖申白译注,商务印书馆,2003,第5页。
② John Dewey, *Reconstruction in Philosophy*, in *The Middle Works 1899–1924, Volume 12: 1920*, Edited by Jo Ann Boydston, With an Introduction by Ralph Ross, Carbondale and Edwardsville: Southern Illinois University Press, 1982, p. 179.

这么说是因为，这里的先行并不是指某种事先的现成的东西，而是已经形成的因而可以并且需要得到检验以便对调适和重构做出指导的参照或者说原则。对于这样的已经形成的参照或原则，杜威是这么说的："经验已经表明，问题多半落入某些反复出现的类之中，所以就存在着一些一般的原则，特定情形下提出的解决方案据信必定满足这些原则。需得到满足的条件框架就发展出来了——这样的参照框架在给定的情形中以**经验性**调节方式来运作。我们甚至可以说，它是作为'先天'原则来运作的……尽管不存在先天的健康标准，据此标准，人类的实际状况可得到比较以便确定他们是健康抑或生病，或者他们在什么方面生病，但是，从以往的经验中已经发展出了某些准则，当新的情况出现时，这些准则可有效地应用于它们之上。所期待的目的根据它们对指导处理某些状况的行为的适用性被评估或评价为**好**或**坏**，这些状况由于它们之中的匮乏或冲突而被发现乃是令人反感的。它们根据它们对于实现这个目的的**必需性**而被评估为适当或不适当，正确或不正确，**对的**或**错的**。"① 对于探究来说极为重要的"所期待的目的"必须先行得到评价，即被评价为好或坏；这样的评价是根据以往经验中已经发展出的准则做出的，在杜威看来，它们甚至像"先天"原则那样运作。当然，这个"先天"更多的是一种比喻性的说法，因为它是以调节的方式起作用的，而不是以与之形成对照的构成的方式——调节性与构成性在康德关于理性的思考中得到了明确的辨析，当然，杜威更为明确地说，这里的调节方式是经验性的。这样的调节的作用意味着，一方面，好或坏作为假设，并不是出于纯然的梦想或幻想，而是出于由以获得一些一般原则的反复出现的经验事实；另一方面，这些原则并不是绝对普遍的知识，而只是可应用于新出现的情况的参照框架。对于这一点，或许我们也可以援引一下康德对于构成性与调节性的辨析来加以理解，他说，"以作为悬拟概念的理念为根据的理性的假设运用真正说来并不是构成性的，也就是不具有这样的

---

① John Dewey, *Theory of Valuation*, in *The Later Works*, *1925 – 1953*, *Volume 13: 1938 – 1939*, Edited by Jo Ann Boydston, With an Introduction by Steven M. Cahn, Carbondale and Edwardsville: Southern Illinois University Press, 1988, pp. 232 – 233.

性状，以致从这里，如果我们要按照一切严格性来作判断的话，就会得出被当作假设的那个普遍规则的真实性；因为，我们如何知道所有从这同一个被假定的原理中得出因而证明这原理的普遍性的那些可能的后果呢？相反，这种假设的运用只是调节性的，为的是由此而尽可能地把统一性带入到特殊知识中来，并借此使这条规则接近普遍性。"① 在这里，假设的调节性运用意味着，它乃是一种由以处理特殊之物的接近普遍性的东西，而这正是对杜威所说的那个参照框架的写照。简而言之，"所期待的目的"必须以好或坏来加以调节，而这也就是前面说的它必须先行得到评价。

到这里，我们继前面将"无私与不偏的探究"归结到"社会性的敏感"之后，对后者道德方面的属性做出了考察，并进而将其归结到了好或坏的评价的经验性调节，而评价对探究做出引导和推进正是在这个意义上而言的。

【执行编辑：陈新汉】

---

① 康德：《纯粹理性批判》，邓晓芒译，人民出版社，2004，第 509 页。

直觉在价值判断中的地位和作用[*]

陈 阳 崔朋悦[**]

【摘 要】 直觉作为非理性因素在价值推理中与理性因素起着并行不悖的作用,当直觉成为形成价值判断的主导性依据的时候,这种价值判断可以构成"直觉型判断"。它的形成需要很强的"情景约束"条件,"时间紧迫""事关重大"却"信息不足"的矛盾情景容易"激发"出"直觉型判断"。但直觉判断有无法用逻辑和理性说明的特点,往往被"科学决策"排除在外,并不予重视。然而,这一普遍存在的人类把握价值关系的方式在今天的"风险社会"中越来越受到关注,发现并驾驭其正面作用是当前价值哲学研究的一个重要议题。

【关键词】 直觉;价值判断;主体;实践;决策

当前,疫情防控和经济发展之间的张力已经成为不可忽视的一个重要社会问题,如何做好这两种价值的平衡是党和国家当前的一项重要任

---

[*] 本文系北京化工大学 2021 年研究生教育教学改革项目资助项目"马克思主义哲学方法暨思维训练课程的教学模式探索性研究"(G-JG-PTKC202119)阶段性成果。

[**] 陈阳,北京化工大学马克思主义学院副教授,主要研究方向为马克思主义哲学。崔朋悦,北京化工大学马克思主义学院 2021 级硕士研究生在读,主要研究方向为马克思主义哲学。

务。尤其是在"风险社会"的具体情景中，各级政府和行业人员如何科学决策已成为对执政能力和业务素质的一项重要考验。在面对如此复杂多变价值关系的情境下，如何做到准确判断和合理处理，就需要对价值判断本身进行深入的研究。而在以往的研究中，容易将价值判断划归为完全理性人的行为，忽略了一些非理性因素的作用，其中直觉就是很少关注的一个维度。因此，笔者想就直觉在价值判断中发挥什么样的作用、居于什么样的地位做一番考察。

一、判断中的价值判断

判断及人的判断能力在人类的生活实践及其发展中有着重大意义。判断的正确与否直接与人的生活质量、生死存亡甚至种的前途都有着重大关联。与动物所具有的本能性判断不同，人作为社会关系中的主体判断以及判断能力的形成除本能性的因素外，更多的是因为后天的学习和培养，包括主体在成长过程中实践经验的积累、对各行各业专业技能的掌握、对社会规范制度的把握等。因此，主体的判断能力是一个随着主体实践不断进步的能力，随着主体的发展得以发展。

人类对判断的自觉研究是作为一个逻辑学术语开始的，例如，"苹果是水果"或"这是一个桌子"，即两个事物之间的归属关系。因此作为一个判定的结果是通过一定的判定活动得到的，从而判断也就有了"动态"与"静态"之分。静态的判断指的是以命题形式出现的对"事实"的判定；动态的判断则指的是一种推理过程，即得出一个判断的实践过程。近代以来认识论的研究范式作为哲学的主要形式存在，从而使得对判断的研究也纳入到了其中。后来康德将判断力当作人的认识能力的一个补丁专门予以讨论，即人的判断及判断能力问题，他将其细化为"规定性判断"和"反思性判断"两种形式。康德指出："一般判断力是把特殊的东西当作包含在普遍的东西之下、来对它进行思维的能力。如果普遍的东西（规则、原则、法则）被给予了，那么，把特殊的东西归摄在普遍的东西之下的判断力（即使它作为先验的判断力先天地指明了诸条件，唯有依据这些条件才能被归摄在那种普遍的东西之下）就是规定性的。但如果只有特殊的东西被给予了，判断力为此必须找到普遍的东西，那么，这种判断力就纯然是反思性的。"① 康德的区分目的是重点考察"反思性判断"，这种判断的特殊之处在于人们没有先在的概念来"规定"眼前的对象。康德以审美判断为例来说明这种判断，他认为在审美判断中人们不能按照概念来评判客体。"也不可能有任何规则让某天被迫承认某种东西是美的。一件衣服、一座房子、一朵花是否美，对此人们是不能通过一些理由或者原理来说服人接受自己的判断的。"② 可以说，虽然康德的用意是想通过这种反思性判断来为其自然目的论做论证，却开创了价值判断的思维路径。即价值判断虽然不能简单地划归为"反思性判断"，但相对于"规定性判断"即后来发展成的"描述性判断"或"事实判断"来说，"反思性判断"与后来发展起来的"评价性"或"规范性"更相近③。这对后来从价值哲学视角来将判断区分为"事实判断"和"价值判断"作出了很大的贡献。

"事实判断"与"价值判断"，本是人类把握对象的两种基本判断类型，在实践当中并无先后之分，但对价值判断的发现和自觉的研究却是在对事实判断这一判断形式的反思的基础上发展起来的。"事实判断"旨在说明对象是什么，是对客体的结构、属性的客观描述，属于"实然"，与康德所说的"规定性"判断大体一致。而"价值判断"则是指，主体对于客体是否有价值、有何种价值以及价值的大小的判断。④ 价值判断通常以事实判断为基础，在价值判断的过程中，对客体本身的认识和判断是价值判断的起点，在此基础上形成对主体与客体的价值关系的认识和判断。要注意的是，这种客观的价值关系的把握，本身并不是规范性的，

---

① 康德：《康德全集》第5卷，中国人民大学出版社，2010，第188页。
② 康德：《康德全集》第5卷，中国人民大学出版社，2010，第223页。
③ 也有学者做了更为细致的划分，指出了价值判断和规范判断的不同。一般认为，价值判断本身包含着规范判断，价值判断是对主体"应该"如何的判断。也有学者认为，规范判断与价值判断是有严格区分的，价值判断是规范判断的前提和基础，两者的发生阶段是不一致的，先有价值判断，才能进行规范判断。(参见：黄枬森：《马克思主义哲学体系的当代构建》，人民出版社，2011，第294—295页。)
④ 马俊峰：《评价活动论》，中国人民大学出版社，1994，第200—216页。

价值判断依旧是判断主体对一种价值事实的认识和把握，相对于"事实判断"来说，价值判断的对象从一具体的实体变成了某一具体的关系，即价值关系所形成的价值事实。由于价值事实的客观性，价值判断依旧是这一确定的价值关系"是什么"的描述性判断，并未涉及主体"应该"怎样，但它却构成了"应当"如何行动达到"更好"的"建议性"前提。因为主体的价值判断总是依据特定的价值标准，价值标准中已经包含主体认为"应该怎样"的判断，这种判断来自主体对自身需要和利益以及客体结构、规律的认识。也正是在这个意义上才使得从"是"到"应该"的过渡成为可能。

在做价值判断的时候，主体总是要以一定的"价值事实"为根据。"价值事实"不同于"客体事实"，它是主客体之间客观的价值关系的一种事实。主体对这种"价值事实"的把握，是进行价值判断的前提。而这一把握的过程，则是建立在对主客体的认识基础上进行的，也就是说"价值事实"的前提是要有"认识论基础"。只有这样才能对客体与主体之间价值关系有正确把握的可能，这本身就构成了价值判断。同时，与事实判断不同，价值判断是一种主体性判断，判断总要包含主体的规定性，即主体的需要、利益、态度、情感、意志等，随着主体的发展变化而发展变化。价值判断的这一特点，使其标准变得模糊，也有人因此而断定，价值判断无客观标准可循。或者有人认为价值判断一旦有了客观标准，就无异于事实判断了。

当价值判断作为一个判断的活动来说遵从一般的推理过程。最简化的价值推理过程符合形式逻辑的三段论，即大前提、小前提和结论。"价值作为一种主体性事实，它与客体性事实的最大的不同，是它具有主体的相对性，但它同样也是客观的，是一般和个别的统一，因此在表述这种主体性事实的价值判断之间也存在着逻辑蕴含关系。这便是评价中可以使用演绎推理的客观根据。实际上，人们也经常地、大量地在评价中使用演绎三段论。例如从'偷盗别人的东西是不对的''你偷盗了别人的东西'，就可以得出'你这个行为是不对的'。从'对一个缺乏维生素的人来说多吃水果是有益的''我缺乏维生素'，就可以推出'吃水果对我有益'，或'我应该吃一些水果'"。这便是作为一个动态的"判断"或"推理"的最简单模型。大前提本身就是一个价值判断，它往往是一个评价标准或是规范命题，代表着一种"应然"；小前提则回归到现实世界之中，表现为一个"事实判断"，它必须是一个确定不易的认识论结果，起着事实确认或约束功能。而结论，则又必须是一个价值判断。因此，在马俊峰老师看来，"价值判断，如果从评价活动的潜在态、流动态和凝固态的角度看，它便是评价活动的一种凝固态，是其凝固态的一种表现形式"①。

价值判断虽然是通过推理而获得，但并不会"终结于"一次推理，只要有人在、有人的价值活动在，这一"判断"或"推理"过程就不会"终结"。通常情况下形成了的结论会再次以独立的形式存在并充当评价标准，充当下一个推理的大前提，无论是对个人或者对人类来说都是如此。因此，一个简单的三段论推论并不是人类价值判断的完整形式或过程。对于不同层级的主体来说，价值判断活动时时刻刻都在进行着，有时候一个结论是通过很多个甚至无数个推论获得的，这种环环相扣的判断长链则构成了完整的价值判断过程。而当人们已经非常熟悉一些推论之后，会跳过某些环节，比如省去大前提或者小前提，甚至都意识不到一个价值推理的过程。好像"不假思索"就得到了一个结果。这个时候我们就要注意了，有些"不假思索"是由于在之前的相似情景中多次"思索"过了，因而"好像"是没有思索而直达结论。例如马俊峰老师举的例子，"如当某人一听到呼救声，他直奔发声方向跑去，待救出了人，别人问他当时是怎么想的，他可能会说当时显现出我应该去救人这个念头外，别的什么都没想。这不说明他什么都没想，只是他没有意识到这个'想'的过程而已"。但还有另一种情况是，这个"想"的过程是无法还原的。他的大前提本身可能都是没有的，或者有时候也无法为他的价值推论中"补全"的那个大前提的规范性本身做出有效性阐释。或者是小前提是补全的，即在没有充分的信息条件下，直达结论。这种现象，就是要着重讨论的直觉参与到价值判断过程当中的现象。

① 马俊峰：《评价活动论》，中国人民大学出版社，1994，第312页。

二、直觉及直觉判断的发生规律

直觉是生命（人）对于目标的直接把握、直接感觉、直接领悟和直接洞察。当前对直觉的定义大体分为两类，即规定性定义和描述性定义。规定性定义如康德对直觉的探讨着重在对"直觉"先验形式的探究。而当代对直觉的研究，则多是从描述性入手，如侧重对直觉的作用探究，多发生在认知心理学、神经科学、规范性道德行为等方面。属于多学科交叉领域，侧重于对经验现象的解释，以解决问题为导向。例如，有学者认为："直觉是不借助于概念、判断、推理等逻辑思维活动而直接把握认识对象本质和规律的一种非逻辑的思维形式，是由感性认识向理性认识飞跃过程中的一种特殊的飞跃形式。是逻辑思维过程的中断，认识主体对认识对象本质和规律的直接把握。"[1] 本文对直觉的探讨也是侧重通过对"直觉现象"分析来把握直觉在价值判断中的活动规律，而不妄图通过经验分析而推导出直觉的存在论根据。并且在我看来"直觉是怎么样"要比"直觉是什么"更具有研究意义，离开经验谈直觉，试图找到直觉的先天结构不可能实现，也没有现实价值。

概览当前研究，着重强调直觉的以下几个特征：第一，直觉是人普遍具有的一种固有能力。这一描述强调了直觉的普遍性和固有性。因此对直觉的言说上不可能存在有不理解的情况，直觉在价值判断中的作用是人人都能感受到的。第二，非意识的连贯性感知，指引人产生一种预感，并有情感参与其中。这描述强调了直觉不可被理性管控的特点，就像情感难以自控一样。表达了理性与直觉之间有一种内在张力，但并不是完全毫不相干的。第三，流畅地整体性把握对象，尤其是对未知的可能性事件。这一描述强调直觉跳跃知性分析，直接把握结果的能力，尤其是对意识感知的阈值之外的事物把握的能力。第四，隐性养成即渐进式隐性学习获得的一种能力。这一条强调直觉是可以被养成的，但不是在理

---

[1] 许全兴：《马克思主义哲学自我革命》，中国社会科学出版社，2009，第292页。

性的指导下自觉获得的。

总体来说,直觉作为一种非逻辑的把握对象的方式并非与理性思维相对立的,而是相辅相成的关系,它是在长期的实践生活中通过非自觉的方式隐性获得的一种能力,是对知性分析的判断推理过程的简化、浓缩和跳跃,是对日常生活中各种理性的思维方式、思维技巧以及思维习惯的累积和沉淀的结果。在价值推理活动中,理性因素和非理性因素发挥作用的权重因价值推理活动的水平及约束条件的不同而不同,甚至可以说正是由于现实的约束条件(时间紧迫性、关系重大性、有无案例参考等)的不同而导致了推理活动的水平不同。因此,理性与非理性哪个占主导地位跟"情景"直接相关。而直觉作为非理性因素(包含欲望、情感、直觉等)中的一个方面发挥作用,尤其是在约束条件紧张的情境之下会上升成主要依赖因素,此时便只有直觉可以凭借的,那么这种判断就是"直觉型判断"。因此,直觉在若深若浅地参与到价值判断的过程中并不是都能达到直觉型价值判断,而只有直觉在价值判断中占统治地位的时候,这种判断活动才能称为直觉判断。

直觉判断的过程是包括主体对客体的直观感受、直觉的生成、形成判断在内的完整过程。认识是判断的前提,是一个由感性直观到理性认识的过程。直觉判断的起点是主体对直观材料的把握,不同于非直觉判断的地方在于,直觉的直观是一种综合性的直观,可以达到对客体的整体性认识,是主体对客观事物的综合把握,直觉把握事物的特点之一便是综合的、整体的把握,"用全身心去把握对象,以一个完整的主体去把握一个完整的客体"[①]。就像伯格森所主张的在把握活生生的对象必须回到实践之中,因为人通过概念来把握对象时,概念是静止的,而对象是流动性的,如果用抽象概念来把握对象,很容易像用空网来打捞河流,结果只能是一无所获。要承认伯格森的主张是有一定道理的。那么直觉是作为理性思维的辅助性因素起作用还是本身可以构成一个特殊的思维

---

① 孙仲:《论直觉认识的特殊发生机制》,杭州大学学报(哲学社会科学版)1993年第2期。

方式？现有研究是将其视为与主体欲望、情感等为一类的非理性因素，但直觉与欲望、情感、信仰等非理性因素的不同之处在于，直觉与人的思维过程相关，它的特点更接近于非知性或者非逻辑，即表现较少的知性计算和严密逻辑，如有学者指出，"未经过严密的逻辑程序，是理解直觉的关键环节"[1]。这一现象表明，现有逻辑研究并不能对其进行有效解释，但这并不是说直觉中没有逻辑或认为直觉与逻辑是相互对立的，相反很有可能是一种高阶的或者别样的逻辑，这待以后再研究。

另外，直觉作为价值评价过程中的非理性（非逻辑）因素，在不同层次的价值评价活动中的地位和作用不尽相同，在同一水平的具体评价中的作用也不同，这里要看评价发生的具体情景。根据判断主体的不同层次可以将直觉判断划分为社会直觉判断、群体直觉判断、个人直觉判断。社会直觉判断是以社会为价值主体，以一切与社会发生价值关系的现象为评价对象，评价或者判断结果得出以能否促进社会发展为根本依据。社会直觉判断的主体并不是抽象的"社会"，是社会中的现实的人，与独立的个人相比，这里主体的立场不同，并不是站在个人或群体的立场，而是社会。因此，在个人、公众、权威机构的判断中，直觉判断所占的权重不同，一般来说，个人作为社会主体进行价值判断时，直觉在其中发挥较大作用，公众次之，权威机构即政府、领导机关、首脑人物等的判断和决策中，直觉的作用较小，直觉判断的比重较小。

综上，直觉和直觉判断能力不是一种特异功能，而是在实践中形成的人人都有、若隐若现却能通过实践训练得到加强的能力。实际上，直觉是人类在长期的实践中所形成的一种"把握价值及其大小"的特殊方式，类似于统觉式的非理性的东西，尤其是在重大决策中起着相当重要的作用，但其发挥作用主要是主体在具体的生活实践中长期反复刺激而慢慢形成的。主体依据直觉做出的判断，是在主体的知识、经验长期积累和思维方式的熟练掌握的基础上而以"跳跃"某些推理环节的自然现

---

[1] 赵光武:《思维科学研究》，中国人民大学出版社，1999，第347页。

象。它和理性指导下的价值评价与价值推理过程并不冲突,可以说直觉判断是超越一般的带有评价过程的价值判断的一种高级判断形式。也正因如此,我们不能将直觉判断神秘化,比如天才的军事指挥家的军事直觉也就仅仅限于瞬息万变的战场,在其他场景可能就"不灵了"。在一定岗位上的人,通过反复训练便可以形成某个领域中的特殊直觉能力,这种直觉能力主要表现为在需要进行价值判断的时候,主体会跳过一般的线性推理过程直接作出"利害"及"大小"的判断,因此,我们对直觉作用方式的分析,应大体参照对情感在价值判断中的地位和作用机制。

三、合理驾驭直觉判断的可行路径

那么如何驾驭直觉判断这种能力使其发挥正相关的作用,尤其是发挥其在决策实践中的作用就显得尤为迫切。为此,要合理区分触发直觉判断发生的条件和触发直觉判断在决策中起作用的条件,即主体会在多大程度上凭借它而行动。有研究表明:"企业家产生直觉判断和在决策中实际应用直觉判断还不同,研究表明尽管随着年龄的增加、职位升高,决策者容易形成直觉判断,却可能在考虑是否采纳直觉决策时更为审慎。"[①] 因此,往往在时间紧迫(即在时间条件苛刻的情况下主体无法获得足够的决策信息)和经验不足(即主体突然面对判断压力,没有成熟案例可以做参考,理性分析无力)的情景下会让直觉判断成为决策主体的依赖性理由,但最终是否能起到主导性作用还要看决策事件本身的重要程度、主体在相关领域的专业性程度和主体的思维习惯、性格特征等条件的影响。我们知道,如果事关重大以至于主体无法承受由直觉判断所支撑的决策后果,那么反而会破坏掉这一决策依据,而转向"不决策"或"随意性决策"(如抓阄等)。拉兹在"行动的理由"中曾举过这样的

---

① 张静、刘远、陈传明:《直觉型决策研究现状和展望》,《外国经济与管理》2015年第11期。

一个例子：一个人很困，她没法对一项投资进行考虑，于是她放弃了做出决策。她的放弃并不是基于理由之间的权衡，做出了不投资的决定，而是她没法相信自己在此种情境中的判断。[①]

那么主体的直觉判断能力及相关的决策质量如何养成和提高呢？首先，直觉则表现在"去把握"对象的过程中，因此需要反复的实践刺激。直觉能力可以通过长期训练而提高，直觉作为一种能力，它与主体长期从事某一实践活动直接相关，比如在军事突围中老将军的直觉可能更准一点。当我们说"更准一点"的时候，就潜在地承认了：一是别人也有一些直觉，二是直觉之间有比较的可能。相比之下，不可能几个人同时有军事灵感或者军事顿悟，更不可能在几个顿悟之间做横向比较。因此，灵感和顿悟显然是不能驾驭的"礼物"，在实际生活中不能作为恒常的"能力"予以期待。其次，直觉则可以作为与理性思考并行的一条"隐线"而起着作用，当主体在"任务"的驱使下，直觉就已经被启用了。直觉虽然也表现着"跳跃"性，但却在复盘中能结合理性推理找到这些"连续的点"中所隐约出现的弱逻辑之"线"，但直觉显然要更"稳定"一些。用有意识地去"感知"这种直觉，并记录下来。最后，直觉的作用表现在"具体"之中，不能无"对象"或"事件"而凭空显现，也就是说直觉需要与经验世界紧密结合成一体而发挥作用。

另外，从判断的价值主要在对决策的效用上来说，用始终围绕着现实的决策活动来考察直觉型判断的发生规律和作用机制。从"判断"的结果即结论来说，总是通过评价推理或价值推理形成。通常认为其发生的顺序是："事实判断"+"价值标准"="价值判断"，即"小前提"+"大前提"="结论"的过程。但实际上的时间顺序和逻辑顺序是"价值标准"或"大前提"在先。简单来说，主体正是基于一定的"目的"结合一定的"标准"，去寻找"有效信息"，从而完成价值推理。所以，对

[①] 〔英〕约瑟夫·拉兹：《实践理性与规范》，朱学平译，中国法制出版社，2011，第34页。

信息的搜寻即小前提中的"事实"识别和判断活动，本身就已经被隐含地覆盖上了"目的性"在其中，要承认这样事实的真实性和合理性，但也同时要注意过分地剪切事实所造成对完整信息的遮蔽。因此，直觉的强弱受到主体"目的"意识①强弱的直接影响。可以说，直觉在价值判断活动中正是基于对主体来说的"利害关系"有着强烈的感知和预判而参与和贯穿始终的。甚者它影响到对"信息"即看似完全客观的"事实"的选取上，使得这个本应"完全客观"认识论的活动过程即信息的获取、存贮、加工和重组的过程的底色是"价值"。因此，直觉在价值判断中尤其是在重大决策中起着相当重要的作用，它是一种统觉式的非理性的东西，往往形成一种偏好，理性分析受其牵引。

无论是康德将道德判断解释为基于理性的把握，还是休谟将理性下降为情感的奴隶并认为道德判断可以通过直觉和情感而获得，实际上在当前的价值论研究看来两者不过是把握了价值判断过程中"理性"和"直觉"各自的作用，但失于用一方吃掉另一方。"直觉主义伦理学主张道德概念和道德判断不能通过理性去认识和确证，只能依赖先天的主体直觉去把握。"② 这个观点是值得商榷的。因为很显然，在判断过程中，情感、直觉和理性都是不可或缺的，只是在一次具体的价值判断中各自的占比不同，一个是跟具体主体的把握习惯有关，一个是跟具体的约束条件有关。因而，两者的争论之焦点其实是在"何者是第一性的"，或者说哪一个更具有基础性地位的问题。"直觉决策与分析决策'相辅相成''优势互补'，有必要关注两种决策模式的有机结合。"③

与此同时，要注意价值判断总是以对客观事物的认识即一定的事实判断为基础，并结合一定的价值事实而进行的判断活动。这就要求主体既要尽最大可能充分了解信息，又要清楚主客体之间的价值关系。只有

---

① 要注意有时候"目的"可能是隐性的，并不被主体强烈地感受到，因而有时候"目的"在引导着主体，但主体却未直觉到。
② 丁雪枫：《论罗尔斯正义理论的直觉主义性质》，《中共浙江省委党校学报》2007年第2期。
③ 张静、刘远、陈传明：《直觉型决策研究现状和展望》，《外国经济与管理》2015年第11期。

这样才能做到马克思主义哲学所要求的实事求是,一切从实际出发,否则就会陷入主观主义和教条主义。这就要求在决策过程中的民主,防止价值独断,并在有条件的情况下,合理征询外脑意见。科学民主的决策过程是直觉发挥正相关作用的基础保障。直觉判断的作用机制指在直觉判断如何以及多大程度上影响主体的选择或决策。不论国家、社会群体还是个人判断,与主体的决策和行动直接相关的不是事实判断而是价值判断。仅由事实判断不足以构成主体决策或行动的理由和根据,只有当主体将自身规定性与客体相联系,将客体放到一定的价值关系中,才能做出应然的判断,引起主体的行动。因此,这里所说的直觉或者直觉判断一定是价值判断之中的直觉判断及其作用。

直觉具有跳过现象中介直接把握事物及价值关系的能力,这种不依赖于现象、且非理性加工及形式逻辑推理的把握方式,是人们具有但无法通过理性和逻辑予以充分说明的现象。这种把握方式往往发生在道德判断、审美判断等广义的价值领域中,而不是认识论领域中。比如我们经常会说"凭直觉我就知道他是个老实人",而很少说"凭直觉我就知道他是个人"。因此,通常的以科学理性的思维范式来考察人的把握方式,往往会以狭义反映论即认识论的模式为标准尺度来反观人把握对象世界的合理性,也正因如此,直觉这种把握方式要么被划给神秘主义,要么被划归为情感、心理等领域。但不可否认的是,虽然在现有的认知理念下,直觉难以言说,但在实践中却一直存在和持续地发挥着作用。重视知识而轻视实践,是我们无法科学对待和正视这一重要问题。因此,从广义的科学或从科学的宽度上来说,应当正视这一问题,并将其纳入研究之中,而不能再以狭义认识论为模型的旧科学来将直觉等现实中存在的问题剥离出去,不重视、不研究。

当然这一研究并非仅仅是对认识论思维模式的反拨,而是有着一定的现实价值和文化基础的。首先这是基于一定的现实需要,因为按照现代学科研究对象来说,直觉应当是心理学研究的对象。但我们再深究一下就会发现,对直觉的研究是跟人的判断和行动有关,有研究表明"多达45%的公司管理者在运营中更多依赖直觉而非数据进行决策"①。因此,直觉就必然要成为价值哲学关注的问题。当决策涉及政治和企业管理的时候,理性与直觉的张力便成为研究的焦点;其次是中华文化对直觉的一种独特的偏好。中国哲学在各个时期都对"直觉"有着很高的肯定,比如在先秦道家哲学中就强调通过"洗涤玄览""虚壹而静""坐忘"等方式,而达到"澄明""顿悟"之目的。而经过汉以来的佛教思想影响之后更是在魏晋玄学将这一方法发挥到了极致,强调"得鱼忘筌""得意忘象"之通过中介而不停留于中介的直觉方法论。可见,中国哲学在"为道"的路径中,非常重视"非理性"地直接把握对象和实在的方法。对"直觉"的重视其实是中国文化的一个鲜明特征,但由于近代以来受到西方"科学主义"的影响,渐渐以狭义科学为尺度的学术研究及标准导向严重阻碍了对这一问题的深入研究。可以说价值哲学中的评价问题,尤其是评价中的价值判断和推理探究又将这一重要维度给揭露出来。

【执行编辑:刘　冰】

---

① 张静、刘远、陈传明:《直觉型决策研究现状和展望》,《外国经济与管理》2015 年第 11 期。

文化与价值研究

Research on Culture and Value

大变局中文化自信的三重价值

唐志龙[*]

【摘 要】 文化自信是一个国家与民族发展更基本、更深沉、更持久之力量。从价值论视域,本文侧重在三个方面加以探讨:一是在新时代条件下,亟须文化自信提供科学定力,奠定守正护根的深沉底蕴;二是文化本质上具备"自我生成秩序"的应变价值,体现了社会发展对文化自信与时俱进的时代要求,必定成为通过创新以增强文化自信的内在根据;三是坚定文化自信,在创新中还能发挥其宏阔的包容价值,促进世界文化多样化发展,推动世界多彩文化的繁荣共生,为人类文明提供正确的精神指引。面对百年未有之大变局,深入研究文化自信多方面价值,对拓展价值论研究领域,颇有必要。

【关键词】 大变局;文化自信;定力价值;应变价值;包容价值

文化自信是一个国家、民族对自身文化价值的充分肯定,也是对文化生命力的坚定信念,对社会发展有着重要影响,必定成为价值论研究的重大课题之一。党的十八大以来,我们党明确提出要坚持中国特色社

---

[*] 唐志龙,中国人民解放军国防大学政治学院教授,主要研究方向为马克思主义哲学。

会主义道路自信、理论自信、制度自信、文化自信。2021年11月,党的十九届六中全会强调:"文化自信是更基础、更广泛、更深厚的自信,是一个国家、一个民族发展中最基本、最深沉、最持久的力量,没有高度文化自信、没有文化繁荣兴盛就没有中华民族伟大复兴。"① 面对百年未有之大变局,深入研究文化自信的多方面价值,对拓展价值论学习与研究视域,增强文化软实力提升综合国力,喜迎党的二十大召开,颇有必要。

一、定力价值——守正护根的深沉底蕴

文化,是一定社会经济与政治在观念形态上的能动反映,是民族血脉与人民的精神家园,对社会发展有重要价值。联合国教科文组织1998年《文化政策促进发展行动计划》明确指出:"发展可以最终以文化概念来定义,文化的繁荣是发展的最高目标。"可见,文化是一种软实力。一个国家与民族的繁荣富强,最终必定以文化的兴盛为明显标志。因此,我们党反复强调要增强国家文化软实力,弘扬中华文化,努力建设社会主义文化强国。欲实现此目标,在世界出现百年未有之大变局的新时代条件下,亟须文化自信提供科学定力,奠定守正护根的深沉底蕴。

文化自信作为文化理念、观念范畴、意志信念,有着文化自身的因素,归根到底植根于经济社会发展土壤之中。文化自信力的高低、强弱,背后必定有着深刻的经济政治缘由,既为经济社会状况所左右,又从文化心理的视角反映着国家、民族兴衰起落及发展轨迹。当代中国,文化自信不单是一种文化现象,不仅包含着对民族传统优秀文化、革命文化及社会主义先进文化的自信,也包含着对中华民族伟大复兴和中国特色社会主义现代化建设事业不断发展的自信,折射出经济社会发展所必然带来的民族自信心与凝聚力的提升,是民族自豪感向历史文化领域的延

---

① 《中共中央关于党的百年奋斗重大成就和历史经验的决议》,《人民日报》2021年11月17日。

伸及扩展，更是综合国力增强的文化版本。说到底，文化自信的实质就是中华民族的自强与自信。面对百年未有之大变局，国际社会有些国家、民族不知所措，迷失了自我。他们或者人云亦云，翻云覆雨，摒弃本根；或者骑墙观望，踯躅不前，迷失自我；更有甚者，为虎作伥，大打出手，沦为西方某些强权政治的附庸与帮凶。个人来说，许多人也惊慌失措，丢掉了自信，忘记了本根。这就需要我们认真恪守中华传统优秀民族文化底蕴，坚持不随波逐流，切实守正护根，努力把文化自信要求变成自己行为准则，进而形成自觉奉行的信念理念。习近平总书记告诫说："不要顺利的时候，看山是山、看水是水，一遇到挫折，就怀疑动摇，看山不是山、看水不是水了。"① 因此，正确应对大变局必须要有定力。

定力为禅语，是佛法之中枢，也是修行之关键。有定力者，正念坚固、心地清净，不随物流、不为境转，光明磊落、坦荡无私，假象难惑、名利难诱，定学修持到一定程度便豁然开慧。近年来，习近平总书记在讲内政、外交、党建、经济等工作时，多次反复运用了此语。他要求人们特别是领导干部看大势，有长远眼光，不因一时利益、情绪而改变既定目标与方向。"定力"一语多用于指导经济建设，也常用在各项工作与道德修养上。当然，他所说的定力，外延广泛，包括政治定力、前进定力、战略定力、目标定力、拒腐定力、道德定力等，是各领域包括恪守文化自信的必备条件。应对百年之大变局，文化自信的定力价值体现在方方面面，仅从群体来说侧重要坚持战略定力；从个体来说，侧重要恪守道德定力。

战略定力是领导者谋求国家长远利益和实现发展目标，具有的坚定不移的决心与信心，其鲜明特征在于为实现远大价值目标显示的沉稳明晰之决断水平，以及坚决果敢之执行能力。增强战略定力需要经济、政治、军事、外交等全方位多层次要素的有机配合，尤要文化软实力的有效保障。通过文化自信的价值引领，使全党全国人民紧紧聚焦于提高文化软实力、建设文化强国的伟大价值目标，才能自觉克服彷徨动摇心态，

---

① 习近平《习近平谈治国理政》，外文出版社，2014，第174页。

做到不为任何风险所惧,不被任何干扰所惑;才能在"乱花渐欲迷人眼"时保持沉着冷静,在"千磨万击"与"东西南北风"中"咬定青山不放松";才能在实现中国梦途程中争得主动、赢得优势,逐步为实现更长远的战略目标积蓄正能量。实践中,我们党坚持以社会主义核心价值观引领文化建设,注重用社会主义先进文化、革命文化、中华优秀传统文化培根铸魂,广泛开展中国特色社会主义和中国梦宣传教育,深化了群众性精神文明创建,为建成社会主义现代化强国熔冶着新力量。随着我国经济社会的快速发展,中华民族迎来了从站起来、富起来到强起来的伟大飞跃,广大人民群众对精神文化的需求与日俱增,在美好生活的向往和追求中占有极大的分量,文化建设的任务更加突出、更加重要。确立高度的文化自信,对于顺利实现中华民族伟大复兴的中国梦,具有全局性、战略性、根本性、基础性的千钧之重,其巨大的理论价值和实践意义不言而喻。为此,党的十九届六中全会强调:"党的十八大以来,我国意识形态领域形势发生全局性、根本性转变,全党全国各族人民文化自信明显增强,全社会凝聚力和向心力极大提升,为新时代开创党和国家事业新局面提供了坚强思想保证和强大精神力量。"①

道德定力是个体特别是党员干部恪守道德底线、保持高尚道德情操的决心与毅力。党中央明确要求:"坚持'三严三实',大力弘扬忠诚老实、公道正派、实事求是、清正廉洁等价值观,充分利用各类爱国主义教育基地和党性教育基地对广大党员干部进行教育和熏陶,增强党员干部的政治定力、纪律定力、道德定力、拒腐定力。"② 可见,文化自信的定力价值,是人们特别是党员、干部在锤炼做人为官优良品行过程中,具有的坚定不移决心与矢志不移信念。换言之,人们根据要求一旦确定好自身道德修养规划,实践中就要处变不惊,强权不屈,遇腐不乱,财色不迷,始终恪守养德目标不动摇,在名、利等诱惑面前潜静涵养道德定力,达到心存敬畏,行有所止。习近平总书记指出:"一个人廉洁自律

---

① 《中共中央关于党的百年奋斗重大成就和历史经验的决议》,《人民日报》2021年11月17日。
② 《中共中央关于加强党的政治建设的意见》,《人民日报》2019年2月27日。

不过关,做人就没有骨气。要牢记清廉是福、贪欲是祸的道理,树立正确的权力观、地位观、利益观,任何时候都要稳得住心神、管得住行为、守得住清白。"① 显然,一切有志于坚定文化自信加强道德修养者,一定要自觉管住个人爱好,严肃私德,培养健康生活情趣,净化生活圈、交往圈、娱乐圈,防止成为坏人"围猎"之对象。党的十九届六中全会强调:"全党必须铭记生于忧患、死于安乐,常怀远虑、居安思危,继续推进新时代党的建设新的伟大工程,坚持全面从严治党,坚定不移推进党风廉政建设和反腐败斗争,勇敢面对党面临的长期执政考验、改革开放考验、市场经济考验、外部环境考验,坚决战胜精神懈怠的危险、能力不足的危险、脱离群众的危险、消极腐败的危险。"② 我们只有解决好世界观、人生观、价值观这个"总开关"问题,始终保持道德定力,做到德才兼备、以德为先,才能为国家多做奉献,为人民谋造幸福。

二、应变价值——与时俱进的创新之源

作为社会生活的重要方面,文化本质上具备一种"自我生成秩序",随时代发展和变迁而不断发展变化,直接奠基着文化自信扎实而深厚的现实基础,进而也凸显出其可贵的应变价值。这种应变价值,体现了社会发展对文化繁荣及文化自信与时俱进的时代要求,必定成为通过创新以增强文化自信的内在根据。2022年5月27日,习近平总书记在中央政治局第三十九次集体学习时指出:"中华文明源远流长、博大精深,是中华民族独特的精神标识,是当代中国文化的根基,是维系全世界华人的精神纽带,也是中国文化创新的宝藏。"③

文化自信的应变价值,是指其不是盲目自信,更不是无端自负,而

---

① 习近平:《在中央党校中青年干部培训班开班式上的讲话》,《人民日报》2019年3月2日。
② 《中共中央关于党的百年奋斗重大成就和历史经验的决议》,《人民日报》2021年11月17日。
③ 习近平:《把中国文明历史研究引向深入,推动增强历史自觉坚定文化自信》,《人民日报》2022年5月28日。

是因时制宜、因地制宜，根据社会生活条件的发展而发生变化，进而以反作用的形式指引人们实践活动，以适应社会生活的实际情况。历史与现实一再表明，任何先进的文化都不能故步自封、孤芳自赏，必须与时俱进，永不停步、日臻完美，才能永葆自信之基。与时俱进由来已久，是中华优秀传统文化不断发展传承的重要思想引领。1910年初，蔡元培先生在撰写《中国伦理学史》时，针对清朝末年中国思想文化界抱残守缺、故步自封的僵化局面，通过中西文化对比，精辟指出"故西洋学说则与时俱进"。他把散见于中国古书中的"与时偕行""与时俱化""与时俱新"等激励人们更新传统观念及思想的说法，一并概括综合为"与时俱进"，使之成为一个以时代特征为基础的动态性概念。这一科学理念昭示人们，把国家、民族的进步事业推向前进，必须把握时代变化，紧跟时代步伐，始终站在时代前列。当代中国，随着改革开放的深入进行，经济、政治、文化、环境以及社会生活各方面都出现了许多新情况、新问题。尤其遇到百年未有之大变局情况下，更要求我们必须根据当今国际国内形势的新发展新变化，用深邃的历史眼光和宽广的世界视野，不断研究新情况，解决新问题，形成新认识，开辟新境界。这样才能使各项工作体现时代性，保持先进性，否则就不能前进，甚至会被时代淘汰。显而易见，文化自信是随着新时代中华民族实现伟大复兴的中国梦而来的，是随着我国经济社会的快速发展、综合国力的不断提升而来的，深层次的根本原因是我国经济发展、政治昌明、社会进步，当然其背后强大的支撑和力量，则是中国特色社会主义的道路自信、理论自信和制度自信。

文化自信坚持与时俱进以增强应变价值，体现了主观与客观、理论与实践具体的历史的统一。具体，表征着特殊性；历史，表征着阶段性；二者统一表征着事物发展过程矛盾普遍性和特殊性的联结。认识的运动过程，就是主观与客观、理论与实践的矛盾发展过程，就是主观与客观矛盾着的对立面既对立又统一及其相互转化的过程。在这种无限反复的矛盾运动中，实践与认识在不同发展过程及发展阶段上，既有着一致性、继承性，又有着新的内容、特点与形式；既有着同一性，又有着差别性。

主观与客观、认识与实践之具体的历史的统一，就是在这个过程中实现的。一方面，这个统一应是具体的而并非抽象的，即主观认识要与事物一定时间、地点、条件下的客观相符合；另一方面，这个统一又是历史的而并非一成不变的，即主观认识要同事物特定发展阶段的客观实际相符合。否则，就会使理论即文化的核心脱离实际，变成过时、僵化、空想之认识，在指导实践中犯各种错误。显然，文化自信自觉坚持与时俱进，达到主观与客观、理论与实践具体的历史的统一，才能促使其应变能力不断增强，使文化自信永葆青春与活力，反映了当代世界和中国的发展变化对文化发展的崭新要求。全球化过程中，我国与世界进行各方面交流当然也包括文化交流。这一方面会给民族文化的发展注入许多合理有利的因素，使中华民族文化不断吸收全人类创造的优秀成果，积极锻造出既适应现代化需要又具有本民族特色的科学新文化；另一方面，全面的文化交流也会给中华民族文化的发展带来某些消极的影响，西方国家尤其是美国凭借其经济、科技与文化上的强势地位，主宰着全球的文化生产与信息传播，竭力推销其资产阶级的价值观念、意识形态及生活方式，力图冲击与消解我国的民族文化。这就需要我们在文化交流中，既要高度警惕西方的腐朽文化渗透，又要站在人类文化发展的时代潮头，努力进行文化创新，发展好民族文化，科学恪守文化自信。

同时要看到，积极推进文化创新是全球化浪潮下实现中华民族伟大复兴中国梦的根本保证。当今世界，文化与经济和政治相互交融，在综合国力竞争中的地位与作用愈来愈突出。总体处于弱势的发展中国家，不仅经济发展上面临巨大压力，文化层面上也面临严峻挑战，直接影响着我们作为世界上最大发展中社会主义国家现代化建设的伟大实践，必须积极进行文化创新以确立符合时代要求的民族先进文化优势。我们党反复强调要推动中华文明"创造性转化、创新性发展"，让其同各国人民创造的多彩文明一道，为人类提供正确的精神指引和强大的精神动力。实际上，"双创"提出本身就是科学扬弃中华文化的积极结果，也是《诗经》中"周虽旧邦，其命维新"古老命题的现代版本，积淀着传统文化浓郁的民族底蕴。尽管它不可避免带有旧时代印记与某些局限，但也不可否认它具有历史与价值合理性,思想高度同认识限度瑕瑜互见。我们在马克思主义指导下对其进行创造性转化与创新性发展,在科学扬弃与继承、借鉴与熔铸、回应与超越中,既达到薪火相传、代代守护,也坚持与时俱进、推陈出新,把跨越时空、超越国界、富有永恒魅力、具有当代价值的中华文化精神大力弘扬起来。

因此,努力进行文化创新,不断满足人民群众日益增长的多层次精神文化需求,已成为我国现代化建设一项重大而紧迫的任务。习近平指出:"每一种文明都延续着一个国家和民族的精神血脉,既需要薪火相传、代代守护,更需要与时俱进、勇于创新。"① 我们坚持守正创新,推动中华优秀传统文化同社会主义社会相适应,展示中华民族的独特精神标识,更好构筑中国精神、中国价值、中国力量。要坚持马克思主义指导思想,传承弘扬革命文化,发展社会主义先进文化,从中华优秀传统文化中寻找源头活水,以时代精神激活其生命力,使文化自信常讲常新。在这个意义上,文化自信必然为"双创"进一步激发与时俱进的时代品格,以使中华民族最基本的文化基因与当代文化相适应,与现代社会相协调,与世界发展相辉映。显然,与时俱进说到底,就是自觉坚持"实事求是"这一马克思主义的精髓,恪守我们党科学思想路线的核心,更好地促进当代中华先进文化的繁荣昌盛。

三、包容价值——人类文明的精神指引

当代中国,正处于传统与现代、东方与西方之交汇点上,也处于经济、政治、文化日益频繁的交流、交锋与交融之中,国际社会生活必定直接演绎成文化领域新的合作与竞争。面对百年未有之大变局,从外向维度说,坚定文化自信,在创新中发挥其宏阔的包容价值,促进世界文化多样化发展,推动世界多彩文化的繁荣共生,为人类文明提供正确的精神指引。习近平多次指出:"中华文明自古就以开放包容闻名于世,在

---

① 《习近平在联合国教科文组织总部的演讲》,《人民日报》2014年3月28日。

同其他文明的交流互鉴中不断焕发新的生命力。要坚持弘扬平等、互鉴、对话、包容的文明观,以宽广胸怀理解不同文明对价值内涵的认识,尊重不同国家人民对自身发展道路的探索,以文明交流超越文明隔阂,以文明互鉴超越文明冲突,以文明共存超越文明优越,弘扬中华文明蕴含的全人类共同价值,推动构建人类命运共同体。"① 他反复强调:"要推动中华文明创造性转化、创新性发展,激活其生命力,让中华文明同各国人民创造的多彩文明一道,为人类提供正确精神指引。"② 文化自信的包容价值可以概括成许多方面,侧重体现出"四为"。

一为搞好国际文化交流互鉴提供理论支撑。全球化条件下,世界文化的多元化、多样性发展,揭示出人类文明进步的深层动力,同时文化帝国主义与霸权主义也对民族文化生存和发展带来极大挑战。我们要增强文化自信,提高国际话语权与竞争力,必须进一步推动中华优秀传统文化进行"双创",在现实化过程中昭示亲和力,使别人真诚认同、理解和亲近,促进世界多彩文化发展繁荣。新中国成立以来特别是进入新时代以来,我国对外广泛传播社会主义先进文化,对世界文明进步产生了巨大而深远的影响,从解放初倡导的"和平共处五项原则",到改革开放时期提出的"走和平发展道路",再到新时代呼吁"构建人类命运共同体"等均如此。我们要用世界性眼光看待中国传统文化,恪守文化自信价值引领,认真研究其他文化的发展需求,不断搞好国际文化交流互鉴。习近平指出:"对中华传统文化,要坚持古为今用、推陈出新,继承和弘扬其中的优秀成分。要建立中国特色、中国风格、中国气派的文明研究学科体系、学术体系、话语体系,为人类文明新形态实践提供有力理论支撑。"③ 可见,我们只有不断拓展文化自信价值引领的现实力量,科学吸纳全人类一切优秀文化成果,才能进一步在创新中努力推进世界多彩

---

① 习近平:《把中国文明历史研究引向深入,推动增强历史自觉坚定文化自信》,《人民日报》2022年5月28日。
② 习近平:《在哲学社会科学工作座谈会上的讲话》,《人民日报》2016年5月19日。
③ 习近平:《把中国文明历史研究引向深入,推动增强历史自觉坚定文化自信》,《人民日报》2022年5月28日。

文化的繁荣共生，增强对世界可持续发展的指导力。

二为发展人类进步事业增强正能量。坚持马克思主义精神品质，善于整合古今中外各种资源，恪守中国特色社会主义文化自信的价值引领，为人类进步事业多做贡献，是当代中国共产党人的重要使命。党的十九大报告指出："中国共产党是为中国人民谋幸福的政党，也是为人类进步事业而奋斗的政党。中国共产党始终把为人类作出新的更大的贡献作为自己的使命。"① 在新时代，以习近平为主要代表的中国共产党人，为推动世界文明繁荣发展所显露的积极价值是多方面的，包括中国开辟的新型现代化之路、倡导的"一带一路"建设、强化全球经济治理意识，以及积极参与的G20、APEC等国际平台等，为改革与完善全球治理体系贡献了中国智慧与中国力量。特别是在文化核心部分的价值观层面，我们恪守社会主义核心价值观的内在精髓，呼吁构建"人类命运共同体"理念，提出共商共建共享的全球治理观，坚持国家不分大小、强弱、贫富一律平等的公平正义观念等，为世界发展和重塑全球理性交往提供了合理性的价值引领。党中央强调：我们"加快国际传播能力建设，向世界讲好中国故事、中国共产党故事，传播好中国声音，促进人类文明交流互鉴，国家文化软实力、中华文化影响力明显提升"②。这种科学态度，凸显着对中华文化的理性把握，彰显着对世界文化繁荣的责任担当，传递着坚定走和平发展道路的文明底蕴，充盈着对建设"持久和平、普遍安全、共同繁荣、开放包容、清洁美丽"世界的殷切期盼，也更深层次展示出文化自信为发展人类进步事业增强正能量的光辉实践。

三为维护世界和平发展、共同繁荣张扬价值追求。中华民族传统文化历来爱好和平，注重"以和邦国""和而不同""天下大同"等理念的贯彻，使得敦亲睦邻、和平和睦和谐的价值取向深植于中华民族的精神世界之中。同时，中国自古就倡导"强不执弱，富不侮贫"，深刻总结了"国虽大，好战必亡"的箴言。世界各国人民应该秉持"天下一家"理

---

① 《中国共产党第十九次全国代表大会文件汇编》，人民出版社，2017，第46页。
② 《中共中央关于党的百年奋斗重大成就和历史经验的决议》，《人民日报》2021年11月17日。

念,张开怀抱,彼此理解,求同存异,使"和平、发展、公平、正义、民主、自由"真正成为全人类共同的价值追求。第二次世界大战结束后,在中国等正义力量推动下,《联合国宪章》等重要文件确立了主权平等、不干涉内政、和平解决国际争端等国际关系基本准则,集中反映了国际社会谋求持久和平、维护公平正义的崇高理想。中国传统文化强调和合理念,主张天下为公,推崇不同国家、不同文化"美美与共、天下大同",蕴含着丰厚的人类和平与共同繁荣发展基因。习近平指出:"我们应该坚持你好我好大家好的理念,推进开放、包容、普惠、平衡、共赢的经济全球化,创造全人类共同发展的良好条件,共同推动世界各国发展繁荣,共同消除许多国家民众依然面临的贫穷落后,共同为全球的孩子们营造衣食无忧的生活,让发展成果惠及世界各国,让人人享有富足安康。"① 我们党在外交场合多次庄重承诺:中国将始终做世界和平的建设者、全球发展的贡献者、国际秩序的维护者,坚定走和平发展道路,无论国际形势如何变化,无论自身如何发展,中国永不称霸、永不扩张、永不谋求势力范围,在"求和平、谋发展、促合作、图共赢"中丰富与发展了文化自信内涵,彰显了我们同世界人民一起努力,勇于开辟出一条从未有过的协同发展、共同繁荣之路的良好愿景。

四为人类命运共同体建设奠定牢固基石。2013年3月习近平在莫斯科国际关系学院演讲中首次提出"人类命运共同体"倡议,后经多年砥砺奋进,使其日趋成熟与完善,获得了广泛的国际认同,并于2017年2月首次被写入联合国安理会决议,11月再次载入两份联合国决议,表征着中国的杰出贡献,凸显出浓郁的文化自信精神。面对百年未有之大变局的当代世界,经济全球化、社会信息化、文化多样化等深入发展,全球治理体系与国际秩序变革加速推进,各国相互联系与依存日益加深,国际力量对比更趋平衡,和平发展大势不可逆转。但是,世界面临的不稳定性不确定性也日渐突出,经济增长动能不足,贫富分化愈益严重,恐怖主义、网络安全、重大传染性疾病、气候变化等非传统安全威胁持

---

① 习近平:《携手建设更加美好的世界》,《人民日报》2017年12月2日。

续蔓延，特别是贸易霸凌主义、保护主义和单边主义愈演愈烈，人类面临许多共同挑战，没有哪个国家能独自应对与独善其身。因此，以文化自信为价值引领提出的构建人类命运共同体，及时因应了世界潮流冲刷下显露的崭新历史方位需求。我们党多次呼吁："各国人民同心协力，构建人类命运共同体，建设持久和平、普遍安全、共同繁荣、开放包容、清洁美丽的世界。"① 并从政治、安全、经济、文化、生态等多个方面，明确提出了推动构建人类命运共同体的时代课题。从根本上说，文化自信是奠定人类命运共同体建设的牢固基石，彰显着中华民族的文化智慧，闪耀着新时代的灿烂光芒。

【执行编辑：刘　冰】

---

① 《中国共产党第十九次全国代表大会文件汇编》，人民出版社，2017，第47页。

迷茫与超越

——从物质主义到心灵主义

王世荣*

【摘　要】　文艺复兴以来，人类走出了禁欲主义的黑夜，却陷入了纵欲主义的泥潭。人类的生存困境归结起来无非两个问题：一个是生态问题，一个是心态问题。心态决定生态！是人类贪婪的欲望，破坏了人与自然的关系，导致了战争与纷争。在这个科技日新月异、物欲横流的时代必须提出心灵建设的任务！中国哲学说到底是一种心灵哲学，教我们在人世间如何安顿这颗动荡不宁的心灵。"心性论"是中国古代哲学的核心，"人心正是宇宙生命的最大透露"。儒家教我们心安理得地生活，道家教我们心旷神怡地生活，佛家教我们心平气和地生活。人类在同一条船上，在核时代人类的生存意志高于一切！要拯救人类，首先要拯救人类的心灵！构建人类命运共同体与心理建设并驾齐驱、相得益彰。

【关键词】　中国心灵哲学；心性论；天人合一；和而不同；心灵建设

---

*　王世荣，宝鸡文理学院教授，主要研究方向为政治哲学。

文艺复兴以来，人类走出了禁欲主义的黑夜，却陷入了纵欲主义的泥潭。人类的生存困境归结起来无非两个问题：一个是生态问题，一个是心态问题。心态决定生态！是人类贪婪的欲望，破坏了人与自然的关系，导致了战争与纷争。

人类在同一条船上，在核时代人类的生存意志高于一切！要拯救人类，首先要拯救人类的心灵！在这个科技日新月异、物欲横流的时代必须提出心灵建设的任务！雨果说："世界上最宽阔的是海洋，比海洋更宽阔的是天空，比天空更宽阔的是人的胸怀。"

一

康德说：有两种东西，我们对它们的思考越是深沉和持久，它们在我们心灵中唤起的惊奇和敬畏就会日新月异、不断增长，这就是仰望浩瀚的星空，回观我们内心的道德律。

人类的悲哀就在于本身是大自然之子，却在刻意追求超自然的存在。征服和主宰自然，表明人类的狂妄与无知；敬畏与回归自然，才是人类的唯一出路！人类走出田园生活，一路高歌猛进！工业化、城市化、全球化、智能化，福兮，祸兮？狄更斯在《双城记》开篇："这是一个最好的时代，这是一个最糟的时代；这是一个理性的时代，这是一个困惑的时代；这是一个信仰的时代，这是一个怀疑的时代；这是一个黑暗的季节，这是一个光明的季节；这是一个令人绝望的冬天，这是一个充满希望的春天！"

恩格斯在《家庭、私有制和国家起源》中指出："卑劣的贪欲是文明时代从它存在的第一日起直到今日的动力；财富、财富、第三还是财富，不是社会的财富，而是这个微不足道的单个人的财富，就是文明时代唯一的，具有决定意义的目的。"①

莎士比亚在《雅典的泰门》中辛辣地描写道："金子！黄黄的发光

---

① 马克思、恩格斯：《马克思恩格斯选集》第 4 卷，人民出版社，1972，第 173 页。

的、宝贵的金子！这个东西，只这一点点儿，就可以使黑的变成白的，丑的变成美的，错的变成对的，卑贱变成尊贵，老人变成少年，懦夫变成勇士！"

司马迁在《史记·货殖列传》中写道："天下熙熙皆为利来，天下攘攘皆为利往"！常言道：有钱能使鬼推磨！穷在闹市无人问，富在深山有远亲！近水楼台先得月，向阳花木易逢春！

随着人文主义思潮兴起，人性从宗教的束缚下解放出来，人的主体意识空前高涨。但是随着科学技术的发展，一方面，随着人们对世界支配力量的增强，人们变得愈志得意满，随心所欲地统治自然、控制世界的"雄心壮志"愈益膨胀，从而导致唯意志论泛滥和工具理性片面张扬，并带来大量事与愿违的效果，造成人性的畸形发展。另一方面，疏远、烦躁、吸毒、暴力、冷漠、沉沦等已成为当代较为普遍的生活状态。

在某种意义上，意志的颓丧已经成为当今人类的症结。人的合理决策能力的衰弱和责任感、意志的薄弱甚至丧失，还不是纯粹的伦理学等理论问题，而且是严重的实践问题。罗洛·梅指出：意志与抉择的矛盾，是我们这个过渡时代心理动荡的一种不可避免的表现。我们的意志和决策力的固有基础，已经遭到彻底的、不可挽回的破坏，可笑的是（如果不说可悲的话），恰恰在这样一个万方多难的时代，当技术力量如此过分地膨胀，意志和抉择显得如此关键的时候我们却发现自己缺乏任何新的意志基础。①

罗洛·梅所描述的是当代人的共同处境，对于中国人也是基本适合的。从消极意义上看，中国现代化的赶超型发展付出了极大的精神代价，理想迷失、信念倾斜、道德失范、艺术颓废、意志薄弱等绝非盛世危言，科技至上主义、经济沙文主义、自我中心主义和享乐主义等的合流，更使一系列现代性问题凸显，它们都逐步成为当代中国人当下遭遇的情景。②

---

① 《罗洛·梅文集》，冯川等译，中国言实出版社，1996，第212页。
② 张明仓：《当代中国意志论研究：进展与问题》，《哲学研究》2001年第2期。

雅斯贝尔斯在《历史的起源和目标》一书中，提出了"轴心时代"的著名论断。在轴心时代，整个人类实现了精神突破，是人类的全面精神化和人性的全盘改造过程。在此之前，人类囿于单纯的物质生产活动，以民生为目标。只是到了轴心时代，人类才开始了自由的、超越的活动，上升到精神生活的阶段。直到现在，人类精神生活的主要形式和内容仍然来自轴心时代的遗产。

雅斯贝尔斯指出：人类一直在靠轴心时代所创造的一切而生存。每一次飞跃都要回顾这一时期，并被它重燃火焰。轴心时代潜力的苏醒和对轴心时代潜力的回忆或复兴，提供了无穷的动力。

轴心时代之后，人类进入了雅斯贝尔斯所说的新普罗米修斯时代，即科技时代。这一时代最高成就是现代科技，它极大地改善了人类的物质生活条件，但是人类的生存境况并没有得到相应的提高。相反人类的生存境况因技术的无限制发展、群体意识的兴起和宗教的没落而恶化，科学主义的思维方式淹没了哲学，使人类忘记了对生存和生存意义的寻求。

雅斯贝尔斯预言，我们正在面临着第二个轴心时代。世界各地的人将在世界范围内思考全体人类的生存境况问题，可以说第二个轴心时代的主题就是世界哲学。①

二

中国哲学说到底是一种心灵哲学，教我们在人世间如何安顿这颗动荡不宁的心灵。心性论是中国古代哲学的核心，儒家教我们问心无愧地生活，道家教我们心旷神怡地生活，佛家教我们心平气和地生活。

孔子是中华民族的心灵导师，教我们学以成人。《论语》开宗明义，子曰："学而时习之，不亦说乎？有朋自远方来，不亦乐乎？人不知而不愠，不亦君子乎？"（《学而》）学习、践行、交往、人性修养，这

---

① 赵敦华：《现代西方哲学新编》，北京大学出版社，2001，第142页。

是儒学的几个方面。曾子曰:"吾日三省吾身:为人谋而不忠乎?与朋友交而不信乎?传不习乎?"(学而)孔子曰:"三人行,必有我师焉。择其善者而从之,其不善者而改之。"(《述而》)"见贤思齐焉,见不贤而内自省也。"(《里仁》)

孔子主要发挥了"仁"学和"君子"人格。《中庸》说,"仁者,人也"。就是说,"仁"是人的总的特点,仁的主要内容是"爱";仁是对人的反思,这种反思是人类精神的自觉。"天不生仲尼,万古长如夜。"① 为"仁"首先要有真情实感,仁是从亲子之爱扩充而来,子曰:"孝悌也者,其为仁之本与!""弟子入则孝,出则悌,谨而信,泛爱众,而亲仁。行有余力,则以学文。"(《学而》)"人之生也直,罔之生也幸而免。"(《雍也》)"巧言令色,鲜矣仁。"(《述而》)子曰:"刚、毅、木、讷近仁。"(《子路》)"人而不仁,如何礼?人而不仁,如何乐?"

孔子重视道德主体性,"性相近也,习相远也。"(《阳货》)"为仁由己,而由人乎哉?""仁远乎哉,吾于仁,斯仁至矣!"(《述而》)"里仁为美。择不处仁,焉得知?""不仁者不可以久处约,不可以长处乐。仁者安仁,知者利仁。"(《里仁》)"人能弘道,非道弘人。"(《卫灵公》)子夏曰:"博学而笃志,切问而近思,仁在其中矣。"(《子张》)"知者乐水,仁者乐山;知者动,仁者静;知者乐,仁者寿。""学之不如好之,好之不如乐之。"(《雍也》)"知者不惑,仁者不忧,勇者不惧。"(《子罕》)

孔子更强调理想和独立人格的建构:"朝闻道,夕死可以。"(《里仁》)颜渊问仁,子曰:"克己复礼为仁。一日克己复礼,天下归仁焉。"(《颜渊》)"三军可夺帅也,匹夫不可夺志也。"(《子罕》)孔子曰:"学而不思则罔,思而不学则殆。"(《为政》)"君使臣以礼,臣事君以忠。"(《八佾》)"所谓大臣者,以道事君,不可则止。"(《论语·先进》)"当仁,不让于师。""道不同,不相为谋。"(《卫灵公》)"岁寒,然后知松柏之后凋也。"(《子罕》)"不降其志,不辱其身,伯夷、叔齐与!"

---

① 冯友兰:《中国哲学史新编》第一册,人民出版社,1980,第146—147页。

(《微子》)

孔子尤其重视使命担当、自强不息。曾子曰:"士不可不弘毅,任重而道远。""可以托六尺之孤,可以寄百里之命,临大节而不可夺也。"(《泰伯》)子曰:"不义而富且贵,于我如浮云。""仁者必有勇,勇者不必有仁。"(《述而》)"见利思义,见危授命,久要不忘平时之言,亦可以为成人矣。"(《宪问》)"行己有耻,使于四方,不辱君命,可谓士矣。"(《子路》)"志士仁人,无求生以害仁,有杀身以成仁。"(《卫灵公》)"发愤忘食,乐以忘忧,不知老之将至"(《论语·述而》)。子在川上曰:"逝者如斯夫,不舍昼夜"!

孔子的仁,当然包括处理人际关系。有子曰:"礼之用,和为贵。"(《学而》)曾子曰:"慎终追远,民德归厚矣。"(《学而》)"仲弓问仁,子曰:己所不欲,勿施于人。"(《颜渊》)"夫仁者,己欲立而立人,己欲达而达人。能近取譬,可谓仁之方也已。"(《雍也》)"樊迟问仁。子曰:居处恭,执事敬,与人忠。"(《子路》)"夫子之道,忠恕而已矣。"(《里仁》)

君子是孔子在仁学基础上建构的理想人格,往往与小人相对应。子曰:"质胜文则野,文胜质则史。文质彬彬,然后君子。"(《雍也》)"君子不器。"(《为政》)"君子喻于义,小人喻于利。""君子欲讷于言而敏于行。"(《里仁》)"君子坦荡荡,小人长戚戚。"(《述而》)"君子和而不同,小人同而不和。"(《子路》)"君子博学于文,约之以礼,亦可以弗畔矣夫。"(《雍也》)"有君子之道四焉:其行己也恭,其事上也敬,其养民也惠,其使民也义。"(《公冶长》)"君子敬而无失,与人恭而有礼,四海之内皆兄弟也。""君子以文会友,以友辅仁。""君子成人之美,不成人之恶。""君子之德风,小人之德草,草上之风必偃。"(《颜渊》)

"君子有三畏:畏天命,畏大人,畏圣人之言。"(《季氏》)"君子学道则爱人,小人学道则易使也。"(《阳货》)"不知命,无以为君子也;不知礼,无以立也;不知言,无以知人也。"(《尧曰》)"贤哉,回也!一箪食,一瓢饮,在陋巷,人不堪其忧,回也不改其乐。贤哉,回也!"

(《雍也》)"七十而从心所欲,不逾矩。"(《学而》)孔子的心灵哲学,建立在"仁学"基础上,强调学以成人、道德主体性、君子人格、自由与规矩的统一。

孟子的学说建立在性善论基础之上,是孔子仁学思想的进一步发挥。孟子曰:"恻隐之心,人皆有之;羞恶之心,人皆有之;恭敬之心,人皆有之;是非之心,人皆有之。""仁义礼智,非由外铄我也,我固有之也。"(《告子上》)"凡有四端于我者,知皆扩而充之矣。"(《公孙丑上》)"尽其心者,知其性也。知其性,则知天矣。"(《尽心上》)"万物皆备于我矣,反身而诚,乐莫大焉。"

孟子进一步发挥了孔子重视独立人格和崇高精神境界的思想。"富贵不能淫,贫贱不能移,威武不能屈,此之谓大丈夫。"(《滕文公下》)"穷则独善其身,达则兼济天下。"(《尽心上》"我知言,我善养吾浩然之气。""其为气也,至大至刚,以直养而无害,则塞于天地之间。其为气也,配义与道。"(《公孙丑上》))"生于忧患,死于安乐","天将降大任于是人也,必先苦其心志,劳其筋骨,饿其体肤,空乏其身,行拂乱其所为。"(《告子下》)"养心莫善于寡欲。"(《尽心下》)"生,亦我所欲也;义,亦我所欲也。二者不可得兼,舍生而取义者也。"(《告子上》)

孟子丰富了孔子的"仁爱"思想,"爱人者,人恒爱之;敬人者,人恒敬之。"(《离娄下》)"民为贵,社稷次之,君为轻。"(《孟子·尽心下》)实行"仁政","制民恒产","省刑罚,薄税敛""孝悌忠信"(《梁惠王上》)。"老吾老,以及人之老;幼吾幼,以及人之幼。"(《梁惠王上》)"亲亲而仁民,仁民而爱物。"(《尽心上》)孟子的性善论为儒家心性论奠定了基础,通过"尽心"和"养气",推己及人以至万物,找到了一条现实的修身成人之道,彰显独立人格,更为重要的是实现了天与人的沟通与贯注。

荀子说:"治之要在于知道。人何以知道?曰:心。"(《解蔽》)有时候,荀子也把心理解为身之主宰。"心者,形之君也,而神明之主也,出令而无所受令。"(《解蔽》)然而,不管是感官之心,还是身之主宰,在荀子看来，心只具有主观性，心与性是没有关系的。虽然荀子也像孟子一样，认为性是人禀受于天的，是先天的，是天赋的。但是与孟子不同，荀子将人与动物所共有的好利恶害的自然本性，当作基本的人性，从而得出了人性恶的结论。人性修养的过程，在荀子看来，完全是一个"化性起伪"的过程。"故人知谨注错，慎习俗，大积靡，则为君主矣。纵性情而不知学问，则为小人矣。"（《儒效》）

虽然不能说，"化性起伪""慎俗""积靡"在人格修养上就没有意义，但是由于这样一种心性论辟心性为二，没有将性限定在人之所以高于动物族类的属性上，并由此而导致了天人的截然二分。所以，荀子的心性论，在儒学的发展史上，长期是被当作异端来看待。① 或者说荀子的性恶论，主要是一种政治哲学，因而对法家产生了重要影响，作为一种心性论则是有局限性的。

在儒家看来，天地是仁爱的化身。天覆育万物，春生夏长，成物以奉人，即是天爱人、爱物的具体表现。老子曰："道生一，一生二，二生三，三生万物。"（第四十二章）"人法地，地法天，天法道，道法自然。"（第二十五章）在道家看来，天地乃道的化生物。天地化生万物也是自然而然、无有目的、无有用心的。道本性即是自然无为。《中庸》曰："诚者，不勉而中，不思而得，从容中道，圣人也。"道家强调自然，突出的是道德行为真诚无伪、真实无欺的性质。"常德不离，复归于婴儿。"（第二十八章）老子盛赞婴儿、赤子，概亦因其有常德也，概因其不失常德也。德者，得之于道者也。"上善若水，水利万物而不争。"（第八章）"我无欲，而民自朴。"（第五十七章）"见素抱朴，少私寡欲。"（第十九章）

如果说，老子所突出者，为性之本然、自然，那么，庄子更强调性之本真、自由。"马，蹄可以践霜雪，毛可以御风寒，龁草饮水，翘足而陆，此马之真性也。""彼民有常性，织而衣，耕而食，是谓同德。一而不党，命曰天放。"（《马蹄》）自由而自在不仅是性之本然、本真，同时

---

① 罗安宪：《儒道心性论的追究》，人民出版社，2018，第177—178页。

也是人性、人生之理想状态。由于强调人之自由，所以庄子标榜"游心"。庄子之所谓"游"有三意：一为形游；二为神游；三为心游。形游者，身体之游闲也，形之无拘束也；神游者，精神之游驰也，神游万里之外也；心游者，心灵之游乐也，精神之自由也。庄子最为推崇的是心游，是心灵的解放，是精神的自由。

庄子曰："故知止其所不知，至矣。孰知不言之辩，不道之道？若有能知，此之谓天府。注焉而不满，酌焉而不竭，而不知其所由来，此之谓葆光。"（《齐物论》）人之心灵，本来是光明的，但为外物所迷，而心逐于物，因此而有"劳"，有"芒"，由此"与物相刃相靡，其行尽如驰而莫之能止"，"日以心斗，其寐也魂交"，此亦人之莫大的悲哀。要摆脱这种劳役，消除这种悲哀，则"莫若以明"，"以明"也就是"葆光"。"葆光"，即葆有自身本有的灵光。

老子以自然无为为本。为了能做到自然无为，老子提倡虚静。"致虚极，守静笃，万物并作，吾以观其复。"（第十六章）"虚"者，虚其物欲之心也。"复"者，反还也，致虚、守静，以观万物之变。物虽千变万化，而不离其根本。其根本是静，故要知常守静。知常守静其实也是自然无为。

庄子进一步发挥了老子致虚守静的思想，而提出了"心斋"与"坐忘"。关于"心斋"，《庄子》书曰："若一志，无听之以耳而听之以心；无听之以心而听之以气。"（《人间世》）即专一你的志趣、志向；不要用你的耳朵去听，而要用你的心去听，亦即要全身心去听；然而心有好恶、利害的思量，听时要去除这种种思量。荡涤物欲之心，保守心性之虚静空灵，就是所谓"心斋"。关于"坐忘"，《大宗师》对其有具体的说明。

"堕肢体，黜聪明，离形去知，同于大通，此谓坐忘。"（《大宗师》）"忘"，不是遗忘，不是放失；而是放弃，是超越，是无所牵挂。"鱼相忘于江湖，人相忘乎道术。"（《大宗师》）忘的前提是自给而自足，自足才能自由。

庄子还倡导"齐物"，在庄子看来，世间一切，本无是非、大小的差别,因为有了"成心",即有了主观上的偏见,方才见出差分。"以道观之,物无贵贱;以物观之,自贵而相贱;以俗观之,贵贱不在己。"(《秋水》)"天地与我并生,而万物与我为一。"(《齐物论》)齐物论,只是要高扬一种精神,一种豁达、舒放、淡泊、旷然的精神。

罗安宪认为,道家所倡导的是一种自由而恬淡的精神生活,道家所追求的是人的自由、自主与超越,道家所强烈反对的是物对于人的凌辱、摧残与统治。每个人都是自主的,每个人的精神都应该是自由的。人与外界自然应当是和谐的,人与人之间应当是和睦的,人的精神生活应当是合适的。自然、自在而自由,和谐、和睦而合适,这就是道家心性论的基本内容。①

三

墨子思想的出发点是"兴天下之利,除天下之害。"(《兼爱中》)针对当时社会攻伐侵凌的动荡局面,提出了"兼爱""非攻"思想。墨子把兼相爱看作是解决一切社会问题、制止社会动乱的根本办法。"视人之国,若视其国;视人之家,若视其家;视人之身,若视其身。是故诸侯相爱,则不野战;家主相爱,则不相篡;人与人相爱,则不相贼;君臣相爱,则惠忠;父子相爱,则慈孝;兄弟相爱,则和调。天下之人皆相爱,强不执弱,众不劫寡,富不侮贫,贵不敖贱,诈不欺愚。凡天下祸篡怨恨,可使毋起者,以相爱生也。"(《兼爱中》)

"非攻"就是反对攻伐战争,它是"兼爱"思想在国与国关系上的运用。墨子认为,攻伐战争是不仁不义的行为,罪莫大焉。他把不义战争与盗贼相类比,"今有一人,入人园圃,窃其桃李,众闻则非之,上为政者得则罚之。此何也?以亏人自利也。至攘人犬豕鸡豚者,其不义,又甚入人园圃窃桃李……今至大为攻国,则弗知非,从而誉之,谓之义。此可谓知义与不义之别乎?"(《非攻上》)墨子认为攻伐战争不义的逻辑

---

① 罗安宪:《儒道心性论的追究》,人民出版社,2018,第36页。

十分简单,杀一人为一重不义,杀十人为十重不义,战争中成百上千地杀人,也就是最大的不义。杀人皆为不义,攻伐战争死伤惨重,却誉之为义,是最大的是非不分。

墨子的"兼爱"是一种超越宗法等级制度的普遍性的爱,比较接近西方近代的"博爱",应该说"兼爱"思想在现时代更有普世价值。而"非攻"思想,反对侵略战争,主张世界和平,对全球化时代不同文明的共存更加具有超时代的价值。

佛言:"吾视王侯之位如过隙尘,视金玉之宝如瓦砾,视纨素之服如敝帛,视大千界如一诃子,视阿耨池水如涂足油。"(《佛说四十二章经》)佛是站在浩瀚宇宙之上看尘世:"千江有水千江月,万里无云万里天!"

《心经》在佛家浩瀚的经典中,具有特殊的地位,如同《易经》一样被称为是"经中之经"!《心经》是讲人的心灵应该像宽广无际的宇宙一样,像无始无终的时光一样源远流长!要倾听心灵之音、宇宙之语!聆听它吧!去吧!到彼岸去吧!大家快去彼岸,修成正果!这是佛祖深深的呼唤!他要"普度众生"!然而《心经》开宗明义,"观自在菩萨",关键是观察内在,自见菩萨!教人们关注心灵,觉悟、自度!

隋唐佛学兴盛,他们如何看待心灵与宇宙的关系?道生说,"一切众生,皆有佛性。"(《喻疑论》)"一切众生,亦皆涅槃。"(《法华经疏》)佛家所说的"众生"指一切有情,即一切有感觉的东西,概括动物在内。说一切众生都是佛,就是说,他们都有佛性,佛性就是佛法。道生由此推论,认为"一阐提人"也要佛性,皆得成佛。"一阐提人"就是不信因果报应,断绝"善根"、极恶的人。佛家有"放下屠刀,立地成佛"之说,儒家相信人性本善,讲"涂之人可以为禹!"所以佛祖"普度众生"的宏愿,才可以实现!

《大乘起信论》的《立义分》说:"所言法者,谓众生心;是心则摄一切世间、出世间法,依于此心,显示摩诃衍义。""一切世间、出世间法"冯友兰先生认为就是一切事物,用现代哲学的话说,就是宇宙。每一个众生,都有他自己的心,这是个体的心,一切众生的本来样子就是宇宙的心。因是宇宙的心，所以说他能总括宇宙，能作为摩诃衍的依据。据说慧能在广州的时候，在一个寺院听人讲经，其时有风，吹动了旗杆上的幡。有人说是风动，有人说是幡动。慧能说："不是风动，不是幡动，仁者心动。"（《坛经·自序品》）人心才是因缘会际的根源！①

学佛和修行的人最根本的一条就是无著，不要有著心。"不以情累其生，不以生累其神。"（慧远语）这仿佛是对现代人的忠告！佛家追求人与宇宙万物和解与同一的"涅槃"境界。

四

在儒道释融合基础上形成的宋明理学和陆王心学，把中国古代心灵哲学发展到一个新的阶段。

周敦颐以太极为本根，"万物生生，而变化无穷焉。惟人也得其秀而最灵，形既生矣，神发知矣，五性感动而善恶分，万事出矣。圣人定之以中正仁义而主静（自注：无欲故静），立人极焉。故圣人与天地合其德，日月合其明，四时合其序，鬼神合其吉凶。"（《太极图》）在天地万物中，"唯人也得其秀而最灵"，也就是人为万物之灵，而"圣人与天地合其德"，也就是能够得到天人合一的境界。而人的"灵"与"秀"就在于人的心灵吧！且看周敦颐的《爱莲说》，这"出淤泥而不染，濯清涟而不妖"的莲花，难道不是君子追求的美好心灵吗？

张载说："大其心，则能体天下之物；物有未体，则心为有外。世人之心，止于见闻之狭；圣人尽性，不以见闻梏其心。其视天下，无一物非我。孟子谓尽心则知性知天以此。天大无外，故有外之心，不足以合天心。"（《正蒙·大心》）张载认为"大心"就是"尽心"，但是孟子的"尽心"是向内体验仁义本性的功夫，而张载的"大心"却要求"体天下之物"。圣人能突破见闻的桎梏，体验到天下万物与我为一体，在此意义上与孟子接近。天在这里是最高的范畴，尽性知天也就是人的最终目

---

① 冯友兰：《中国哲学史新编》第4册，人民出版社，1986，第246页。

的所在。"惟大人为能尽其道,是故立必俱立,知必周知,爱必兼爱,成不独成。"(《正蒙·诚明》)这种"兼爱"的思想通过"民胞物与"说,得到了具体的阐发。

"为天地立心,为生民立命,为往圣继绝学,为万世开太平"(《张子语录》)也就是为社会重建精神价值,为民众确立生命意义,为前圣继承已绝之学统,为万世开拓太平之基业。张载"四为句"涉及精神价值、生命意义、学统传承、社会理想等多方面的内容。这可以视作张载一生抱负和理想的概括,同时它也是当时知识分子精神追求和社会担当的心声。张载万物一体、立心立命、民胞物与、"仇必和而解"的思想意义重大。①

程子以为生生不已是宇宙根本原理,程明道说:"生生之谓易,是天之所以为道也。天只是以生为道,继此生理者,即是善也。"(《语录二上》)明道又说:"日新之谓盛德,生生之谓易,阴阳不测之谓神。要思而得之。"(《语录十一》)生生不息是宇宙的根本法则,"日新"即"盛德",人的心灵也要时时更新,才能保持新鲜与活力!

明道:"仁者以万物一体者"(《遗书》卷二上),"一体"即"同体",言仁者与天地万物皆能感通而补隔。明道的"仁者浑然与物同体"与张载"民吾同胞,物吾与也"极相似。

明道:"只心便是天,尽之便知性,知性便知天,当处便认取,更不可外求。"(《遗书》卷二上)

伊川:"问:人之形体有限量,心有限量否?曰:论心之形,则安得无限量?又问:心之妙用有限量否?曰:自是人有限量。以有限之形,有限之气,苟不通之以道,安得无限量?……苟能通之以道,又岂有限量?天下更无性外之物。若曰有限量,除是性外有物始得。"(《遗书》卷一八)

伊川:"涵养须用敬,进学则在致知。"(《遗书》卷一八)

伊川:"惟是动容貌,整思虑,则自然生敬,敬只是主一也。主一,

---

① 赵馥洁:《关学精神论》,西北大学出版社,2015,第60—67页。

则既不之东,又不之西,如是,则只是中;既不之此,又不之彼,如是,则只是内。存此,则自然天理明。"(《遗书》卷一五)

"要思而得之",也就是要发挥主观能动性,才能达到天人合一的境界。程子又提出:"只心便是天。"(《语录二上》)《性理大全》卷三十三引张子曰:"心统性情者也。有形则有体,有性则有情。发于性则见于情,发于情则见于色,以类而应也。"①

董仲舒说:"心有哀乐喜怒","心有计虑。"(《春秋繁露》)哀乐喜怒是情,计虑是知,心兼含情知,心有主宰情欲的能力。

张载则明确提出"心统性情"的命题。他认为,心是总括性情与知觉而言的,"合性与知觉,有心之名";性是根本的,"天授于人则为命,亦可谓性。人受于天则为性,亦可谓命"(《语录中》);"性即天也",所以"性又大于心",有性再加知觉,便成为心;性之发为情,情亦是心的内容。

朱熹发挥了张载"心统性情"的思想,使之成为理学人性论的重要组成部分。朱熹说:"横渠云'心统性情',此说极好"。他解释说:"统,犹兼也。心统性情,性情皆因心而后见,心是体,发于外谓之用。""性者,理也。性是体,情是用,性情皆出于心,故心能统之。"(《语录》卷五)

朱熹认为心有体有用,心之体是性,心之用是情,性情皆由心中发出。他比喻说,心如水,"性犹水之静,情则水之流"(《语录》卷五)。张载、朱熹强调"心统性情",其主要意义在于表明,进行精神修养既须认识本性,又须培养情操、调节情感。朱熹说:"人心之灵莫不有知,而天下之物莫不有理,惟于其理有未穷,故其知有不尽也。是以《大学》始教,必始学者即凡天下之物,莫不因其已知之理而益穷之,以求至乎其极。至于用力之久,而一旦豁然贯通焉,则众物之表里精粗无不到,而吾心之全体大用无不明矣。此谓物格,此谓知之至也。"(《大学章句·补格物传》)

---

① 韦政通:《中国哲学史》下,上海书店出版社,2003,第772—794页。

朱熹首先肯定心灵里有天赋的知识，有"明德""天理"。人心如一面镜子，它之所以昏暗，是由于气禀所拘，为人欲所蔽。人的认识活动无非是唤醒心中的"天理"，把人欲去掉，也就是把心灵这面宝镜擦拭干净，使它重新明亮起来。朱熹有言："性便是心中所有之理，心便是理之所会之地。""一心具万理"，"人人有一太极"（《语录》卷五）。人人心中既包涉万理，又具有"理"之全体。世界万物之理都汇集在人心中，借助格物的启发，心灵就能把握固有的理的全体，"豁然贯通"与"顿悟成佛"相类似。"等闲识得东风面，万紫千红总是春"，"问渠那得清如许，为有源头活水来。"应该是朱熹心灵哲学的最好诠释。

邵子弟子所记《观物外篇》曰："心为太极，又曰道为太极。""先天学，心法也，故图皆自中起，万化万事生乎心也。"似乎认为心是宇宙的根本，万事万物变化皆源于人心。

陆象山明确提出"宇宙便是吾心，吾心即是宇宙"的哲学命题。《陆象山年谱》记载："人与天地万物，皆在无穷之中者也。乃援笔书曰：宇宙内事，乃己分内事；己分内事，乃宇宙分内事。又曰：宇宙便是吾心，吾心即是宇宙。东海有圣人出焉，此心同也，此理同也；西海有圣人出焉，此心同也，此理同也；南海北海有圣人出焉，此心同也，此理同也；千百世之上有圣人出焉，此心同也，此理同也；千百世之下有圣人出焉，此心同也，此理同也。"

陆象山认为宇宙之理即吾心之理，万事万物之理莫不备于吾心。此理为古今一切人之心所同具，而非一人之心。故说千百世之上之下，四海之圣人，皆同有此理，而人乃与天地万物，同在无穷宇宙之中。象山之宇宙论，尚不是说宇宙唯一心，或心为宇宙之根本。象山的本根论，其实可谓是一种极端的唯理论，言理而不言气。认为宇宙唯一理。而此理具于吾心之中。

象山说："塞天地一理耳，学者之所以学，欲明此理耳，此理之大，岂有限量？"（《与赵咏道书》）"人皆有是心，心皆具是理，心即理也。"（《与李宰书》）

然宇宙究非即在吾心之内，故说"万物森然于方寸之间，满心而发，充塞宇宙，无非此理"（《语录》）。且此为宇宙本根之理，虽在人心，而人不必知之；而此理不因人知不知而有不同。

象山说："此理在宇宙间，固不以人之明不明，行不行而加损。"（《答朱元晦》）个人之存在与否，亦与此理毫无关系，象山曾说："且道天地间有个朱元晦陆子静，便添得些子，无了后便减得些子？（《语录》）

宇宙实乃无穷，人居于无穷之中。而宇宙之本根乃是理，但此理却为心所具有。宇宙之理，即同于人心之理；陆象山的宇宙论实际上是一种心即理说。

象山弟子杨慈湖（简）认为宇宙即是我之全体，宇宙中一切事物，皆是我的部分，而成立宇宙的唯我论。慈湖作《己易》云："易者，己也，非有他也。以易为书，不以易我己，不可也；以易为天地之变化，不以易为己之变化，不可也。天地我之天地，变化我之变化，非他物也。私者裂之，私者自小也。"宇宙变易历程只是我的变易历程，不以为如此者乃是自小。

慈湖之宇宙唯我论，实以其神秘经验为根据。然而，慈湖"吾性澄然清明""吾性洞然无际"，应该说从一定意义上洞悉了"心灵"的奥秘，超越"自私"而达宇宙，这是"真实之自觉"，是一种明显的主体意识。陆九渊创立的心学到王阳明才有完善的系统。①

王阳明认为一切皆依附于心，一切皆在心内；无心则无一切，心是宇宙的主宰。阳明说："人者，天地万物之心也；心者，天地万物之主也。心即天，言心则天地万物皆举之矣。"（《答李明德》）"心外无物，心外无言，心外无理，心外无义。"（《与王纯甫》）心便是一切，无在心外者。心即宇宙万物之主宰。

阳明又说："充天塞地中间，只有这个灵明，人只为形体自间隔了。我的灵明，便是天地鬼神的主宰。天没有我的灵明，谁去仰他高？地没有我的灵明，谁去俯他深？鬼神没有我的灵明，谁去辨他吉凶灾祥？"（《传习录》）天地万物的存在，依靠人心之灵明。离开人心之灵明，则天

---

① 张岱年：《中国哲学大纲》，中国社会科学出版社，1982，第65—69页。

地万物无有。

《传习录》又载:"先生游南镇,一友指岩中花树问曰:天下无心外之物,如此花树在深山中自开自落,于我心亦何相关?先生曰:你未看见花时,此花与汝心同归于寂;你来看此花时,则此花颜色一时明白起来,便知此花不在你的心外。"王阳明在这里是进入到万物一体、息息相通的审美境界,人与花也在进行语言和心灵交流。

"人心是天渊,心之本体,无所不该,原是一个天。只为私欲障碍,则天之本体失了。心之理无穷尽,原是一个渊。只为私欲窒塞,则渊之本体失了。"心即是道,即是天。心是无所不该,无所不包的,即是宇宙的本根。只是因为私欲膨胀,才是人们失去了心之本体!"只要去人欲,存天理,方是功夫。静时念念去人欲存天理,动时念念去人欲存天理。"(《传习录》)他倡导知行合一,"一念发动处,便是行",强调动机和意念的重要性,显然受了佛家思想的影响。

致良知是阳明思想的精髓。"良知是造化的精灵。这些精灵,生天生地,成鬼成帝,皆从此出,真是与物无对。人若复得他完完全全,无少亏欠,自不觉手舞足蹈,不知天地间更有何乐可代!"(《传习录》)良知是生成一切的,天地鬼神皆出于良知。阳明又说:"人的良知,就是草木瓦石的良知;若草木瓦石无人的良知,不可以为草木瓦石矣。岂惟草木瓦石为然,天地无人的良知,亦不可以为天地矣。盖天地万物与人原为一体,其发窍之最精处,是人心一点灵明。风雨露雷日月星辰,禽兽草木山川土石,与人原为一体。"(《传习录》)①

这与海德格尔的人是"自然之光"思想如出一辙,海德格尔认为,从本体论(存在论)看任何客观的事物,都只是因呈现于人面前,才具有意义。王阳明主张"心外无物",其哲学关心的是人与物交融的生活世界,而不是物与人相互隔绝的"同归于寂"的抽象世界。②

王阳明的真理观,如果套用海德格尔的术语来说,也可以叫作去蔽

---

① 张岱年:《中国哲学大纲》,中国社会科学出版社,1982,第69—71页。
② 张世英:《哲学导论》,北京大学出版社,2002,第73—74页。

说,事物因人的揭示而显示其意义,人使事物成其为该事物。宋明理学"存天理,灭人欲",把天理与人欲对立起来,具有片面性;然而在物欲横流的社会,也有其合理性。应该说,陆王心学是中国心灵哲学的完善形态。

五

冯友兰先生讲,哲学赋予我们一个安身立命之地。有了这个安身立命之地,无论是枪林弹雨,还是风和日丽,我们都可以心安理得地生活下去!在《新原人》中他对人的本质和人生境界进行了诠释。那么,人之所以为人者即人之理究竟是什么?冯友兰认为,人作为宇宙万物中的一物,其独有的特质是"觉解"。他说:"若问:人是怎样一种东西?我们可以说:人是有觉解底东西,或者有较高觉悟觉解底东西。""觉"是自觉,"解"是了解,"觉解"意谓人能够自觉地了解自己、了解生活。他又说:人生也是宇宙中的一事,因各人不同的觉解,人生对各人具有不同的意义,因而人也相应具有不同的境界。"需要觉解多者其境界高,其需要觉解少者其境界低。"

冯友兰依据人的觉解的多少将人分为四种境界,即自然境界、功利境界、道德境界、天地境界。在自然境界中的人,对他所从事的活动没有清楚的了解,其行为常常是按个人习惯或社会的习俗进行的,"凿井而饮,耕田而食,不知不识,顺帝之则","日出而作,日落而息,不识天工,安知帝力"。人生对这种人没有任何意义和价值。在功利境界中的人,尽管对所从事的活动有清楚的了解,但"其行为是'为利'底",未能把个人和社会统一起来。在道德境界中的人,"其行为是'行义'底",是以对社会的贡献为目的。在天地境界中的人,"其行为是'事天'底",这是最高的人生境界,不但在社会中尽伦尽职,而且了解人在宇宙中的地位和作用,达到"同天"的境界。[1]

---

[1] 冯友兰:《新原人》,商务印书馆,1945,第66页。

梁漱溟说，"人心正是宇宙生命本源的最大透露。"他以"人心"这一范畴概括"理智"与"理性"："理智者人心之妙用；理性者人心之美德。后者为体，前者为用。"科学知识是"人心"中的"理智"冷静地分析外物后所产生的，它仅是一种工具的作用，它的价值在于解决人类的疑问，满足人们的物质要求，使人类得以继续生存。"理性"则是"人心"中的"体"，是直接契入"生命本原"的，是与"生命"合为一体的。"理智"只是"人心"中的"知"，而"理性"包括"人心"中的情和意。"理智"叫人向外用力，所面临的对象是客观的自然界，追求的是科学；"理性"叫人向内用力，所面临的对象是人，向往的是道德理想及丰富的情感世界。

梁漱溟从心灵透析宇宙生命的本源，实际上在人的心灵中，知、情、意、本能（潜意识）是融合在一起的，理智、理性与情感不可分割。就理性而言也可以分为工具理性与目的理性，工具理性面临的对象是自然界，追求科学，目的理性趋向人文关怀。①

熊十力解释《新唯识论》："识者，心之异名。唯者，显其殊特。即万化之原而名以本心是最殊特。言其胜用，则宰万物而不为物役，亦足征殊特。《新论》究万殊而归一本，要在反之此心，是故以唯识彰名。"这就是说，熊十力与唯识宗一样，把"心""识"作为宇宙之本、万化之源、形色之根。此外，他还把佛教唯识论同传统儒学特别是宋明理学的心本论结合起来，提出"本心是绝待的全体"之著名命题。"则宰万物而不为物役"彰显本心的主体性与自由。

如何识得宇宙本体呢？熊十力认为，人人皆有本体，人人皆有本心，只是由于人们被习心、情见所蔽锢，妄执境物，因而不见本体。若要识得本体，就要靠功夫、修养，靠涤除情见。他说："夫众生一向是习心用事，习心只是向外追境，故妄执境物，而不可反识自己（本心）。"他认为本体是具有道德属性的，"仁者本心也，即吾人与天地万物所同具之本体也。""吾人一切纯真、纯善、纯美的行，皆是性体呈

---

① 秦英君：《当代中国哲学史》，河南大学出版社，1999，第108—109页。

现。"他指出:"依据这种宇宙观,来决定我们的人生态度,只有精进和向上","识得孔氏意思,便悟得人生有无上的崇高的价值,无限的丰富的意义,尤其是对于世界,不会有空幻的感想,而自有改造的勇气。"(《新唯识论》)①

唐君毅哲学的基本范畴是心与境。心即心灵,境即境界。心能呈现境,境也能呈现性于心,两者相互为用。心与境相接触,即可发生心灵感应。"此当下生命存在之心灵,与当前之境通感一事,更可收拾于一念,而由此念之自化而自生,以成此生命心灵在九境中之神运。其自化为琨道,自生为乾道。"(《生命存在与心灵境界》)"中华文化花果飘零,我们需要灵根再植。但只要从心灵面认可儒家、研究儒家,中华文化就不会死。"②

在牟宗三看来,道德理性之存在不是一种"理论的公设",而是一种"定然的真实",是真实的"呈现"。因为他是"人人所皆有的性",是人的内在本质,是人之所以为人者。牟宗三指出:正宗儒家讲性的密意,正是肯定道德理性,意志自律是定然的、真实的、呈现的。惟其如此,道德法则、道德行为才有了可靠的根基和根据。"儒者所说之'性',即是能起道德创造之'性能';如视为体,即是一能起道德创造之'创造实体'。"(《心体与性体》上)

一方面这种性与天道是通而为一的。它来自天道,同时也参与天道,它是既内在又超越的。从内在层面讲,他是道德实践何以可能的根据;从超越层面讲,它又是天道、天命的具体流行,是天道、天命在人身上的实现。另一方面,这种性又与心是合二为一的。心与性本是一体而二名,"客观地言之曰性,主观地言之曰心。自'在其自己'而言,曰性;在其通过'对其自己'之自觉而又真实而具体地彰显呈现而言则曰心。"(《心体与性体》上)牟宗三的心性统一说更富有理论色彩。③

冯契先生曾引鲁迅的话说,体验一双鞋,孔子穿了走朝廷,老子穿

---

① 周德丰:《论熊十力的人生哲学》,《南开学报》1997年第3期。
② 《大国厚土——中国传统文化的继承与复兴》,北京大学出版社,2018,第158页。
③ 罗安宪:《儒道心性论的追究》,人民出版社,2018,第184页。

了走流沙。之后，他提出一个问题：有没有第三条路？他的回答是到民众中去，就是启发民众、教育民众、让民众意识到理性的力量、自我的价值，指向理性社会和平民化自由人格相统一的境界。他反对20世纪80年代后中国社会两种倾向：一是权力崇拜，二是金钱崇拜。他晚年一直思考平民化人格如何培养：有激情，有理想，有友谊，会犯错，但真实。在社会实践中才能真正做到"凝道成德，显性弘道"。

冯先生经常讲的"能入善出"。他说，面对中国从先秦到"五四"和西方从古希腊到维也纳学派的哲学大家，不免产生一个困惑，我能否不被前人所压倒而有所创造，否则，我就成了前人的"心奴"，因此，他非常肯定龚自珍的"自尊其心"。他指出，在天才的哲学家，其独到地见解也往往是有所见有所蔽。他一再提倡要解蔽，只有不断地解蔽，才能保持心灵自由思考，这是理论自信的精神源泉。①

张立文先生指出：人活着不仅要"利于安身"、安居乐业，还要"修身立命"，确立生命价值，为"生民立命"，修齐治平。人不仅寻求实现人生价值的完美化，而且追求人生价值理想圆融化，以求终极灵魂的安顿，精神家园的温馨。以反思"生从何来，死归何所"的人的本来面目以及人生能不能面对的终极关切话题，以建构和合可能世界。

和合世界就是和生、和处、和立、和达、和爱的世界，是从根深叶茂的中华文化中开出来的，是中华民族精神的体现，在中华民族的历史上也曾经付诸实践，从而开创出文明灿烂的"礼仪之邦"。当今世界人类的生存危机与困境也在呼唤和合世界。在这个基础上，人类只有融合分歧、消除冲突、携手合作，团结一致、共同应对，世界才会变得安全和美好，才会是没有战争、没有不平等的世界，才会是自由幸福的、人人和乐的和合世界。我们期待着早日迎来这个温馨的精神家园。②

---

① 《大国厚土——中国传统文化的继承与复兴》，北京大学出版社，2018，第321、327页。
② 张立文：《和合学三界的结构》，《张立文学派》，河北大学出版社，2014，第349、362页。

六

杜维明先生 1980 年指出："如果我们认真对待学以成人的过程，那么儒家说教就不是静态地执着于前定的方式，而是一个不断地精神化的自我转化。""我信奉自己在研究儒学思想中所获得的足可以信赖的'生活道德理想'。实际说来，我愿意把自己探索文化认同的努力刻画为具有'儒家'特性的学术工作。"① 钱穆先生在 96 岁高龄时口述完成最后一篇论文，阐述了中华民族对世界文明的贡献，其中重要的一点就是人心与天道合一，即天人合一。这就是意味着人不仅对世界的持续发展负有责任，还应对存活环境的大自然负有责任。

由此观之，我们应该把握四种关系：第一种是自我本身的内在关系，就是身心灵神的统一。个人的身体、心灵和自己最高的理想进行融合，这种融合形成的作用力来自内部的反思。除反思外，还需要一个内在的意识，即良知。第二种是将心比心的个人与他者的关系。他人可以是个人或社会，正是我们了解的另一种情况。个人如何与社会进行健康互动？这才是最早的修身、齐家、治国、平天下理念。修身是基本，齐家和治国是同步关系。比如当下，我们应该通过互联网发挥正能量，这源于每一个人的力量，同时也会对社会有贡献。第三种是人类与自然的关系。人类与社会、人类与自然需要一种持久的和谐，这样不仅对人有价值，对天地也有价值。第四种是人性与天道相辅相成的关系。

杜维明说，以上是我提出的"精神人文主义"（Spiritual Humanism）的四个向度，是我同基督教、伊斯兰教以及许多其他宗教对话后，逐渐摸索到的人文价值，而这一人文价值是否具有持续性需要经受考验。例如，以前的佛教徒追求"四大皆空"，只完成个人自己的修行，但现在要将人间作为一个道场，这就是"人间佛教"的由来。为了避免误解，儒家学者经常使用"心智与心灵"或"心灵与心智"的复合词。我更喜欢

---

① 杜维明：《人性与自我修养·导言》，中国和平出版社，1988，第 3—5 页。

用"心灵与心智"来强调情感在儒家传统中的重要性。使情况变得更复杂的是,整体的人的具体性不仅包括肉身、心灵、心智,还包括灵魂和精神。因此,当我谈到"具体"的时候,我并不是要给人一种"我所指的只是肉身"的印象。

我完全承认荀子的"心"的概念有着丰富的资源,而他在《劝学》中表达的观点,与孟子有诸多相似。荀子的人性论,表面上与孟子的"道德感是与生俱来的"(人性本善)宏大视野相矛盾,但两者有许多共同点。孟子、荀子对人性的可完善性、学习的转化力、修身的功效、圣人的传统、以礼而达善政都有信心。他们都认为,人从来不是静止的结构,而是动态的、创造性的成长过程。这样的视野中的人不仅不是被创造者,而且是宇宙演化中的积极的因素,是观察者、参与者,甚至是共同创造者。

尽管可能没有一位终极意义上的创造者,但大爆炸以来的创造力从未丧失,而是累积在进化故事的每一个环节——太阳、地球、生命、动物和人类。我们是宇宙能量的继承者。我们有责任确保我们被天所赋予的本性能够继续为新的现实和生命形式赋予力量。精神人文主义认为,人的生命具有超越的意义,我们总是有神秘的东西要理解,而有神论以及人类宗教的其他表现形式能够教会我们超越世俗主义。我们是有限的存在,但在我们的有限性中,始终存在着无限的神圣性。精神人文主义是对人性的信仰,学以成人的任务是"天地万物合一",因为内在与超越是内在统一的。①

张世英先生认为,境界是中国哲学与文化关注的核心问题。"境界"就是一个人的"灵明"(即心灵)所照亮了的他所生活于其中的、有意义的世界。任何一个人,和任何一个物一样,都是宇宙间无穷的相互关联的网络中的一个聚集点或交叉点。人之不同于物的地方在于这个聚集点是"灵明"的,而其他万物则无此"灵明",灵明的特点就是能

---

① 杜维明:《精神人文主义:己、群、地、天》,北京大学编:《第 24 届世界哲学大会·全体大会及讲座文献汇编·学以成人》,中国·北京 2018 年 8 月 13—20 日。

够超越在场,把这场与背后千丝万缕的不在场的联系结合为一。人在这个生活世界中怎样生活、怎样实践,这就要看他的那点"灵明"怎样来照亮这个世界,也就是说,要看他有什么样的境界。一个只有低级境界的人必然过着低级趣味的生活,一个有着诗意境界的人则过者诗意的生活。①

康德和黑格尔都强调审美、诗意具有解放的作用,中国传统的"意象"之美的诗意的确可以最好地起到这种作用。我们不可能要求每个人都成为诗人,但我们要求做一个多多少少有点"意象"之美的诗意之人。或者说得再简单、再通俗一点,要求做一个从高远处、以整体观看待日常事物的人,则应该是可行的。进入如此境界之人所获得的自由,既是面对现实的,又是独立自主的。

安乐哲先生指出:"这是最好的时代,也是最坏的时代。"人类从动物进化至今,已变得如此高贵、宏伟和崇高,科技能解决那么多的问题,我们有足够的知识,也有整全的智慧。因此,我们身处最好的时代。但是,我们也遭遇了一些困境:全球变暖、恐怖主义、食品和水资源短缺、生态环境恶化、人口爆炸等。所以,这也是最坏的时代。

20世纪80年代,美国著名哲学家、纽约大学宗教历史教授詹姆斯·卡斯提出了"有限游戏"与"无限游戏"。游戏是指我们人类的行为,如生意、贸易、活动、教育、外交关系等。"有限游戏"的模式具有固定的时间,从开始到结束,有赢有输,目的在于赢。这一模式在人类的行为中非常普遍。"无限游戏"不存在开始,也没有结束,它没有边界,目的是让更多的人加入游戏,追求的是繁荣的生活。如全球变暖问题,中国或美国无法单独解决,需要国家之间的合作。

如果我们用"心"的观念作为一个图像来解释什么是人,那就是《周易》中所说的全息性、整体性的思维。我们不是复数性的人类,而是成为人类的"存在"(being)。我们并不是人类(human being),而是因为做人而成为"人"。在北京大学举办的第24届世界哲学大会的主题是

---

① 张世英:《哲学导论》,北京大学出版社,2002,第80页。

"学以成人"（Learning to Be Human），这是一个中国式的题目。在20世纪80年代，我们都回到亚里士多德关于本质的想法，万物的本质就是原子，有永远存在的灵魂，是不同的东西所构成的一个世界。可是，中国传统是"生生不息的"。

孔子通过发展他对基本而持久的人类原初经验的洞察——即在家庭与共同体角色中的人格修养、家庭崇拜、对他人的尊重、礼节在我们的角色与关系中的实现、友谊、羞耻感的培养、道德教育、沟通性共同体、以家庭为中心的宗教、文化的代际传递性，等等——保证了这种积累性智慧的持续关联。除了保持对这样的长期问题的关注之外，儒家哲学的另一个特征是孔子自己的语言当中确实存在的一个特征，使他的教学在这样的生活传统中如此有弹性，这就是他哲学上的多样性和适应性。他的持久之贡献在于，通过充分掌握并适时修改孔子时代的文化遗产，以改善自己当下的历史时刻，并推荐后代继续做相同的事情。

费孝通坚持认为"儒家伦理离不开分离的中心向外延伸成网络的思想"，也就是"由无数的人际关系编织而成"。他进一步宣称，在等级所定义的角色与关系中，这种主要的亲属关系模式产生了自己独特的道德，其中"没有伦理概念……超越特定类型的人类关系"。也就是说，亲属关系作为人类关系的来源被"孝"（family reverence）与"悌"（fraternal deference）的价值所定义。友谊作为将非亲属关系纳入进亲属关系的扩展方式，是通过"诚""忠""信"的伦理来追求的。所有对这些伦理价值的渴望，都存在于家庭成员与共同体的特定的个人关系中。①

成中英认为，中国哲学虽有自己的表达方式，它包含在诸子百家的思考里，但却用心灵去寻求生命的真实和价值的追求；《尚书》里说，"知人则哲"，知人里包含仁，也有他人，比苏格拉底的"认识到你自己"的内涵、意义更丰富，而知的对象包含天地万物、人的经验与创造的历

---

① 安乐哲：《"人"，或者"成为人"——家庭作为伦理角色伦理中的共同体》，北京大学编：《第24届世界哲学大会·全体大会及讲座文献汇编·学以成人》，2018年8月13—20日。

史、人类文明,更包含人的生命自身及其创造力。①

世界因心灵而生动,心灵是宇宙的中心。"天地与我并生,而万物与我为一","万物皆备于我","宇宙即吾心,吾心即宇宙","仁者以天地万物为一体","大其心,则能体天下之物","道法自然","民胞物与";"和而不同","上善若水","仁者爱人","慈悲为怀";"不义而富且贵,于我如浮云";"一心具万理","良知是造化的精灵","知行合一","一念发动处,便是行"!心诚则灵,精诚所至,金石为开。这些思想是中国心灵哲学的基本内容。

"等闲识得东风面,万紫千红总是春","千江有水千江月,万里无云万里天"。这是一个科技日新月异的时代,也是一个物欲横流的时代。中华民族对世界文明的贡献,其中重要的一点就是人心与天道合一,即天人合一。这就是意味着人不仅对世界的持续发展负有责任,还应对存活环境的大自然负有责任。社会的和谐建立在差异性和多样性的基础之上。"为天地立心,为生民立命,为往圣继绝学,为万世开太平",构建人类命运共同体与心灵建设并驾齐驱,相得益彰,可以帮助人类走出生存困境,这是中华文化的崇高使命和价值所在。

【执行编辑:刘 冰】

---

① 成中英:《是第三次谈"中国哲学再创造"的时刻了》,《大国厚土——中国传统文化的承继与复兴》,北京大学出版社,2018,第122页。

论大变局背景下中华民族文化价值体系的历史重建*

鹿　林**

【摘　要】 中华民族文化价值体系是中国人民和中华民族价值共识形成的基础，反映着每位中国人和中华儿女的价值观念、思维方式、精神信仰和理想追求，是凝聚实现中华民族伟大复兴磅礴精神力量的最终源泉。这一文化价值体系萌芽、形成于近代中国各族人民在中国共产党领导下抗击外国侵略和殖民统治的伟大斗争中，而自改革开放以来，特别是进入新时代以来，面对新的问题、困境和挑战，正经历着深刻的变革。当前世界遭遇的百年未有之大变局客观地构成了我们反思和审视中华民族文化价值体系的时代背景，我们必须认真反思和审视当前中国社会纷繁复杂的文化现象，有针对性地解决当前存在的问题，回应挑战，完成历史重建任务。只有如此，中华民族才能真正地同心同德，凝聚起实现伟大复兴的磅礴力量。

【关键词】 中华民族；文化价值体系；伟大复兴

---

* 本文系河南农业大学马克思主义学院2022年度科研创新团队项目"新时代公民道德建设背景下中华优秀传统伦理道德创造性转化研究"（项目编号：KYTD 2022—K04）阶段性成果。

** 鹿林，河南农业大学马克思主义学院副教授，主要研究方向为文化与价值。

世界百年未有之大变局正深刻地改变着世界格局和人类文明发展方向，任何民族只有顺应时代潮流，才能抓住机遇，迎接挑战，实现创造性发展，开启自己的光明前景。文化是民族的灵魂，是民族创新发展的精神血脉，而文化的内核是价值，核心价值观则支配和统率着其他各个层次上的价值观念，体现着一与多、变与不变的统一。任何民族以核心价值观为统率的文化价值体系直接影响和塑造着本民族所有人的生活、思维和信仰。中华民族在自身历史形成过程中开创了独特的中华文明，形成了独立的文化价值体系。在世界遭遇百年未有之大变局之际，中华民族既深刻地认识到呵护中华文明基因、实现薪火相传的必要性，又认识到通过不同文明间的交流互鉴吸纳其他文明优秀成果的重要性，更深刻地意识到中华民族文化价值体系遭遇的时代挑战和困境。只有立足大变局总背景，着眼中华民族伟大复兴战略全局，才能深刻地剖析当前中国社会纷繁复杂的文化现象，揭示其内在的矛盾和问题，回应挑战，重建中华民族文化价值体系，塑造价值共识和共同信仰，从而达到同心同德、凝神聚力为实现中华民族伟大复兴而奋斗的目的。

一、中华民族文化价值体系的历史形成

中华民族拥有五千多年的文明史，而中华文化的开创和中华文明的发展亦是中华民族自我意识觉醒和中华民族精神形成的过程。李德顺教授指出："'中华民族'既是一个历史主体，又是一个现实主体，既是一个文化概念，也是一个政治概念。"① 无疑，近现代意义上的中华民族，是近代中国人在遭受外族入侵从而重新认识自身、并力图挣脱亡国灭种危险困境的艰苦斗争中铸造起来的。

众所周知，现代普遍流行的"民族"概念是斯大林界定的，即"民族是人们在历史上形成的一个有共同语言、共同地域、共同经济生活以及表现在共同文化上的共同心理素质的稳定的共同体"，而且他还特别强

---

① 李德顺：《中华文明与中国话语》，《中国政法大学学报》，2022 年第 3 期。

调,"只有一切特征都具备时才算是一个民族"①。在他看来,"民族不是普通的历史范畴,而是一定时代即资本主义上升时的历史范畴"②。严格说来,尽管这一定义强调民族问题是近代以来的事情,但这种"民族"概念以及西方的"民族国家"概念却不适合于理解和叙述中华民族和中国的问题。中国历史上并没有这种"民族"概念,相反,中国人很早就拥有了"族""家族""宗族""氏族"等概念,"族"指"有血缘关系之亲属的合称"③,"宗族"指"父亲的亲属"或"同宗的人","氏族"则指在姓之下根据功德、官职、业绩或祖父谥号以区别子孙的宗族称号。相比这种意义上的"民族"概念,"中华民族"则是在历史发展过程中以汉族为主体多民族融合而成的文化共同体,而历史上的中国则更为复杂。1963年出土的西周青铜器"何尊"上,记载着周成王建都洛邑的重大历史事件:"余其宅兹中国,自之牧民。"《尚书·周书·梓材》亦记载说:"皇天既付中国民,越厥疆土于先王。"《诗经·大雅·民劳》:"惠此中国,以绥四方。"中国古人对宗族的认识有两个主要标志,即"九族"与"五服"。"九族"指九代人,"五服"既指古代王畿外围按照距离远近每五百里为一区划而分成的五等地带,其名称为侯服、甸服、绥服、要服、荒服,在此"服"指服事,也指旧时以亲疏为差等制作的五种丧服,其名称为斩服、齐衰、大功、小功、缌麻,在此"服"指丧服。宗族九代人以己身为中心分四层亲疏关系而居住,而所谓"中国",即一个"五服"之内以宗族为基础的宗主国的自称,代指王畿、京师或国都。在我们曾经广阔的大地上众多的民族彼此征伐,建立了无数政权,经历了分分合合,最终形成了统一的多民族国家,不少以宗族为基础的国家,都自称"中国",但一般情况下凡占据中原的国家都称为"中国"。例如,诸葛亮在游说东吴孙权以联合刘备抗击曹军时说:"若能以吴越之众与中国抗衡,不如早与之绝。"④ 实际上,将中原之国称为中国,也是后来北

---

① 斯大林:《斯大林选集》第1卷,人民出版社,1979,第64页。
② 斯大林:《斯大林选集》第1卷,人民出版社,1979,第69页。
③ 《辞源》,商务印书馆,1983,第1523页。
④ 《三国志·蜀书·诸葛亮传》。

魏、宋、辽、金占据中原的政权的习惯做法。赵汀阳分析说:"古中原最早进入农耕生活,武力不是强项,'神农氏弗能征',但中原却是四方来争的宝地。四方族群不断聚焦于中原而开始'逐鹿中原',结果形成大规模的族群融合,才是主要历史事实。"① 就维持以中原为核心的连续不断的"逐鹿中原"博弈游戏的动力结构,赵汀阳称之为具有强大向心力的"旋涡模式":"众多相关者抵不住旋涡的利益诱惑而前仆后继地'主动'加入游戏成为中国之土的竞争者,也有许多相关者连带被动地卷入到游戏中,博弈旋涡的规模逐步扩大,向心力的力度也随之增强,终于达到稳定而形成了一个由中国旋涡所定义的广域中国。"② 因此,中国更像是以地域与血缘为基础的文化政治的存在。我们难以准确地定义历史上的"中国",也难以宣称历史上哪个政权更能够代表中国。正如赵汀阳所说,"中国肯定不是民族国家",也不是现代西方话语中的"文明国家",而更恰当的表述可是王铭铭人类学视野中的"文明体"③。

但就是这一非常奇特的文化政治存在、文明共同体,这一以汉族为主体的众多民族融合体,在近代历史中逐渐地演变成了现代语境中的中华民族。这一点与斯大林坚信"民族"是近代这一特定时代出现的范畴的观点是一致的。据金观涛、刘青峰考证,"1895年之前,'民族'很少使用,并没有和 nation 建立明确的对应关系,其含义不太明确",最早出现于1837年(道光十七年),在日本语境中指社会一个等级,在中国语境中指宗族,"1895年前,'民族'一词的13次使用中,有6次用于'某民族类'的词组中",即强调从大类划分人种,如罗马人、希腊人、德意志人④。中国的国情比较复杂,当时满汉关系是整个文化政治中的核心问题,康有为是率先主张合治满汉的政治思想家。1898年,他在上书光绪帝的《请君民合治满汉不分折》中指出:"近者欧、美,尤留意于民

---

① 赵汀阳:《惠此中国——作为一个神性概念的中国》,中信出版社,2016,第41页。
② 赵汀阳:《惠此中国——作为一个神性概念的中国》,中信出版社,2016,第43页。
③ 赵汀阳:《惠此中国——作为一个神性概念的中国》,中信出版社,2016,第31页。
④ 金观涛、刘青峰:《观念史研究——中国现代重要政治术语的形成》,法律出版社,2010,第560—561页。

族之治,凡语言政俗,同为国民,务合一之。近者日本以之,日本地与民数,仅比吾四川一省,而今强盛若彼矣。盖民合一,而立宪法以同受其治,有国会以会合其议,有司法以保护其民,有责任政府以推行其政故也。"① 在此,康有为显然是以西方的"民族国家"(nation)为参照为衰亡中的清政府提供了一个君主立宪制改革方案。客观而言,康有为的"满汉合治"思想,已经考虑到中国多民族的国情,更考虑到当时大清满族统治中国的现实。建立涵盖多民族的政权或国家,是当时不可回避的现实选择。可以说,正是在此背景下,梁启超创造性地提出了"中国民族"概念,尽管这一概念还不直接就是"中华民族",但已经很接近了,甚至其含义就是现代语境中的"中华民族"。梁启超在《佳人奇遇》中说:"当年洪杨以汉种之族,倡革命之义。振臂一呼,天下响应。盖将欲以复中国之民权,驱满族于塞外也。夫中国沉沦于满清,民生其下,难望更生。久而久之,幸而有洪杨者起,鸣满清之罪,倡自立之义,方望中国民族,从兹得以复见天日,自由独立于世界上。是不特汉族所欣幸,抑亦天下所欣幸焉。"② 在这里,梁启超不仅考虑到了不能单纯从"汉种"或"汉族"立场对待满族,而且更从世界和天下立场来看待满清腐败统治问题,将"中国民族"或中华民族的问题置入了更广阔也更科学的视野之中。中国人民族观念的形成,既以上述西方的罗马人、希腊人、德意志人等为参照,也以国内当权的满族人为参照,在早期的革命者眼中,实际上既需要抵抗西方列族的侵略,也需要排斥满族这一异族的统治。孙中山的"民族主义"最早就具有这种性质。1894 年孙中山创建的第一个革命团体——兴中会提出了"驱除鞑虏,恢复中国,创立合众政府"的口号,而到 1905 年成立中国同盟会时,亦提出了"驱除鞑虏,恢复中华,创立民国,平均地权"的政治纲领。"驱除鞑虏"以"恢复中国"或"恢复中华",都明确地将满族视为异族,视为"鞑虏","鞑虏"

---

① 转引自金观涛、刘青峰:《观念史研究——中国现代重要政治术语的形成》,法律出版社,2010,第 562 页。
② 转引自金观涛、刘青峰:《观念史研究——中国现代重要政治术语的形成》,法律出版社,2010,第 562 页。

就是汉族对北方少数民族的蔑称。满族贵族在统治中华大地时，一贯推行民族歧视和民族压迫政策，而兴中会、同盟会等革命团体提出上述口号，既反映了对满清政府推行民族歧视和民族压迫政策的反抗，但自身也带有思想文化观念上的蔑视和歧视。孙中山曾这样解释他的"民族主义"："民族主义，并非遇着不同族的人便要排斥他，是不许那不同族的人来夺我民族的政权。因为我汉人有政权才是有国。假如政权被不同族的人所把持，那就虽是有国，却已经不是我汉人的国了。我们想一想，现在国在哪里？政权在哪里？我们已经成了亡国之民了！地球上人数不过一千几百兆，我们汉人有四百兆，占了四分之一，算得地球上最大的民族，且是地球上最老最文明的民族；到了今天，却成为亡国之民，这不是大可怪的吗？"① 无疑，孙中山的这种民族主义，还是一种资产阶级思想，还比较有限，还不够科学。但也正是在这个过程中，中国人的民族概念越来越趋向成熟和科学。梁启超在《国家思想变迁异同论》中强调："民族主义者，世界最光明正大公平之主义也。不使他族侵我之自由，我亦毋侵他族之自由。其在于本国也，人之独立；其在于世界也，国之独立。"② 相比梁启超，余一在《民族主义论》中更明确强调："合同种异异种，以建一民族的国家，是曰民族主义。……故曰民族主义者，对外而有界，对内而能群者也。"③ 在此，余一对民族或民族主义的理解，"合同种"和"异异种"不仅内在地包含着以西方外族为参照对彼此关系的审视，而且还包含着平等地对待国内各族以加强团结的思考。显然，"合同种"绝非仅强调"汉种"，而是已经自觉地从"中华民族"这种整体高度来看待整个中国的民族问题、文化政治问题。这一问题，在以马克思主义为指导思想的中国共产党人那里得到了更加合理的解决，因为根据斯大林的理论④，中国共产党人将中国革命和自身的民族解放运动限定

---

① 孙中山：《孙中山全集》第 1 卷，中华书局，1981，第 324 页。
② 转引自金观涛、刘青峰：《观念史研究——中国现代重要政治术语的形成》，法律出版社，2010，第 562 页。
③ 转引自金观涛、刘青峰：《观念史研究——中国现代重要政治术语的形成》，法律出版社，2010，第 563 页。
④ 毛泽东：《毛泽东选集》第 2 卷，人民出版社，1991，第 669 页。

或纳入了世界无产阶级革命的框架之内。陈独秀指出:"中国民族是全世界被资本帝国主义压迫者之一,中国民族运动也是全世界反抗资本帝国主义之一,所以此时我们的民族运动,已经不是封建时代一个闭关的单纯的民族运动,而是一个国际的民族运动,而是和全世界被压迫的无产阶级及被压迫的弱小民族,共同起来推翻资本帝国主义的世界革命之一部分。"① 毛泽东也强调:"在这种时代,任何殖民地半殖民地国家,如果发生了反对帝国主义,即反对国际资产阶级、反对国际资本主义的革命,它就不再是属于旧的世界资产阶级民主主义革命的范畴,而属于新的范畴了;它就不再是旧的资产阶级和资本主义的世界革命的一部分,而是新的世界革命的一部分,即无产阶级社会主义世界革命的一部分了。"② 因此,由"汉种"及"汉族"和"满族"、"中国民族"到"中华民族",中国人对自身的民族定位和理解随着历史发展而日益成熟,中华民族作为一个相对外族的概念得以确立,但中华民族绝对既是一个由汉族及众多少数民族组成的实体概念,也是一个文化共同体、政治共同体概念。

严格说来,在鸦片战争乃至辛亥革命之前,中华民族还缺乏真正的自觉,还没有在政治上、文化上彻底地融合成一个整体,没有在更高的文明上和更先进的政治制度上实现自我的认同和确证。毛泽东强调:"中国人从来就是一个伟大的勇敢的勤劳的民族,只是在近代是落伍了。这种落伍,完全是被外国帝国主义和本国反动政府所压迫和剥削的结果。"③ 中华民族的自我觉醒完全是在反对资本帝国主义殖民侵略和统治的过程中实现的,而中华民族完全是被卷入近现代文明而最终形成了自己独特的文化价值体系。马克思指出:"英国的大炮破坏了皇帝的权威,迫使天朝帝国与地上的世界接触。与外界完全隔绝曾是保存旧中国的首要条件,而当这种隔绝状态通过英国而为暴力所打破的时候,接踵而来

---

① 转引自金观涛、刘青峰:《观念史研究——中国现代重要政治术语的形成》,法律出版社,2010,第563页。
② 毛泽东:《毛泽东选集》第2卷,人民出版社,1991,第668页。
③ 毛泽东:《毛泽东选集》第5卷,人民出版社,1977,第5页。

的必然是解体的过程,正如小心保存在密闭棺材里的木乃伊一接触新鲜空气便必然要解体一样。"① 与中国历史上改朝换代只是导致政治上层建筑的人物不断更迭而社会基础停滞不动不同,鸦片战争彻底将中华民族拉入了整个近代世界历史发展洪流之中,与整个人类文明的最新发展紧密联系起来。恩格斯强调:"中国这个一千多年来一直抗拒任何发展和历史运动的国家现在怎样被英国人、被机器翻转过来,卷入文明之中。"② 英国人对中国发动的海盗式战争恰恰被他们自己人粉饰为"文明战争",是文明世界对野蛮世界的战争,是帮助和拯救野蛮人的战争,而为了寻找借口,指责中国人"背信弃义",死皮赖脸地硬说"北京朝廷存心背信弃义破坏庄严的条约"③。通过鸦片战争,天朝帝国的封闭状态彻底被打破,中国人开始了解外部世界,而林则徐则成为近代中国睁眼看世界的第一人。魏源提出的"师夷长技以制夷"思想,使中国人很快掌握了西方先进技术,致使英国人惊讶地发现中国在军事上竟然成了自己的高才生④,与当时被打得一败涂地的波斯相比,绝望的、陷于半瓦解状态的中国却找到了抵抗办法,改变了鸦片战争中让外族人那种完全节节胜利的局面。但更为重要的是,中华民族意识逐渐觉醒,中华民族更加团结地凝聚在一起。针对第二次鸦片战争,恩格斯指出:"现在,中国人的情绪与1840—1842年战争时的情绪已显然不同。那时人民保持平静,让皇帝的军队去同侵略者作战,失败之后,则抱着东方宿命论的态度屈从敌人的暴力。但是现在,至少在迄今斗争所及的南方各省,民众积极地而且是狂热地参加反对外国人的斗争。"⑤ 而就其原因,他强调说:"是英国政府的海盗政策造成了这一所有中国人普遍奋起反抗所有外国人的局面,并使之表现为一场灭绝战。"⑥ 中华民族在抵抗外来侵略的战斗中激起了潜在的无限力量,中国人不仅没有在两次鸦片战争后完全屈服英

---

① 马克思、恩格斯:《马克思恩格斯论中国》,人民出版社,2018,第7—8页。
② 马克思、恩格斯:《马克思恩格斯论中国》,人民出版社,2018,第131—132页。
③ 马克思、恩格斯:《马克思恩格斯论中国》,人民出版社,2018,第102页。
④ 马克思、恩格斯:《马克思恩格斯论中国》,人民出版社,2018,第59页。
⑤ 马克思、恩格斯:《马克思恩格斯论中国》,人民出版社,2018,第63页。
⑥ 马克思、恩格斯:《马克思恩格斯论中国》,人民出版社,2018,第64页。

国帝国主义，而且经受了惨败的甲午战争以及长达14年的全面侵华战争也没有完全屈服日本帝国主义，相反，最终将包括英国人、日本人等在内的所有外国侵略者驱赶出了中国。

虽然中华民族在近代落伍了，但这个"沉睡的东方雄狮"也在反抗西方及日本资本帝国主义殖民侵略和统治的过程中迅速地觉醒起来，迅速地找到了自己。当年恩格斯曾预言："过不了多少年，我们就会亲眼看到世界上最古老的帝国的垂死挣扎，看到整个亚洲新纪元的曙光。"① 历史证明，鸦片战争后，中华民族终于从垂死挣扎的古老帝国中解放出来，从最初被动卷入由西方资本主义开启的近代文明，到逐渐凝聚起巨大的力量，最终彻底重新站起来挺立于世界民族之林，走出了近代发展过程中遭遇的亡国灭种困境。

二、中华民族文化价值体系的核心精神

现代意义上的中华民族文化价值体系，是在中国共产党以马克思主义指引思想团结和带领全国各族人民抵制和反抗封建主义、官僚资本主义和帝国主义以建设新中国的过程中形成的，内在地涵盖着中华优秀传统文化、革命文化和社会主义先进文化所具有的核心精神。它不仅深刻地反映了中华民族作为世界上最古老的民族所具有的优秀文化基因，而且全面地融合了马克思主义这一世界上最科学的世界观、方法论的优秀基因，全面地体现了中华民族实现伟大复兴的热切期盼。这一文化价值体系凝聚着中华大地上人们的价值共识和精神追求，塑造着人们共享的精神家园，为人们提供着共同的精神文化滋养，具有世界上其他民族不具有的中国风格和中国特色。

中华民族文化价值体系所具有的核心精神可以从五个方面来说明。

第一，中华民族在文化心态上以更加积极的姿态融入当今世界历史发展潮流。中华民族及其文化价值体系的历史形成过程是中华民族作为

---

① 马克思、恩格斯：《马克思恩格斯论中国》，人民出版社，2018，第59页。

独立的民族和文化共同体在近代世界历史形成过程中得以觉醒和确立的过程，是中华民族打破封闭隔绝状态积极融入世界历史和人类文明发展洪流的过程。众所周知，针对近代随着社会生产力的发展而引发的世界范围内分工—协作体系的历史形成和各民族之间的交往互动，马克思、恩格斯曾说："各个相互影响的活动范围在这个发展进程中越是扩大，各民族的原始封闭状态由于日益完善的生产方式、交往以及因交往而形成的不同民族之间的分工消灭得越是彻底，历史也就越是成为世界历史。"① 物质生活资料的生产和再生产，促使人们在生产劳动过程中彼此联系起来，而生产的社会化分工的日益扩大和加剧更造成了人们彼此交换劳动产品的需要，不同的国家和民族注定在物质经济利益驱动下开展广泛而深入的交流，从而打破原来各自封闭、孤立的状态而融合在一起。然而，对任何民族来说，在融入世界历史的过程中，除因物质生产、分工和交往这些"完全物质的、可以通过经验证明的行动"②，民族自我意识的觉醒和民族文化精神世界的塑造也是真实的活动。正如同每个现实的人一样，每个民族既是具体的物质性存在，也是具体的精神性存在，都有自己的文化和精神世界。民族自我意识不是一个抽象概念，是属于同一个民族的所有人在以其他民族为参照重新审视和反思本民族时所形成的集体意识。民族的这种自我意识，不是黑格尔所谓"世界精神"或某个形而上学幽灵抽象行动的结果，相反，恰恰是在民族形成过程中，在与其他民族相互交往、互动、冲突、博弈、较量的过程中，历史地形成的。一方面，正如马克思、恩格斯所说："各民族的精神产品成了公共的财产。民族的片面性和局限性日益成为不可能，于是由许多民族的和地方的文学形成了一种世界的文学。"③ 各个民族通过精神交往而促成了日益融为一体的世界性文化和人类文明，不同民族享有和消费着普遍性的公共精神财产。另一方面，也不能否认，每个民族也正是因为自身的原创活动而拥有独立的文化传统，拥有独特的文化自觉意识和精神财产。

---

① 马克思、恩格斯：《马克思恩格斯选集》第 1 卷，人民出版社，2012，第 168 页。
② 马克思、恩格斯：《马克思恩格斯选集》第 1 卷，人民出版社，2012，第 169 页。
③ 马克思、恩格斯：《马克思恩格斯选集》第 1 卷，人民出版社，2012，第 404 页。

在世界历史的形成过程中，每个民族都只能在世界普遍性文化和人类文明的形成过程中吸收和借鉴人类文明的公共成果以实现自身历史向世界历史的转变，又只能通过自己原创性、独创性的特殊文化使自己区别于其他一切民族，确保自身精神文化上的独立和完整。近代中国历史证明，中华民族并没有在融入现代文明过程中迷失自己，而是既保持和传承了自己的文化传统，实现了中华优秀传统文化的创造性转化和创新性发展，也更全面地吸收和借鉴了西方资本主义文明，因而既很好地维护了自己文化的独立性、特殊性，又积极地获得了整个人类现代文明的普遍性、科学性，始终与人类社会发展相一致、相统一。自改革开放以来，中华民族更是以越来越广阔的胸怀、越来越积极的心态走向和融入整个世界，广泛而深入地参与了人类当代文明的创造。

第二，中华民族在文化精神上以更加坚定的文化自信挺立于世界民族之林。作为最古老的东方大国，中国在近代遭受难以言表的屈辱与磨难，曾经为人类文明做出过不可磨灭贡献的中华民族几乎到了亡国灭种的可怕境地。中国沦落为半殖民地半封建社会，中华民族在世界民族之林中丧失了自身的独立和自由，绵延五千多年的中华文明在西方资本主义坚船利炮攻击下黯然失色，中国人一度丧失曾经的文化自信。但当牢固的中华"帝国"在西方列强的侵略之下遭受严重危机的时候，中华民族却给人类世界带来新的曙光，因为不屈不挠的中华民族注定浴火重生，焕发出新的生机和活力，从而引起整个世界的深刻变革，对人类文明发展产生广泛而深远的影响。马克思、恩格斯强调："有一个事实毕竟是令人欣慰的，即世界上最古老最巩固的帝国八年来被英国资产者的印花税带到了一场必将对文明产生极其重要结果的社会变革的前夕。"① 为了拯救民族危亡，以洪秀全、康有为、严复、孙中山为代表的中国先进分子，领导人民奋力反抗，奔走呐喊，进行了可歌可泣的斗争，只可惜他们从西方寻找到的真理最终都不能挽救中国和中华民族，理想总不能实现，国家的情况一天比一天更坏。在俄国十月革命的启发下，以毛泽东为代

---

① 马克思、恩格斯:《马克思恩格斯全集》第10卷，人民出版社，1998，第277页。

表的中国共产党人最终找到了马克思列宁主义这一科学地观察国家和民族命运的理论工具,从此中国革命的面貌和中华民族的前途发生了根本性改变。马克思主义不仅挽救了中国革命,而且彻底地改变了中国人的思想文化,为中华文明注入了新的血液,植入了新的文化基因。毛泽东对马克思主义对中国文化的深刻影响和历史性重塑给予了高度评价,他说:"自从中国人学会了马克思列宁主义以后,中国人在精神上就由被动转入主动。从这时起,近代世界历史上那种看不起中国人,看不起中国文化的时代应当完结了。伟大的胜利的中国人民解放战争和人民大革命,已经复兴了并正在复兴着伟大的中国人民的文化。这种中国人民的文化,就其精神方面来说,已经超过了整个资本主义世界。"① 因此,在他看来,"西方资产阶级文化,一遇见中国人民学会了的马克思列宁主义的新文化,即科学的宇宙观和社会革命论,就要打败仗"②。而在新中国成立前夕的第一届政协会议开幕致辞中,他则庄严地宣告:"中国人被人认为不文明的时代已经过去了,我们将以一个具有高度文化的民族出现于世界。"③ 新中国的成立,为中华民族和中华文化的复兴奠定了基本的政治基础,而在马克思主义指引下,中国在完成新民主主义革命后开启了社会主义革命和建设,继而掀起了轰轰烈烈的彻底改变中国面貌的改革开放,中华民族形成了以中华优秀传统文化、革命文化和社会主义先进文化为根本内容的中华新文化,创造了人类文明新形态。如今,中华民族以更加坚定的文化自信挺立于世界民族之林,再也没有了文化心理上的自卑。

第三,中华民族在文化实践上始终坚持中华民族共同体意识的塑造。中华民族以汉族为主体,拥有众多少数民族,在新中国成立前,一些少数民族还没有最终辨别和确认,但在近代抗击外族侵略的过程中却历史地形成了中华民族共同体意识,形成了为各个民族所普遍认同和接受的文化价值体系。民族问题在各个国家都比较复杂,一旦处理失当,就可

---

① 毛泽东:《毛泽东选集》第 4 卷,人民出版社,1991,第 1516 页。
② 毛泽东:《毛泽东选集》第 4 卷,人民出版社,1991,第 1514—1515 页。
③ 毛泽东:《毛泽东选集》第 5 卷,人民出版社,1977,第 6 页。

能造成严重的灾难。但中国共产党在马克思主义这一科学的世界观和方法论指引下,彻底地改变了中国历史上曾反复出现的民族问题。解放前,中国共产党在团结、带领广大人民群众进行革命斗争的过程中,特别是在红军长征期间、抗日战争期间和解放战争期间,妥当地解决了民族冲突问题,实现了全国各民族的大联合,最终取得了抗日战争、解放战争的伟大胜利。而新中国成立后不久,毛泽东就指出要"批判大汉族主义",并强调"在各地所发现的问题,都证明大汉族主义几乎到处存在",而在他看来,"大汉族主义是一种资产阶级思想"[1],而不正常的民族关系"对于共产党人说来,是不能容忍的","必须深刻批评我们党内在很多党员和干部中存在的严重的大汉族主义"[2]。毛泽东特别指出:"汉族这么多人,容易看不起少数民族,不是真心诚意地帮助他们,所以必须严格地反对大汉族主义。当然,少数民族中间会要发生狭隘民族主义的,那也要反对。但是,这两个东西,主要的、首先要反对的是大汉族主义。只要汉族同志态度正确,对待少数民族确实公道,在民族政策上、民族关系的立场上完全是马克思主义的,不是资产阶级的观点,就是说,没有大汉族主义,那么,少数民族中间的狭隘民族主义观点是比较容易克服的。"[3] 因此,正是因为中国共产党人立足马克思主义立场,在中华民族共同体意识塑造上化解了西方很多多民族国家如今依然尖锐的民族矛盾和冲突,为中华民族的伟大复兴奠定了共同的思想情感基础。

第四,中华民族在文化容量上始终坚持万物并育、做到和而不同。中华优秀传统文化本身就具有最大的包容性。中华民族文化价值体系具有最强大的包容性,任何否定文化包容性的极端做法最终都被历史地扬弃掉,而不同文化因素更和谐地共处于以中华民族为主体的更宏大的文化价值体系之中。中国先秦时期不仅形成了像道家、儒家、法家、墨家、阴阳家、兵家等诸子百家本土文化,而且还善于吸收融合像佛教、伊斯兰教、景教等各种外来文化。不可否认,中国历史上经历了多次排佛、

---

[1] 毛泽东:《毛泽东选集》第5卷,人民出版社,1977,第213页。
[2] 毛泽东:《毛泽东选集》第5卷,人民出版社,1977,第75页。
[3] 毛泽东:《毛泽东选集》第5卷,人民出版社,1977,第213页。

禁佛或灭佛事件，如唐朝时期偏爱道家思想的唐武宗、五代十国时期的周世宗最极力反对佛教，给当时盛极一时、严重危及国家经济社会发展的佛教以沉重打击；再如，太平天国运动期间，太平军的有些观念和做法就具有极端性，如男女分开、不准结婚、排满等，而排佛也在其中。但历史证明，在中国这些极端观念和做法注定遭受拒斥和失败。针对太平军的排佛活动，马克思曾指出："汉族造反者开始了反对佛教的真正的十字军讨伐，烧毁寺庙，杀死和尚。但是鞑靼人信奉佛教，而承认中国主权的西藏是大喇嘛的所在地，被信仰佛教的人看作是圣地。因此，如果天王能够把清王朝赶出中国，以后他将不得不同鞑靼人的佛教政权进行宗教战争。"① 事实是，作为外来文化，佛教以及伊斯兰教、景教、基督教等并没排斥出去，相反，它们最终因吸收、融合了中国传统的儒家思想、道家思想，与中华传统文化深度磨合，彻底地实现了本土化，更加符合了中国国情和民众需要。中华民族最终确立了以儒道佛相融合为特征的极具包容性的中华文化价值体系，却没有像欧洲和中东地区那样发生真正意义上的宗教战争。这种包容性体现为中华文化对任何外来文化都具有强大的吸收、转化和再创新的能力。如上所述，这种动力结构，赵汀阳称之为"旋涡模式"。

第五，中华民族在文化交流上抛弃了妄自尊大的态度而更加谦虚谨慎。中华优秀传统文化中有着谦虚谨慎的文化基因，曾经的天朝帝国因自我封闭、盲目自大而落后遭人侵略凌辱的悲惨屈辱史已经沉痛地教育了中华民族。经过一百多年的伟大斗争，中华民族终于又挺立于世界民族之林，为自己赢得了独立和尊严。但新中国成立之初，毛泽东就告诫说："世界上的事情总是谨慎一点好。"② 他反对骄傲自满就"吹牛皮""翘尾巴"。那时，我们的制造业远不如西方国家，连一辆汽车、一架飞机、一辆坦克、一辆拖拉机都不能制造，但那时他就提醒全国人民："牛皮不要吹得太大，尾巴不要翘起来"③。在他看来，不能说能造一辆就可

---

① 马克思、恩格斯：《马克思恩格斯全集》第 13 卷，人民出版社，1998，第 117 页。
② 毛泽东：《毛泽东选集》第 5 卷，人民出版社，1977，第 87 页。
③ 毛泽东：《毛泽东选集》第 5 卷，人民出版社，1977，第 130 页。

以翘起来，造得越多就可以翘得越高，相反，要始终保持谦虚态度，他甚至说，"一百年也不要骄傲。永远也不要翘尾巴"①，"我国强大了，也要谦虚，永远保持学习的态度"②。我们知道，邓小平特别强调在国际舞台上要"韬光养晦"，不可锋芒毕露。可以说，中华民族如今更注重谦虚谨慎，而一旦有一点吹牛皮、翘尾巴的苗头，就会有很多人警觉起来，提醒广大民众不可犯了满清政府当年天朝帝国的自大、虚骄与傲慢。

三、大变局背景下中华民族文化价值体系的现实境遇与历史重建

当今世界正经历着百年未有之大变局，而急剧的世界格局变化给各国经济、政治、文化、军事、科技发展等造成了前所未有的复杂态势。任何国家和民族只有置身世界大变局，架起历史望远镜，着眼国家民族长远发展的战略全局，才能坚守定力，戒骄戒躁，透过时代迷雾和乱象，洞察大变局中的机遇与挑战，在协调统筹各种工作中，抓住机遇，迎接挑战，创造性地实现国家和民族的历史性发展。然而，对于中国和中华民族来说，如何在这一过程中让全体人民形成普遍的思想和价值共识，凝聚起实现中华民族伟大复兴中国梦的磅礴力量，则是当下极为关键的问题。当前我们虽然在马克思主义指导下，大力发展弘扬中华优秀传统文化、革命文化和社会主义先进文化，倡导践行社会主义核心价值观，但整个社会思想文化还存在着不少的混乱和问题，还有待于激浊扬清，以营造整个社会积极奋进、同心同德的精神风貌。从根本上说，在世界经历大变局的当前，我们还需要认真地反思和审视中华民族文化价值体系中存在的矛盾和问题，以开展积极的历史重建工作。

不可否认，当前世界遭遇的百年未有之大变局构成了我们反思和审视中华民族文化价值体系的时代背景。近代的资产阶级通过暴力在地球

---

① 毛泽东：《毛泽东选集》第5卷，人民出版社，1977，第131页。
② 毛泽东：《毛泽东选集》第5卷，人民出版社，1977，第97页。

上到处侵略、掠夺、殖民,既为自己销售商品开辟了世界市场,又为自己的生产夺得了原材料,并确立了以市场为基础的生产贸易体系,确立了自己在世界经济政治体系中的霸权和支配地位。然而,经历两次世界大战,整个世界格局发生了深刻变化,形成了以美苏为首的两大阵营,展开了长期的冷战较量。而伴随着东欧剧变、苏联解体、冷战结束,人类社会又经历了前所未有的变化,国际社会主义运动陷入低潮,资本主义似乎又有了一统天下的局面。然而,历史并没有像美国学者福山"历史终结论"所预言的那样人类社会将以资本主义制度为最高终结,相反,近些年来,伴随着中国、印度、巴西等新兴市场国家的出现,整个世界呈现出多极化发展趋势。与此同时,看似依然保持着唯一超级大国地位的美国及其西方盟友,却出现明显的衰败倾向,其实力、创新力远不如从前;同时,尽管美国经济体量仍居世界第一,但其世界经济增长贡献率却逐渐被中国所超越,自 2006 年以来中国已经连续多年长期稳居世界第一,成为世界经济增长的引擎,成为世界第一大工业国、第一大货物贸易国、第一大外汇储备国、第二大外资流入国。不甘沉沦和衰亡的美国等西方资本主义国家,为了维护其在世界经济发展中的主导地位、霸权地位,对以中国为首的新兴国家寻找各种借口发起了一轮又一轮的经济制裁和技术围阻。美国肆意发动对中国的贸易战,对中兴、华为的封杀和制裁,看似打压的是中国个别企业,实际旨在打压中国高科技企业,阻止中国高新技术产业发展。而这恰似当年长期辉煌又不甘衰亡的大英帝国豪横一时的霸道风格。恩格斯指出:"为了保护本国的工业,使它不致死亡,英国必须使其他国家的工业停留在很低的水平上;对它来说,保持工业的垄断已经不纯粹是一个获利多少的问题,而变成一个生死存亡的问题了。"[1] 但是这种关乎生死存亡的斗争,更为激烈和残酷,也正如恩格斯所说,其结果无论如何,对任何一方都不可能带来好处,相反,"它只能引起社会革命"[2]。实际上,以美国为首的西方国家妄图维护其帝

---

[1] 马克思、恩格斯:《马克思恩格斯论中国》,人民出版社,2018,第 129 页。
[2] 马克思、恩格斯:《马克思恩格斯论中国》,人民出版社,2018,第 129 页。

国主义、殖民主义统治所发起的单边经济制裁、技术围阻乃至武装干涉，根本无法维系其曾经的霸权，也无法保障旧的世界经济政治秩序，相反，只可能更加迅速地导致旧的世界经济政治体系的瓦解。严格地说，当前整个人类社会正经历着深刻的变化，整个世界正经历着前所未有的大变局，而当前在新冠肺炎疫情肆虐背景下由美国等北约国家激化和挑起的俄乌冲突，更加剧着这场大变局的动荡和不安，更使整个西方国家卷入其中，使英国、欧盟各国陷入日益严峻的国内经济政治危机和能源危机，导致严重的社会问题和人道主义灾难。美国是当前世界上最不安定的因素，是全球麻烦的最大制造者，而其自身内部日趋尖锐的政党冲突和难以弥合的社会分裂，亦是不争的事实，在整个世界上已经引起越来越多有识之士的严厉批评和指责。

然而，对世界百年未有之大变局最具有影响力的重要变量是中国的和平崛起和中华民族的日益复兴。贫穷不是社会主义，实现人民群众对美好生活的向往和追求，才能更好地体现社会主义的优越性。改革开放之前，尽管中国共产党带领全国各族人民进行了卓有成效的社会主义革命和建设，但遭遇了不少的挫折和困难，并没有使国家和人民摆脱贫困的局面。邓小平说："国家这么大，这么穷，不努力发展生产，日子怎么过？我们人民的生活如此困难，怎么体现出社会主义的优越？"① 为此，他强调一定要"一心一意搞建设"②，大力发展社会生产力，实现社会主义物质文明和精神文明的共同繁荣。针对20世纪末的世界局势，邓小平提出了"和平与发展"是当今世界最鲜明的时代主题的科学论断，为中国全面谋划自身的经济社会发展奠定了基本战略框架。他说："现在世界上真正大的问题，带全球性的战略问题，一个是和平问题，一个是经济问题或者说发展问题。和平问题是东西问题，发展问题是南北问题。概括起来，就是东西南北四个字。南北问题是核心问题。"③ 邓小平不仅从总体上抓住了世界问题的实质，而且抓住了问题的核心。他强调，"中国

---

① 邓小平：《邓小平文选》第3卷，人民出版社，1993，第10页。
② 邓小平：《邓小平文选》第3卷，人民出版社，1993，第9页。
③ 邓小平：《邓小平文选》第3卷，人民出版社，1993，第105页。

的发展对世界和平和世界经济的发展有利"①,而且"中国发展得越强大,世界和平越靠得住"②,并承诺说:"中国永远不会称霸,永远不会欺负别人,永远站在第三世界一边"③。邓小平所确立的这一和平发展战略为以后历届中央领导集体所继承,而经过40多年的努力中国终于在经济发展和综合国力上实现了历史性突破,如今已经走近世界舞台的中央,成为当今世界大变局中举足轻重、不可或缺的重要变量。中国创造了经济快速发展和社会长期稳定两大奇迹,也迎来了中华民族伟大复兴的光明前景。正如习近平所指出的:"实现中华民族伟大复兴,就是中华民族近代以来最伟大的梦想。这个梦想,凝聚了几代中国人的夙愿,体现了中华民族和中国人民的整体利益,是每一个中华儿女的共同期盼。"④ 在庆祝中国共产党成立100周年大会上的讲话中,他感叹说:"一百年来,中国共产党团结带领中国人民进行的一切奋斗、一切牺牲、一切创造,归结起来就是一个主题:实现中华民族伟大复兴。"⑤ 而历史证明,"今天,中华民族向世界展现的是一派欣欣向荣的气象,巍然屹立于世界东方"⑥,中华民族从没有像今天这样接近自己的复兴,中华民族终于迎来了从站起来、富起来到强起来的伟大飞跃。

中国的和平崛起和中华民族的日益复兴,彻底地改变了中国和中华民族在整个世界人民心目中的文化形象,中华文化也越来越来越具有魅力,越来越吸引着全世界更多国家和民族的青睐和欣赏,更有一些既希望加快发展又希望保持自身独立的国家和民族自觉地学习和借鉴中国实现现代化的智慧和方案。从根本上说,实现中华民族伟大复兴的中国梦,必须凝聚强大的精神力量,必须铸牢中华民族共同体意识。习近平强调:

---

① 邓小平:《邓小平文选》第3卷,人民出版社,1993,第79页。
② 邓小平:《邓小平文选》第3卷,人民出版社,1993,第104页。
③ 邓小平:《邓小平文选》第3卷,人民出版社,1993,第56页。
④ 习近平:《习近平谈治国理政》第1卷,外文出版社,2018,第36页。
⑤ 习近平:《在庆祝中国共产党成立100周年大会上的讲话》,《人民日报》2021年7月2日。
⑥ 《中共中央关于党的百年奋斗重大成就和历史经验的决议》,人民出版社,2021,第63页。

"中国特色社会主义进入新时代，中华民族迎来了历史上最好的发展时期。同时，面对复杂的国内外形势，我们更要团结一致、凝聚力量，确保中国发展的巨轮胜利前进。"[1] 而要凝聚精神力量，铸牢中华民族共同体意识，归根结底要以社会主义核心价值观为基础打造中华民族更加完整和科学的文化价值体系。习近平强调："一个民族、一个国家的核心价值观必须同这个民族、这个国家的历史文化相契合，同这个民族、这个国家的人民正在进行的奋斗相结合，同这个民族、这个国家需要解决的时代问题相适应。"[2] 中华民族文化价值体系是中国人民和中华民族价值共识形成的基础，反映着每位中国人和中华儿女的价值观念、思维方式、精神信仰和理想追求，是凝聚实现中华民族伟大复兴巨大精神力量的最终源泉。这一文化价值体系起着营造中华民族共同的精神家园，达成中华儿女价值共识，为每位中华儿女提供精神信仰支柱和鼓舞共同意志的作用。在这一文化价值体系中，中国人民和中华民族的每个儿女都具有共同的话语、思维、情感、价值观念、行为模式和精神追求。客观而言，这种意义上的中华民族文化价值体系我们还没有真正地塑造起来。为此，李德顺教授指出："文化价值体系的反思和重建，是中华民族伟大复兴的历史任务。"[3]

为在当前世界正经历的大变局中更好地实现中华民族真正强大起来的伟大飞跃，就必须抓住当下机遇，科学地反思和审视当前中国文化思想发展中存在的问题，在马克思主义指导下，以社会主义核心价值观为引领，实现中华民族文化价值体系的历史重建。这种历史重建，从大原则上来说，关键要解决好以下问题。

第一，要重新界定中华民族，形成清晰的中华民族自我意识。对一个民族和国家来说，正确地认识自己，形成清晰的民族意识和国家意识，如同一个人抓住了自己的人生哲学的主题、明确了自己的终生奋斗目标一样。习近平强调："一个民族、一个国家，必须知道自己是谁，是从哪

---

[1] 习近平：《习近平谈治国理政》第3卷，外文出版社，2020，第299页。
[2] 习近平：《习近平谈治国理政》第1卷，外文出版社，2018，第171页。
[3] 李德顺：《中华文明与中国话语》，《中国政法大学学报》，2022年第3期。

里来的，要到哪里去，想明白了、想对了，就要坚定不移朝着目标前进。"① 无疑，自近代以来，中华民族始终在进行着自我认识，也始终在塑造着自己的形象，但这种自我认识和自我塑造还任重道远，还有许多重要的工作要做。当前，整个世界处于高度流动的状态，华人遍布地球的各个角落，究竟谁属于中华儿女，谁是中华民族的一员，是按血统来划分，按文化传承来划分，还是按国籍来划分，似乎都存在着极大的麻烦。根本的问题是，中华民族到底是谁，如何定位，依然需要我们认真地思考。但不争的事实是，中华大地依然是中华民族的根本栖息地，是中华民族实现伟大复兴的根基，广大的中华儿女正为了自己的复兴梦想而努力奋斗着。通过自觉的反思，中华民族注定越来越清晰地认识自己，塑造起更统一、完整的自我形象。

第二，要为中国人民和中华民族提供丰富的精神财富和精神滋养。物质财富和精神财富都不可匮乏，随着小康社会的全面建成，中国人民和中华民族彻底摆脱了困扰了几千年的绝对贫困问题，日益实现了物质生活上的宽裕和丰富。自改革开放以来，虽然我们重视物质文明和精神文明并举，强调"两手抓、两手都要硬"，近些年来在文化发展上也做出了很多努力，取得了显著的成绩，但不可否认，我们在精神财富的创造和丰富上还存在着一定程度上的不足，还不能提供更多样丰富的文化产品和精神食粮以满足广大人民过上美好生活的新期待。习近平强调："实现中华民族伟大复兴的中国梦，物质财富要极大丰富，精神财富也要极大丰富。"② 精神财富的极大丰富既需要依靠文化产业的发展和文化产品的丰富，更需要靠文化产品内在的价值理念和精神信仰的提升。文化产业和文化产品如果缺乏科学的、理性的、充满魅力的价值理念，不能凝聚人心，就难以塑造全民族共同的理想信念，使整个民族达到同心同德、凝神聚力为尽快实现中华民族伟大复兴而奋斗的目的。

第三，要自觉地、彻底地铲除当代中国社会各种负面文化现象滋生

---

① 习近平：《习近平谈治国理政》第 1 卷，外文出版社，2018，第 171 页。
② 习近平：《习近平谈治国理政》第 3 卷，外文出版社，2020，第 323 页。

的土壤。不可否认，当代中国社会思想文化呈现出多元化、多样化的发展态势，在社会主义先进文化主旋律之下，由于各种因素，还存在和滋生着各种负面文化现象。这既有中华传统文化中一些陈旧文化的延续和复活，如官本位文化、圈子文化、码头文化、站队文化、裙带文化、面子文化等，也有改革开放以来，特别是随着市场经济和互联网发展而滋生的文化现象，如网络暴力现象、低俗媚俗现象、泛娱乐现象、炫富炫秀现象、饭圈现象、偶像迷恋现象、佛系现象、躺平现象等。在党内，一些党员干部当面一套、背后一套，当两面派，做两面人，信奉潜规则，喜欢出彩、出风头，却不敢作为、不敢担当，做工作推诿拖延扯皮，善于耍花样，搞变通，削弱党的组织力量，破坏党在人民群众中的形象。在社会上，相当多的人借助现代媒体技术平台，制造话题，造谣传谣，误导舆论，低俗媚俗，诋毁崇高，消解理想，煽动仇恨，制造分裂，整个社会充满浮躁和戾气，严重破坏着社会和谐稳定。前些年，针对"芙蓉姐姐"等现象，早有人指出："不难想见，在思想颓靡、无所追求的精神氛围浸淫下，那些坚持纯正、高尚价值观的人们反而会受到漠视和拒斥。为了适应喧嚣熙攘的世俗生活，一些人或许要扭曲人格，躲避崇高，学会与为数众多的精神格调不高者相处。"[①] 实际上，这种状态不仅没有得到彻底改变，在一种程度上和一定范围内，还有所泛滥。总之，这些负面文化，存在于党内，就是滋生腐败的毒瘤；存在于社会上，就是消解社会价值共识和凝聚力的毒剂。加大力度彻底清除一切侵蚀党的健康肌体的病毒，根除滋生社会负面文化现象的土壤，大力营造风清气正的政治生态和社会文化生态，才能积聚社会正能量，唱响社会主义先进文化主旋律，凝聚实现中华民族伟大复兴的磅礴力量。

　　第四，要高度警惕西方敌对势力对中华文化的各种渗透和侵蚀。当代人类社会已经全面进入全球化时代，越是随着全球化的深入发展，不同文化之间的交往交流交锋越是频繁和激烈。在此过程中，既要善于通

---

① 薛克智：《"芙蓉"现象：筐防浮躁和庸借的负画文化效应》，《红旗文稿》2005年第15期。

过交流互鉴不断发展和壮大本民族的文化,也要高度警惕西方资本主义文化和各种错误思潮对中华文化的渗透和侵蚀。以美英为首的西方资本主义国家在整个世界遭遇百年未有之大变局的当下,在看到自己力量日益衰微而难以维持的情形下,总梦想着通过制造新的冲突和斗争来把持天下。如果说西方的霸权主义、帝国主义文化还容易为人所识别,那么他们通过"普世价值观"、历史虚无主义、新自由主义、公民社会思想、宪政民主思想所宣扬的西方价值观念、政治理念、自由理念、民主理念,却严重地影响着中国广大民众的思想,侵蚀着中国社会文化有机体,导致中国社会思想文化的混乱。这些错误的社会思潮偷换概念,宣扬对立,割裂共识,违背历史,鼓吹无条件的自由和个性,具有极大的迷惑性、欺骗性和破坏性,实际上起着分化和瓦解中华民族的作用。事实上,美国及其盟友在整个世界范围内搞的一切干涉活动,特别是与日本、韩国、澳大利亚等国家联手推进的亚太战略、印太战略,无不暴露了对以中国为代表的新兴发展中国家的敌视和围阻。中国是一个曾经长期遭受帝国主义侵略和殖民的国家,中华民族不会忘记这段屈辱悲惨的历史。回忆起清末八国联军侵略中国时,邓小平曾说:"要懂得些中国历史,这是中国发展的一个精神动力。"① 因此,作为中国人,作为中华民族的儿女,要始终对西方敌对势力保持高度的警惕,不仅要在经济上、政治上、军事上做好防范,而且要在文化上、思想上、价值观念上严防死守。传承中华文化精神血脉必须要有这种高度的自觉意识和警惕性。

【执行编辑:杨　丽】

---

① 邓小平:《邓小平文选》第3卷,人民出版社,1993,第358页。

梁漱溟"文化三路向"的价值哲学意蕴*

姜春兰**

【摘　要】 从价值哲学分析梁漱溟的"文化三路向",蕴含着"价值是什么"以及"价值冲突下如何选择"两个主要议题。梁漱溟所说的"意欲"就是价值,基于意欲是否"满足"可以判定中、西、印三方文化分别以追求幸福价值(福)、正义价值和崇高价值(德)为主旨。从三种价值本身来看,幸福价值与崇高价值存在"德福二律背反",这是梁氏"文化三路向"受到质疑的原因之一。为此,梁漱溟提出了以中国"正义价值"为本、结合"幸福价值"、排斥崇高价值的解决路径。尽管此解决路径尚有问题存在,但考查中国近现代发展的现实却发现与之多有契合。结合梁漱溟的社会实践,"文化三路向"理论为我们指明了实现价值取向有赖于发挥"主体"的潜能。

【关键词】 梁漱溟;文化三路向;价值哲学

---

* 2021年陕西省哲学社会科学重大理论与现实问题一般项目:"国家文化安全观视域下的陕西文化安全建设研究"(2021ND0160)。

** 姜春兰,西北政法大学研究生院、西安翻译学院高级翻译学院副教授,主要研究方向为文化哲学、文化安全。

鸦片战争后，中国面临着双重危机：一是"存在性"的，一是"制度性"的。存在性的危机是指对于生命价值、存在意义、人格发展、道德完善等的生命忧患；制度性的危机则是政治的焦虑，其对象主要是政治的价值、制度的意义、法律规范的设立以及治理的改进。相对而言，"存在性"的危机一直存在，具有恒常性，这是中华文化不断发展的内在驱动力，属于"内生型"危机。而"制度性"的危机则是时代性的，特别是在鸦片战争之后，旧制度崩溃而新制度未立，此时爆发的制度性忧患极为强烈。这一危机客观上源自西方资本主义国家的侵略，是"外源型"的。面临双重危机，国人提供了诸多救国方案，梁漱溟的"文化三路向"便是其中独树一帜的理论学说，为我们提供了一个颇具特色的现代化建设方案。

一、价值哲学视域下的"文化三路向"学说

1920年，在新文化运动"打倒孔家店"的高潮中，梁漱溟发表了著作《东西文化及其哲学》，其所持的"尊孔"观点以及"文化三路向"引发了众多关注。梁漱溟认为世界上的主要文化有西方文化和东方文化两大支，后者又有中国化和印度化，概括而来，世界主流文化即以中、西、印三方为主要代表。审查三方文化的异同，梁漱溟批判了当时主流如李大钊、胡适以及梁启超等的观点。他指出李守常认为印度"厌世的人生观不合于宇宙进化之理"，将印度文化一笔勾销；他以"静的精神"四字来诠释东方文化，因此也可以"根本不要"；胡适主张东西文化将来必能融通。这类"东方文化根本不要，或者东西文化必将融合"的看法在梁漱溟看来都是"迷离含混""极其含糊"的。梁漱溟同样认为"梁任公所讲也不对，假使中国的东西仅只同西方化一样便算可贵，则仍是不及人家，毫无可贵！"梁认为：中国化如有可贵，必在其特别之点，必须有特别之点才能见长。① 据此，梁漱溟提出了自己的观点。

---

① 梁漱溟:《梁漱溟全集》第1卷，山东人民出版社，2005，第342页。

首先，确定文化不同的根源在于价值不同，梁漱溟说："据我们看来，所谓一家文化不过是一个民族生活的种种方面。总括起来，不外三方面：第一，精神生活；第二，社会生活；第三，物质生活。"① 生活又是什么呢？生活就是没尽的"意欲"和那不断的满足与不满足罢了。去求一个文化的根本或源泉，你只要去看文化的根源的意欲，这家的方向如何与他家的不同。②

梁漱溟一直说自己是"问题中人"，在追索中西文化差异这一问题的时候，通过由表及里、追根溯源的方法，他认为文化差异在于文化的"根源"，要看"意欲"有何不同，这才是区分不同文化的基础。实质上，梁漱溟所认为的"文化根源的意欲"即是价值哲学中的"价值"。价值是对世界"应是什么""应该怎样"的回答，而这一回答是否正确，要以主体人的需要——生存与发展的需要为标准。③ 梁漱溟就是从"需要"这一角度出发，根据生活中人的"意欲"是否得到满足可以区分不同的价值取向，而这正是中国文化之所以称为中国文化、西方文化之所以称为西方文化最本质的东西。

其次，通过主体人的"意欲"是否满足，判定中、西、印三方的不同价值取向。梁漱溟认为"文化"既存在于生活中是变化的，"一家民族的文化原是有趋往的活东西，不是摆在那里的死东西"；又是互相联系的，"一家民族的文化不是孤立绝缘的，是处于一个总关系中的"④。"从以往到未来，人类全体的文化是一个整东西，现在一家民族的文化，便是这全文化中占一个位置的。"因此，梁漱溟认为李守常只是把东方文明属"静"，西方文明属"动"，"而没能替他们在总关系中求个位置所在"；而与胡适类似的认为东西文化可以融通，却没清楚指出"东方文化是什么价值"；因此，二位的态度是"糊涂、疲缓、不真切的。"

---

① 梁漱溟：《梁漱溟全集》第 1 卷，山东人民出版社，2005，第 339 页。
② 梁漱溟：《梁漱溟全集》第 1 卷，山东人民出版社，2005，第 352 页。
③ 赵馥洁：《中国传统哲学价值论》，陕西人民出版社，1991，第 1 页。
④ 梁漱溟：《梁漱溟全集》第 1 卷，山东人民出版社，2005，第 353 页。

鉴于此，梁漱溟通过四步展示了中、西、印三家文化的特色，并在总的关系中确定了三家文化：第一步，抽出特异采色；第二步，寻求本源；第三步，总览来历去看"西方化"是不是如此；第四步，总览来历再看"东方化"是不是如此。根据生活的根本在意欲，而文化不过是生活的样法，梁漱溟认为文化之所以不同是由于意欲之所向不同是很明的。经过分析，梁漱溟得出了自己的"文化三路向"理论。

第一，西方化的特色：科学与个性伸展、社会性发达的"德谟克拉西"，其路向为"意欲向前的路"；第二，中国文化是以意欲自为、调和、持中为其根本精神的；第三，印度文化是以意欲反身向后要求为根本精神的。①

在借助西方柏格森哲学、罗素的社会改造原理以及佛教唯识学的基础上，梁漱溟立足中国传统儒学，从哲学层面阐发了"三方生活之真解"：西洋生活是直觉运用理智的；中国生活是理智运用直觉的；印度生活是理智运用现量的。②

按照梁漱溟的理解，哲学是思想之系统，思想又是知识的进一步，现量、比量和非量是构成知识的三种工具，其中非量就是直觉。直觉是指从现量的感觉到比量的抽象概念之中间的那个阶段。梁漱溟认为，直觉一词比非量更为有效，因此采用直觉与现量和比量并列，作为构成知识的三种工具。其有效之处就在于，直觉与理智的辩证关系可以凸显中、西、印三方价值追求的各自特色。理智是什么？理智是无私的，是静观的，自己不会动作而只是一个工具。③ 西方文化中理智作用太强太盛，役使"理智"工具的就是"直觉"。

因此，梁漱溟认为西方文化从物质、精神到社会生活都体现了直觉运用理智"人与自然相分离"的特色。而中国文化，社会生活上人与人尚情感而鲜计较，人与自然尚浑融，生活之一切学术玄学化、艺术化，都是用直觉。中国这种凭直觉的生活是极高明的一种生活，要理智大发

---

① 梁漱溟：《梁漱溟全集》第 1 卷，山东人民出版社，2005，第 383 页。
② 梁漱溟：《梁漱溟全集》第 1 卷，山东人民出版社，2005，第 485 页。
③ 梁漱溟：《梁漱溟全集》第 1 卷，山东人民出版社，2005，第 485 页。

达之后才能行,所以中国文化的"理智运用直觉"其实分为两层:首先直觉用理智,其次以理智再来用直觉,这里就明显看出中国文化"多费周折而更进一层"。此论述逻辑上较为严密,为后来梁漱溟阐发中国文化是早熟的文化打下了基础。印度文化主要以佛教为代表,梁漱溟认为佛教排斥理智和直觉,作这条路的生活就是用比量破一切非比量,所以暂且定为"理智运用现量"。

从意欲"是否满足"的价值诉求看"文化三路向",具体可分析为。

第一,西方文化的路向:满足意欲,追求幸福价值;所谓幸福价值,就是指人与物的关系中的"真善美"[①];第二,中国文化的路向:节制意欲,追求正义价值;所谓正义价值,则是指人与人在社会中的伦理关系的"真善美";第三,印度文化的路向:消除意欲,追求崇高价值;所谓崇高价值,则是指人与自我关系的"真善美"。

梁漱溟认为西方文化直觉运用理智,东方文化理智运用直觉,印度文化则是理智运用现量,指出了三者既有区别又有联系、共处在一定的"总关系"中。西方文化重理智,即重幸福价值;中国文化重直觉,即重正义价值;而印度文化重现量,即重崇高价值;三者只是"重点"不同,并非毫无联系。

综上,梁漱溟回答了价值哲学中的两个主要问题:首先,价值是什么?价值就是"文化的根源的意欲";其次,梁漱溟指出了中西文化由于意欲是否得到满足而产生了不同的价值取向。

平心而论,梁漱溟所得出的中、西、印各自"特色"尚有商榷的余地,然而回顾历史,以当时的眼光来看,其结论无疑是创新而富有意义的。蔡元培说:"文化问题,当然不但是哲学问题,但哲学是文化的中坚。梁氏提出的,确是现今哲学界最重大的问题;而且中国人是处在最适宜于解决这个问题的地位。我们要解决他,是要把三方面的哲学史细细地析察,这三种民族的哲学思想,是否绝对地不能并行;是否绝对地不能融合?"蔡强调梁书提出了"现今哲学界最重大的问题",便是肯定了梁

---

① 此处"真善美"是指每一种价值本身是圆融的,又有无限发展的可能。

书的创榛辟莽之功。①

五四新文化运动时期，人人皆曰"奴儒误国"，中国的文化价值在西方文化的冲击下业已到了危急关头，中国濒临要被连根挖断因而难免"断灭之虞"，"打倒孔家店"成为社会主流思潮，而梁漱溟就是在此狂潮怒涛中逆流而上，鲜明地突显了中国文化与西方文化有对等价值且终将成为世界未来的发展趋势，以中国的儒学价值系统与世界未来的理想来挽救国人的意义迷失，"为民族振兴开发最深厚的价值之源"。②贺麟曾指出，能够在新文化运动的"反孔"潮流中代表儒家说话，并且比较有系统、有独到的见解、自成一家言，首推梁漱溟先生所发表的《东西文化及其哲学》。③

二、"文化三路向"学说中的"二律背反"

梁漱溟的《东西文化及其哲学》一书的出版，引起了普遍的轰动和激烈的争论，因为它是近代系统论述文化问题的第一部著作，作者从思辨的意义上提出的"文化三路向"及预言世界文化发展的新思路，发人所未发。但是学者们认为"文化三路向"中的"三方文化"既符合从低到高的顺序，又有三期重现、互为补充，存在"逻辑"上的矛盾与缺陷，对于"将来是中国文化的复兴"持怀疑态度。

如西化派学者胡适认为"文化三路向"只是"整齐好玩的公式"，犯了"笼统的毛病"。李石岑公开说："我于梁君讲西洋文化是向第一条路向，我大体赞成，无所用其批评。我于梁君讲孔子哲学是向第二条路向，我反对……对于梁君讲佛家哲学是向第三个路向，我也要提出抗议。"④他说："譬如西洋人向前走，是左冲右撞走过去的；孔子向前走，

---

① 郑师渠：《在欧化与国粹之间 学衡派文化思想研究》，北京师范大学出版社，2001，第25页。
② 李翔海：《现代新儒学论要》，南开大学出版社，2010，第79页。
③ 贺麟：《五十年来的中国哲学》，上海人民出版社，2012，第22页。
④ 李石岑：《评〈东西文化及其哲学〉》，转引自陈崧：《五四前后东西文化问题论战文选》，中国社会科学出版社，1985，第495、496页。

是一面走一面安排不吃力地走过去的；但都是同一个路向。"李石岑说的"都是朝前面一条大路走""走法不同""快慢不同"，说明了李氏秉持东西文化有"进步、落后"之分的线性发展观。因此，西化派大致否定梁漱溟的"三个路向"，认为只有"一个路向"，因为"快慢不同"，所以要向西方"快"地一路学习，即中国文化要"走西方的路"。

吊诡的是，东方派的学者们同样对此提出了"批评"。张君劢指出梁氏书中自相矛盾的地方："梁先生一方说世界未来文化是中国文化，而他方又说中国应采西方文化，此两说如何合得到一起，吾苦难索解。"① 张东荪批评梁氏既主张对西洋文化全盘承受，又主张将中国原有的东西批评地拿出来，这岂不是调和论吗？刘伯明在概述了"三种倾向"之后说："吾以为，梁君所述率皆偏而不全，易滋误解。……各走各路之说则不可持，而吾以为，谓西方化与中国化调和可，谓中国化与西方化调和亦无不可。"② 因此，梁漱溟被认为既想"复兴"东方文化，又在逻辑上显示出"调和论"的矛盾。

可以说，上述批评不无道理，学者们存在泛西方化倾向影响，对中国传统文化所持的态度不同，有的认为要"彻底批判"，有的认为要"调和"。事实上，他们对于近代资本主义文明，都没有深刻体会，而把它作为了改造中国传统文化的唯一选择。梁漱溟虽然也不能跳出历史而具有辨明近代资本主义文明的能力，但其对资本主义的流弊的关注、对中国传统文化价值的"持守"是梁氏形成"文化三路向"的基础，这也是他与众不同之处。

就梁氏所概述的"文化三路向"而言，现代学者黄玉顺先生认为梁选择的路径是"中庸之道"，所以在西化派看来是不合逻辑的，自然也不能被"东方文化派"接受。罗志田先生认为东方文化派内部也诸多分歧，出现了不同程度的异化，而梁漱溟试图用"世界"来解释"中国"，这是时代"窘境"造成的。本文则从价值哲学视角来考虑，提供一种新的学

---

① 张君劢：《欧洲文化之危机及中国新文化之趋向》，转引自陈崧：《五四前后东西文化问题论战文选》，中国社会科学出版社1985，第443页。
② 刘伯明：《评梁漱溟著〈东西文化及其哲学〉》，《学衡》1922年3月，第1页。

理论证。梁漱溟所提的"文化三路向"学说并非"倒果为因",而是立足中西文化之"特殊异彩"推理论证所得出。

首先,梁漱溟认为价值就是"文化的根源的意欲",要求这一方文化真的"价值",就在其"根源的意欲"。在价值哲学中,探讨价值是什么,主流观点都探讨了主客体关系中的"需要"这一概念。如赵馥洁先生认为,"人是按照自己的需要来行动的",哲学价值论所研究的,就是人的活动所遵循的"主体的内在尺度"问题。即客体是否和如何满足主体生存和发展的需要,主体怎样根据自己需要的不同层次来确定客体对于主体的不同意义。① 王玉梁先生认为:哲学意义上的价值,指的是客体的属性与功能能够满足主体的需要,或者说是客体属性与功能满足主体需要的效应。价值是在主客体关系的基础上产生的,它的基础是客体与主体之间的需要与满足的关系。② 梁漱溟先生所说的"根源的意欲",从某种程度上说的就是人的活动与客观世界之间的关系中的价值,客观世界分为:自然、社会及人与自我的三对相互关系,从三者与"主体"之意欲是否满足的关系为依据,梁漱溟得出了"文化三路向"理论,即价值规范的三种主要形态。③ 此三种价值规范,根据各自文化的"特殊异彩",西方文化以"民主与科学"的"幸福价值"为特色;中国文化以"伦理本位"的"正义价值"为特色;而印度文化则以"人与自我"的关系为主,追求"崇高价值"为特色。从此处看,梁漱溟力图展示"三方路向"不同,并列提出中、西、印三方文化的价值特色,体现了文化的多样性、价值多元性的观点,具有一定的合理性。面对西方文化的挑战,保持清醒的认识和判断,试图在世界图景中客观地定位中国文化,体现了梁漱溟的文化自觉。在文化自觉、自省的基础上,注重中、西、印文化差异,体现了梁漱溟开放包容的文化观。

---

① 赵馥洁:《中国传统哲学价值论》,人民出版社,2009,第2页。
② 王玉梁:《价值哲学》,陕西人民出版社,1989,第3页。
③ 赵馥洁先生认为,价值哲学研究的内容包含:一是价值的原理论,谈到价值的本质,何为价值的一般性问题。二是价值规范理论,研究人应该追求什么样的价值。(赵馥洁:《中国传统哲学价值论》,人民出版社,2009,第6页)

其次，在价值哲学中，中国传统价值论一直存在"内在冲突"，"价值论史上的义利之辨、德力之辨、理欲之辨、公私之辨、群己之辨、天人之辨……都是内在冲突的表现。至于到了近代，随着西方种种思潮的纷至沓来，不但更加激化了中国哲学价值论固有的内在冲突，而且又增加了中西价值观冲突的内容"①。"文化三路向"所体现的价值"内在冲突"，就是中国文化与外来文化之间的"内在矛盾"，即"德福二律背反"，这一矛盾可以看作是中国哲学价值论固有内在冲突的扩展。

广义来看，"崇高价值""正义价值""幸福价值"内在存在冲突，尤其体现为"崇高价值"与"幸福价值"的矛盾，即德福二律背反。如果追求"崇高价值"，则"幸福价值"大打折扣；而追求"幸福价值"，则"崇高价值"大打折扣。两者的矛盾无法调和，存在背反。如儒家文化中的"颜回"、基督教文化中的"约伯"都是典型的有德而无福之代表，即人生的"崇高价值"得以实现，而"幸福价值"却从未实现，一生穷困潦倒。梁漱溟的"文化三路向"受到学界质疑，实质也是由"幸福、正义"二价值的背反所造成的，这也是三路向遭到质疑，特别是东方文化派的质疑的主要原因之一。以张东荪、刘伯明等为代表的东方文化派对于梁氏的"文化三路向"提出的严厉批判无疑是指摘其"正义"与"幸福"价值的调和。

德福二律背反可以在中国传统文化价值内在冲突中略见一二。中国传统文化价值的内在冲突一直有"义利"之辨。

在中国传统文化中，儒学的义利观有两方面的含义。

第一是指个人道德修养，不能见利忘义，醉心于利禄。如宋儒程颐说："天下之事，唯义利而已。"何谓义？何谓利？一般而言，义指道德原则，利指物质利益。义利之辨首先突出地体现在道德原则与物质利益这两者之间的关系上。因为孔子以义和利作为君子与小人分野的标准，于是人们就认为孔子将义与利对立起来了，欲存义而弃利。实则不然，先秦儒家通情达理，不作僵硬的道德教化。利，是每个人都需要的，不

---

① 赵馥洁：《中国传统哲学价值论》，人民出版社，2009，第2页。

可能一概否定。孔子虽"罕言利",但并不否定利。孟子、荀子也都承认利为"人之所欲"。孔子说:富与贵是大家都想要的,但是如果不是通过正当途径(即道、义、道义)获得的富贵,君子是不会接受的;贫与贱是大家都厌恶的,但是如果不通过正当的途径摆脱贫贱,君子是不耻的。这反映的是中国传统中先义后利、以义制利的思想。

第二则是以个人的修养扩展而来、"义利"观指导下的治国之道。鸦片战争后,重义轻利的思想观念逐渐发生变化,人们更加注重于计工言利,目的在于解决国计民生的实际问题。从国家治理的方案选择看,一些有识之士强调"以农立国"转变为"工商立国","欲制西人以自强,莫如振兴商务,安得谓商务为末务哉"①,实质上体现了在国家治理方面进一步要求"利",改善现实生活。

可以说,儒家在不同价值之间的选择有着明确的选择标准,义利两者紧密相连,义为根本,但不否定利,而是承认利,但要以义来制约利。

德福二律背反也可以在世界范围内的现代化中的"物质进化"与"经济退化"的矛盾中的略见一二。以全球几百年现代化进程所展示的图景看,尤其是原生内发性现代化国家、民族文化扩张带来的世界影响,一再表现出强烈的"物质进化"与"精神退化"的二律背反。梁氏注意并反思的就是此二律背反并试图提出解决方案,这是梁氏着力之重心。艾恺曾指出:"在一定程度上说,功利主义是启蒙思潮能以建立的唯一道德系统。"而功利主义普遍扩张的必然后果,只能是将人"非个人化"(depersonalized),实际上是"把人变成了物"②。印度泰戈尔、辨喜、日本的中江兆民和法国小说家罗曼·罗兰及中国后来的新儒家们如张君劢等都持有同样的观点。

学界质疑梁氏"文化三路向"学说,首先涉及梁氏总结的三方路向本身是否具有说服力。对此,上文已给出解释。其次,梁氏本身理论中未指明三方路向之间的内在冲突,而质疑就是因为三方价值"内在冲

---

① 郑观应:《盛世危言》,《郑观应集》,夏东元编,1894,第604、614页。
② 艾恺:《世界范围内的反现代化思潮》,贵州人民出版社,1991年第9、10页。

突",即"幸福价值"与"正义价值"之间的背反关系,学者们各抒己见,出现了不同的价值选择价值路径,如取"幸福价值"的西化派、取"正义价值"的东方派以及介于"幸福价值"与"正义价值"的调和派。

值得注意的是,在中国传统文化的背景下,学者们自动摒弃了印度文化,而以中国文化代表了东方文化。在这种环境下幸福与正义之间的背反也基本代表了当下主要两种价值的代表,幸福价值与崇高价值之间的背反,转换成了幸福价值与正义价值之间的背反,即德福二律背反。

三、梁漱溟解决"二律背反"之路径

鉴于价值本身存在的"内在冲突",针对"德福二律背反",学界提出的主要的解决路径有。

第一,康德的"宗教化"路径。康德认为一个人有德,他也必须有福,为使得两者统一,故悬设上帝、灵魂不死、意志自由;让上帝给有德的人配以幸福,进而言之,我们如果不悬设上帝的存在,即使有自由意志和灵魂不朽作为至善的可能性条件,那么我们也不可能希望德行和幸福完全地协调一致。因此,我们终能通过上帝的存在和灵魂不朽这两个道德悬设,不仅在永恒不死中决心不断地迈向道德的圣城,在那里达到道德意向与实践完全切合,而且在上帝存在的前提下通过把理性的存在者在其中全心全意地献身于德行法则的世界描述为一个上帝之国,在这个国度里达到德行和幸福的精确切合。这样二律背反的矛盾以"宗教化"的路径得以解决,从而进入幸福的天国。

第二,中国传统文化中的"道德路径"。周易中的乾卦中说,"地势坤,君子以厚德载物"。所谓的载物,就是指财富和权力,即幸福价值;乾卦认为厚德配享财富,否则就是德不配位。可见,中国传统文化中选择的是一种"应然性"的路径,强调的是道德的制约和申诉。

第三,刘进田先生认为"正义价值"是解决幸福与崇高价值二律背反的可靠路径,因此当下社会主义建设就要追求"正义价值",正义是解决德与福的桥梁和纽带,"公正、正义是把功利、幸福与崇高统一起来的中介"①，实现了正义价值，方可以解决德福二律背反的矛盾。

针对当时的社会现实，梁漱溟提出了自己的解决路径：第一，要排斥印度的态度，丝毫也不能容留。第二，对于西方的文化是全盘接受，而根本改过，就是对其态度要改一改。第三，批评得把中国原来态度重新拿出来。②

从价值视角来看，梁所选择的解决路径就是：排斥崇高价值，全盘承受并改过"幸福价值"，批评得把"正义价值"重新拿出来；而其解决路径的核心在于正义价值代表了未来社会的发展方向。不难看出，梁漱溟面对"价值取向"的矛盾所提出的解决途径，既包含了对中国文化中主流价值的持守，又充分考虑到时代的发展与中国现实发展落后于人的尴尬，诚如黄玉顺先生所言，这只是一种"权宜之计"。然而，此权宜之计恰契合了中国的近代发展中的价值取向。

毛泽东提出"新民主主义社会建设"；邓小平提出社会主义初级阶段的理论，推动改革开放。两者都可以理解为解决人与自然关系中的"幸福价值"与人与人关系中的"正义价值"矛盾的建设之路。社会主义本质中包含着富裕和公正两种根本价值。同时，这两种价值在社会主义中必须辩证地统一和平衡起来。社会主义要追求富裕价值，贫穷不是社会主义；社会主义也要追求公正价值，两极分化不是社会主义。社会主义制度就应该而且能够避免两极分化。有富裕，人民才能生活幸福；有公正，人民才能有尊严。新中国成立以来的社会主义建设正是选择了"富裕"与"公正"价值，即"幸福与正义"价值相结合的建设之路。

反过来看，倘若社会主义国家不追求富裕、财富等"幸福"价值，正义则无存在的必要性。只追求幸福价值，不顾正义价值，则产生两极分化；相反，只追求正义，不顾幸福价值，会陷入平均主义和贫穷。

梁漱溟早已对此了解，他说："当机械发明，变动相逐而来……少数善于经营而又幸运的人作了资本家，其余的便都变成了工人，社会上简

---

① 刘进田：《富裕与公正的辩证平衡》，《云南师范大学学报》2011年第6期。
② 梁漱溟：《梁漱溟全集》第1卷，山东人民出版社，2005，第528页。

直划成两阶级，贫富悬殊的不合理还在其次……最不合理的是：时时有失业的恐慌，一方生产过剩膏粱锦绣堆积起来而一方人还是冻馁。"① 这种经济生产，或者说仅仅追求"幸福"价值不是我们需要的，自然要求改正，使之归于合理。如何改正呢？梁氏认为要把个人本位的、生产本位的经济改正到社会本位的、分配本位的。这出来要求改正的便是"社会主义"②。此处可见，早在20世纪20年代初，梁漱溟就意识到了资本主义生产存在的矛盾，仅仅追求幸福价值存在弊端，要纠正这种"两极分化"的弊端，只有实行"社会主义"。

进而，梁漱溟也指出仅仅按现在的老路走下去也是不行的，面临西方文化的挑战，中国人生活的各个方面都不及西方，物质方面的不济更为显著。"东方化即古化。西方化便不然，思想逐日翻新，文化随时辟创，一切都是后来居上"，一言以蔽之，东西"一古一今不能平等而观"③。

鉴于此，梁漱溟基于"文化三路向"学说提出了以中国文化为根本解决之路。针对中国物质上的落后，需要"幸福价值"；基于西方工业化的流弊，需要"正义价值"；两者发生矛盾，以正义价值为根本，但不能忽略幸福价值，这符合传统儒家思想中的"义利之辨"的内涵。因此，梁漱溟虽然认为孔子的儒学文化在精神上高于西方文化，具有普遍的绝对价值，但中国人要想不"蹈袭西方的浅薄"，就应当引导他们走到"至好至美的孔子路上来"；西方人"要想得精神的恢复"，也"应当导他们于孔子这一条路上来"④。

法国小说家罗曼·罗兰认为"只有精神性东方之文化的重振才能解救过度理性并明显自毁中的西方"⑤。梁漱溟的解决路径已然超越了"国家"界限，梁氏提出的"社会主义"虽严格意义上不同于现今的中国特色社会主义，却已有了雏形。

---

① 梁漱溟：《梁漱溟全集》第1卷，山东人民出版社，2005，第490—491页。
② 梁漱溟：《梁漱溟全集》第1卷，山东人民出版社，2005，第491页。
③ 梁漱溟：《梁漱溟全集》第1卷，山东人民出版社，2005，第340页。
④ 龚书铎：《梁漱溟传》译序，湖南出版社，1988，第1页。
⑤ 艾恺：《世界范围内的反现代化思潮》，贵州人民出版社，1991，第114页。

从现代文明来看，社会主义制度是实现幸福价值和正义价值统一的制度保证。社会主义建设需要给予个体、团体以充分发挥"主体"潜能的条件与机会，人民群众乃至个体要充分发挥自我和群体的"主体"作用，此为社会主义社会发展之路，也是解决日益增长的物质文化需要与人民美好生活愿望之间的矛盾的根本之路。

四、梁漱溟"文化三路向"之意义

冯友兰先生后来回忆梁氏演讲"文化三路向"时，曾说："在当时引起了广泛的兴趣"，因为"他所讲的问题，是当时一部分人的心中的问题，也可以说是当时一般人心中的问题"。罗志田先生认为"梁漱溟之问"就是：在西方文化已成世界文化的大背景下，日渐边缘的中国文化如何"翻身"？用他自己的话说，他研究东西文化，针对的就是"中国民族今日所处之地位"[①] 这一根本问题。而这个文化问题，则取决于对"价值取向"的终极回答。结合时代背景来看，五四时期的新潮价值观，实际上是以能否维系民族的生存为准绳，来判别中国传统文化与西方近代文化的价值，从而决定对中西文化所取的态度，而关键又在于对中国传统文化所持的态度。面对主流"西化"浪潮，面临种种"质疑"，面临价值"内在冲突"的窘境，梁漱溟代表中国传统文化发声，给出了以中国"正义价值"为本位，结合"幸福价值"的发展之路，可谓用心良苦，爱国心之切。正是因为对中国传统同文化的"坚守"，立足中国文化为本位，梁漱溟的思想才具有了穿越历史的意义。无论是后来的现代新儒家还是马克思主义综合创新学派，在这一点上都有着共同性。相反，以胡适为代表的西化派则在20世纪30年代走进了死胡同。历史再次证明，主动弘扬和维护中国传统文化价值无疑是正确的。

毋庸置疑，至今解决德福背反问题始终是我国社会发展的难题之一。党的十八大以来，我国提倡依法治国、总体国家安全观、人类命运共同

---

① 罗志田：《"梁漱溟之问"的双重时代性》，《北京日报》2016年9月19日。

体等发展理念,社会主义国家的"幸福价值"与"正义价值"的矛盾一直在解决的过程中。梁漱溟提出的解决德福价值二律背反的途径,对于我们仍是宝贵的思想资源。关于如何实现德福价值的平衡,梁漱溟身体力行也为我们指明了实践应遵循的原则,那就是社会的发展一定要发挥"价值主体"的作用。

在发表了"文化三路向"学说后不久,梁漱溟先生毅然辞去北大教职,走进乡村,进行了"轰轰烈烈"的乡村建设运动。针对"伦理本位、职业分途"的社会特征,梁先生提出乡村运动的宗旨就是"依靠农民进行自救",发挥农民这个价值主体的自身作用。新中国成立后,梁漱溟反思新中国成立十年的成绩,认为共产党领导的社会主义大大地调动群众的"积极性和创造性",且对中共的三大贡献"统一稳定、引入团体生活、透出了人心"给予了极大的肯定,认为中共激发了人民的创造性和主动性,创造了使"人民主体"发挥潜能的环境和条件。就梁漱溟自身而言,也一直实行"向内用力"的人生,从《朝话》到《我的自学小史》无不体现梁漱溟"个体主体"不断努力进取的人生。

从国家命运到人民群体再到个体人生,无论是"乡村自救"、新中国成立还是"梁氏自学",在幸福价值与正义价值的实现过程中,梁氏一直未放弃"价值主体"的努力;从中国文化主体、群体主体到个体主体,梁氏为我们指明了致力主体的自我完善——"向内用力"是实现价值取向的途径。梁漱溟对正义价值的守护,对幸福价值的追求无疑体现了从传统社会到现代社会应然的价值取向。梁氏一生的经历为我们诠释了作为儒家"修己安人""天下兴亡,匹夫有责"的修养境界和"吾民族实负有开辟世界未来文化之使命"的世界眼光。

综上,尽管梁氏"文化三路向"学说有着对三方文化理解和概述上的不足,其在价值冲突中对"正义价值"的弘扬突出了以中国文化为本位、以人民幸福为旨归的价值选择,跳出了中、西、印三方价值之矛盾与悖论,以世界的眼光和胸怀,理性地解决了三种价值的内在冲突。

【执行编辑:彭学农】

大运河文化带的审美价值与价值美学建构

徐 可*

【摘 要】 当今时代，文化项目应满足人们不断提升的审美层次与文化需要，但大运河遗址遗迹中富含的"历史审美"价值却往往被严重忽略了。华北隋唐大运河沿河古镇坐拥丰富的文化资源，在文化项目建设中亟待以"美学构建"来改变"政策发动""一哄而上"的建设模式。新冠肺炎疫情抑制了大规模集中性排浪性的旅游消费，运河沿岸古镇"周边游"成为新兴的安全而健康的出行方式，有可能促进乡村传统社会的"日常审美"。文化建设项目应改变"文化搭台，经济唱戏"的思维方式以及与之相应的政府投资体制机制，恢复其"审美价值"。"大名府"与"彰德府"作为运河沿岸的历史名城具有迥异的流域自然禀赋与历史文化的初始禀赋，在"河长制"与当代治理模式下，应为跨省构建运河古城文化带提供地方性案例和"美美与共"的样板。

【关键词】 运河古镇；历史审美；日常审美；乡村旅游；非物质文化遗产

---

* 作者简介：徐可，博士，民建河南省委文化旅游委员会常务副主任，郑州财经学院学院外语学院特聘教授，主要研究方向为旅游经济。

一、审美价值：大运河文化项目的精神体验

大运河、长城与金字塔一样都是古代人类社会的伟大工程，也是人类本质力量的"美学展示"。然而，文化工程与文化审美之间的复杂关系往往被我们忽视了。隋唐大运河作为中国古代水利工程遗址，具有"工程审美"的历史价值。这既区别于"自然审美"也区别于"艺术审美"，"工程审美"本质上是"人的力量"的展示，也即人与自然的抗争以及人与人的搏斗过程中的主体活动过程，其中既有壮美也有沧桑、残缺和遗憾。

"工程审美"只是大运河审美活动的初始体验，继而通过"历史反思"的理性环节还能够达到"历史审美"的境界；这是一种高级精神享受和情感追求，也是文旅项目的高级消费体验。大运河不仅提示了人们"大一统"的力量与家国情怀，也揭示了沿岸城市兴衰的历史规律，既发人深省也催人浩叹，这恰恰是大运河历史审美的价值所在。然而，当前的大运河文化建设项目中往往只考虑到"景观审美""环境审美"，而没有凸显其"工程审美""历史审美"的内在价值。黑格尔在《美学》开篇就声称"艺术之美高于自然之美"[1]，这是因为艺术之美中包含了人的精神活动；而"历史审美"则应高于艺术之美，这是因为"历史审美"是将人的整体因素作为审美对象，包含了人类的社会活动。当我们沉浸在"历史审美"之中时往往达到"忘我"的境界，从审美发生学上看，这是"个体"对于"无限"所产生的"崇高"感[2]，也是一种独特的审美体验。

大运河作为中华民族的文化符号与文化自信的标志，也是通过历史反思的理性、情感和审美活动的漫长过程，逐步凝聚共识并获得认同的

---

[1] 黑格尔：《美学》第 1 卷，商务印书馆，1997，第 4 页。
[2] 将美与崇高这对概念的研究与对其之内在感受相关联，是近代美学的一个重要特点。参见卢春红：《何以是美与崇高——论康德的美与崇高概念的两层涵义及其意义》，《哲学研究》2014 年第 3 期。

"物化象征"。沿岸的村镇的变迁与城市的兴废,漕运背后的举国体制与政治博弈,沿岸人们为生存而付出的巨大代价都需要历史反思而达到"审美境界"。因此要从"历史审美"的高度加强对遗迹遗址的保护,壮阔的美与残缺的美,盛世辉煌与多难兴邦,都是"历史审美"的恰当题材,这也是古建筑仅凭"修旧如旧"的"逼真之美""自然之美"与"艺术之美"所远远无法企及的审美高度与精神境界。

从美学角度看,隋唐运河不似今天仍然流淌的明清运河,其遗址遗迹大多偏僻而空旷,这恰恰又成为审美中的两个元素——"沧桑"与"留白"。首先,"沧桑"不仅带来厚重的"历史感",而且以直观的"破损状态"赋予运河古道以丰富的联想。这种联想具体而生动,如同海德格尔在论述"艺术作品的本源"时评论梵高的画作《农鞋》那样,"从鞋具磨损的内部那黑洞洞的敞口中,凝聚着劳动步履的艰辛……显示着大地对成熟的谷物的宁静的馈赠,表征着大地在冬闲的荒芜田野里朦胧地冬眠"[1]。同样地,运河古道也承载了沿岸民生的苦难与欢欣、生存与斗争,这是一种穿越历史的"在场感受"。其次,运河古道的旷野如同东方水墨画中的"留白",又加重渲染了这种"沧桑感"。1964年5月第二届历史古迹建筑师及技师国际会议通过了《保护文物建筑及历史地段的国际宪章》(简称《威尼斯宪章》)中强调了"留白"的作用,而这恰恰也是东方审美中想象力的驰骋空间[2],如同中国古代文人画一样营造出幽远旷达的精神场域。

由此可见,历史审美价值作为一种特殊的"旅游体验",理应成为文化建设项目中的核心元素,但当前不少地方性文化项目建设往往还存在"重物轻人"以及由此而生的"重工程质量,轻体验质量"的倾向。这一方面是因为,在日益增长的文化需要背景下,大众的审美层次也在水涨船高;另一方面也与文化项目的资源动员与投资体制有极大关系。

---

[1] 海德格尔:《林中路》,孙周兴译,上海译文出版社,2014,第147页。
[2] 留白是中国传统美学思想,它在中国画、音乐、舞蹈等艺术门类中体现颇多。参见金艳:《艺术作品中的留白之美》,《文艺评论》2013年第1期。

二、疫情冲击：大运河文旅产业的消费升级

当前的"运河热"呈现出明显的政策拉动的三个阶段性特征。

首先是政策发动阶段。自习近平总书记在2017年2月24日视察北京通州时对大运河遗迹遗址做出"保护好、传承好、利用好"的指示以来，北京、天津、河北、浙江、江苏、安徽、山东、河南等八个地方政府纷纷举办"运河论坛"，成立"运河研究院"，开展"运河规划"，前期反响积极热烈。其次是全面建设阶段。2019年2月中共中央办公厅、国务院办公厅印发《大运河文化保护传承利用规划纲要》后，各地方政府围绕"国家项目"明显加快了"大运河文化带"的建设步伐，地方"运河公园"纷纷上马，呈现出"顶层设计、政府发动、全面推进"的态势。

而新冠肺炎疫情暴发至今则属于第三阶段。新冠肺炎疫情使各地旅游及服务业受到严重冲击。随着疫情防控措施的常态化，各地也在根据自身情况恢复旅游业与旅游文化项目的建设，并呈现出分化的特征。例如郑州市在2020年7月24日举行了"重大文旅项目"集中开工仪式并召开文化旅游大会，会后集中开工了包括古荥镇运河公园在内的六个项目，计划总投资166亿元，体现了"抗疫情""反周期""抓项目"的工作思路。可以看出大运河文化带及工程建设项目在我国具有政府主导的"威权经济"的显著特征[1]。

文化项目中的美学价值往往是独特和异质的，这也意味着"美学价值"具有不可重复不可复制性。因而大运河文化项目在具体实施中还需要注意摆脱"政策周期"的牵引，依据地方禀赋与本土资源进行项目规划，尽量恢复其"地方美学"的特征。据统计，新冠肺炎疫情暴发之前的2018—2019年，大运河沿岸城市文化产值的比重明显分为四个档次：一类是杭州18.92%、北京13.91%；二类是宁波6.85%、苏州6.59%；三类是大部分中等城市在3%—5%，而华北运河古城沧州、邯郸、安阳

---

[1] 这里指的是中国政府的政策发动、资源调配、社会动员能力非常强大。

都在3%以下①。这说明不同城市规模的消费收入与旅游市场具有分层差异性，华北运河各地运河古城应按照"地方美学"的差异性来规划文化项目，错位竞争，走出一条与杭州、北京所不同的"审美路径"。以大运河华北片区为例，邯郸人口接近千万人，已经超过了许多省会城市，而作为传统平原农区，其文化消费潜力还远远没有释放出来。从区位上看，邯郸处在郑州、济南、石家庄的200公里等边三角形的重心，这也意味着邯郸很难被一个中心城市所吸引；或者说，邯郸周边的城市间的"引力指数"被分散弱化了。因此，邯郸大名县的运河文化带建设项目必须立足本地具体情势，凸显自身的"历史审美"与"乡村美学"特征。

尤其是在当前疫情防控措施常态化趋势下，以往大规模密集人口同向出行的旅游模式可能风光不再。2022年"五一"与"国庆"黄金周期间，全国各地并没有观察到文化旅游行业的"井喷式""报复性"消费。在当前新冠肺炎疫情冲击下，人们旅游消费习性乃至生活习惯都产生了潜移默化的改变。早在2014年中央经济工作会议上，党中央就提出：现在模仿型排浪式消费阶段基本结束，个性化多样化消费渐成主流。对于旅游产业来说，当前新冠肺炎疫情催生了各种"周边游""家庭游""亲子游""驴友组团""户外探险"等"小众旅游"模式。这种"小众出行"必然对景观的"审美体验"提出更高更多的标准和要求，这也是疫情倒逼文旅产业加速消费升级的必然结果。新冠肺炎疫情虽然抑制了人们的旅游消费，但也迫使文旅产业模式的发展转型。以"都市圈"为中心、借助地方文旅资源开发"记名式"的"小众游"，能够缓解社会心理紧张与社会情绪焦虑；这既符合疫情防控要求，也能够为都市圈密集人口提供亲近自然的机会和"天人合一""记住乡愁""非遗文化"等多种"日常审美"体验。

因此，应将大运河文化工程看作是"百年大计"而非短期的"反周期"投资的调控工具。当前应该围绕地方性的历史资源，将大运河文化项目区别于一般的"工程项目"，挖掘其"文化内核"；将其作为社会经

---

① 源自2019年扬州世界运河城市论坛暨世界运河大会文献资料中的统计数据。

济自发演化过程中的"慢变量",逐步嵌入到"乡村振兴""美丽乡村""人居环境"的"审美建构"之中。

三、审美建构：大运河文化项目的规划原则

长期以来，我们以"经济建设"为龙头驱动将"文化建设"置于次要从属的地位，由此产生了"文化搭台，经济唱戏"的惯性思维和与之相适应的一整套投融资体制机制。然而从逻辑上讲，器物层面的"搭台"理所当然要依靠经济硬实力，艺术层面的"唱戏"原本就是文化的核心内容。

在以往惯性思维的指导下，文化项目往往"走样"而附属于各种地产或工程的开发项目，这也是导致当前文旅项目"审美疲劳"的重要原因。在这种体制机制的驱使下，国家文化项目也成为地方争取投资资金"搭便车"的便捷而合法的工具。利用大运河这张"国家名片"讲好"中国故事"，必须在这种宏大叙事中彰显"中国元素"，以先进文化的价值导向来引领工程建设项目，在经济、社会、文化的整体系统之中达成相互协调并形成四个"审美层次"：一是坝、闸、桥等水工工程与大运河水文特征相适应的"工程审美"，二是仓库、管理机构、漕运体系与大运河历史风貌相适应的"制度审美"，三是沿岸城镇特色建筑与大运河人居环境相适应的"环境审美"，四是生活方式、风俗习惯与大运河历史积淀相适应的"文化审美"。由此构成没有"违和感"的自然之美、均衡之美、包容之美、壮阔之美，进而生发出更高层次的"历史审美"及其精神体验活动。

当前，应从文化项目的规划源头进行"审美把关"，规避各种"娱乐性""游戏性""快感性"的"感性欲望"的功利性，促使工程项目服从文化目的。

一是避免审美疲劳。适当减少仿古复古的古建工程，避免缺乏内涵与特色的"千篇一律"的重复建设。近年来，我国"特色小镇"建设发展迅猛，随后又在2019年7月被国家发改委紧急叫停整顿并公布了419

个需要淘汰整改的特色小镇名单，其背后的原因就是特色不突出，大搞以开发为目的的重复建设。

二是预留审美空间。在客流量市场预测的基础上，对具有观赏休闲与开发价值的地点进行有选择的阶段性开发，预留足够的未来空间。例如对遗址遗迹可以培育"研学旅游"，利用学术研究逐步释放其"留白"的魅力。当前北京昌平、宿州等大运河沿岸城市开始以环境治理而非建筑工程的举措兴建了"大运河遗址公园"，以绿地衬映广阔的"怀古空间"，取得了良好的"留白效应"。

三是包容审美差异。大运河流域广泛导致地情复杂、文化迥异。以山东南旺戴村坝为例，分界之后的流向不同导致工程环境发生重大改变。因而应保留各地自然禀赋与人文历史资源的差异性，培育地方性、多元化的审美类型。审美通常是一种个性化体验，没有绝对统一的标准，反而要在各种审美类型中相互对比，取得承认，最终构成大运河"文化审美"的丰富性。

四是追求"天人合一"，这是中国古代审美的最高境界①。对于大运河文化项目而言，也即处理好人与环境尤其是城市与水的关系，利用大运河文化项目推动"以水定城"，建设"海绵城市"。例如开封市利用运河故道兴建了"一渠六河"工程，在建设大运河景观带的同时也增强了雨水疏泄与排洪排涝。该项目不仅成为沿岸景观带，还与沿黄湿地连接成为"城市海绵"，从而形成"水韵之美"。当前，河南境内的大运河国家文化公园规划应与黄河生态廊道项目规划相互融合，借助"天人合一"的审美意境贯通文化项目与生态项目的建设思路。

总之，"文化"与"经济"的关系变迁呈现了社会经济发展过程中的长期规律，如同经济与环境的关系一样都存在着"倒U曲线"②的变动轨迹。如果说我们今天已经步入了资本充盈和物质丰裕的时代，那就需要重新审视"经济"与"文化"的权重，围绕社会公众不断升级的审美

---

① 张世英：《中国古代的"天人合一"思想》，《求是》，2007年第4期。
② 经济与环境关系的长期变迁又被称为库茨涅茨曲线。

体验,对"文化搭台,经济唱戏"的发展模式做出矫正与纠偏。

四、日常审美:大运河全域旅游中的古镇乡愁

"大众审美"的时代已经来临[①],所谓的"大众审美"也即"日常生活审美化",本意是指审美活动超出所谓"纯文艺"的范围,渗透到大众的日常生活中的一种文化现象。当前,各地涌现的"全域旅游"文化项目就是这种"大众审美"趋势的具体呈现。

"全域旅游"也是"政策发动"的产物。2016年国务院《"十三五"旅游业发展规划》提出"推动以抓点为特征的景点旅游发展模式向区域资源整合、产业融合、共建共享的全域旅游发展模式加速转变"。但是,这种"全方位""全过程"的旅游开发模式在大搞项目建设的同时,却忽视了其中的审美元素,导致不少"特色小镇"大搞古建项目却反而失去了"特色",形成了"特色悖论"。为此,应以"日常审美"赋能"全域旅游",不再把当地的文化资源看作是吸引外地游客的市场资源,而视之为本地居民的生活资源;以"日常审美"的标准改造居住环境,生活风貌,"扫好屋子再请客",反而能够吸引更多的外地游客。

首先,可以利用乡村振兴战略体系中的"休闲农业""乡村旅游"促进城乡互动,加快运河沿岸亲水性的观光农业、休闲农业与田园综合体等项目建设,进而在疫情防控措施约束下,为人们个性化旅游消费提供更为多元分散的审美选择。华北地区的卫辉、浚县、滑县、台前、大名等"运河小镇"的"日常生活审美"的潜在价值也亟待开发,通过对接区域中心城市的"周边游"和农业观光项目,可以将"农超对接"简化为更为直接的"社区对接""家庭对接"的"农销模式",这其实也是"日常生活审美化"的推广普及方式。其次,"乡愁"就是一种典型的个性化的日常审美体验。华北大运河沿岸处于传统农耕区,非遗文化项目

---

① 参见徐涟:《服务艺术创作,提升大众审美——王朝闻文艺理论的现实意义》,《美术观察》2019年第6期。

富集且具有鲜明的地方特色,足以唤醒人们的"乡愁"。中央电视台的"舌尖上的中国""中国古镇""走遍中国"等栏目拍摄了大量的非遗文化项目,之所以受到了社会好评,就是因为当代城市生活因拥挤逼仄、刻板重复而滋生的对传统村庄生活的向往。华北运河古镇的手工技艺、传统曲艺、食品制作因长期受到地方传统习俗的熏染而极富民间魅力,呈现出朴实无华的"日常审美",而非遗文化项目则是其中的"活化石"因而成为"民间审美"的代表。

近年来,"非遗文化产业化"成为运河沿岸县域经济增长的热点问题。但是,非遗文化项目具有民间性、手工性、地域性、异质性的特征,不可避免地要与机械化、标准化、规模化和产业化发生冲突。尤其是当前脱贫攻坚促进了"资本下乡""文化下乡",也带动了"审美下乡";但是三者下乡之间的目标并不一致。例如邯郸大名县草编厂曾经开发出提袋、茶垫、坐垫、地席、贴画等系列手工产品。但产业化规模化标准化的制造工序和生产流水线将会减弱手工艺品艺术价值①;"产业化"与"标准化"还会消解手工制品的"仪式感"和"神圣性"②,从而与"个性化审美"产生矛盾。因此,只能以"适度规模"在非遗产业开发中寻求"产业规模"与"审美价值"之间的最优均衡。

当然,乡村旅游与地方文化产业开发也涌现不少成功案例③,其关键就在于以"都市圈"审美需求的转移为牵引,将乡村生活的"日常审美"要素融入"全域旅游",或者说居民和游客在当地的日常生活中(而非景点景区中)时时处处都能够产生"美感",形成新的"审美时尚"。当前乡村旅游中的"网红"与"打卡",无不借助"日常审美"的传播方式引致大客流与大物流,这种集中性大规模的"引致需求"反过来将极大激励地方文化产品的分工与专业化④,构成文旅产业的良性循环。

---

① 英文中,艺术 art 一词原本就带有手工制作的含义。
② 传统社会中,手工制品在祭祀仪式中具有虔诚性和神圣性,但被工业化生产所消解,这也类似于韦伯所定义的现代性的"祛魅"过程。
③ 例如天津的穿芳峪、北京的古北水镇等。
④ 大规模集中性需求对产业的促进作用被经济学家称为"斯密-杨格"定理。

五、崇高之美：大运河文化资源的跨区整合

　　大运河国家文化公园建设规划的背后，还体现了构建文化自信的国家意志。如同万里长城、万里茶道一样，大运河作为"巨型文化符号"，理应"以大为美"，也即古代漕运体系所维系的"大一统"的宏大之美与"家国情怀"的崇高之美。北京市委原书记蔡奇曾经强调"要深刻学习领会习近平总书记重要指示，以高度的历史使命感推进大运河文化带建设，进一步擦亮世界认可的国家文化符号"，而这里的"历史使命感"就是历史审美与现实世界所贯通的一种"崇高"的精神体验。

　　"宏大"与"崇高"在美学发生机制上具有同源性，都是渺小的微观个体面对浩瀚的宏观整体所发出的惊奇与兴叹。为此，必须避免"碎片化"，对大运河全流域进行整体规划，这也体现了国家"顶层设计"的"崇高之美"。而对于地方来说，也即以大运河"流动文化"①促进流域之间的互联互通。如果以"流动文化"的视角看，将河北大名县与河南安阳市之间的文化资源相互联结，把"大名府""彰德府"的历史文脉资源通过大运河的跨省协调机制进行整合，则能够以"北运河"的规模效应与整体效应释放更为宏大的运河魅力。

　　从邯郸到安阳不过100多公里，两地之间自然地貌、民俗习性、历史遗迹、文脉资源相互浸染而自成一体。卫河作为漳卫水域是隋唐运河的组成部分，源自河南辉县百泉，流经卫辉、淇县、滑县、浚县、汤阴、内黄、清丰、南乐之后，再经过河北邯郸的魏县和大名县最终于馆陶县北上汇入海河。"两府一体化"除了自然地理的因素，还具有"历史审美"的深厚人文资源。首先是"曹操文化"。卫河的形成之初可以追溯到周定王五年也即公元前602年，汉代之后才于黄河分流。《三国志·魏书》记载："建安九年（204年）春，正月，遏淇水入白沟，以通粮道。"

---

① 2019年6月9日，习近平总书记指出，大运河是祖先留给我们的宝贵遗产，是流动的文化，要统筹保护好、传承好、利用好。参见《大运河　流动的文化（大美中国）》，《人民日报》2019年6月9日。

这也是中国大运河在黄河以北的肇始。而曹操墓也即位于安阳市安丰乡西高穴村的"西高陵",也已进入文物布展阶段;大运河文化公园和"三国遗址公园"将提供足够的历史遐想空间。其次是"古镇文化"。古代的河道流域不仅运输粮草也是沿岸人们的生命之源,形成人们社会经济交往的人员、物资与信息的联系通道。卫河流域的河南境内的卫辉、淇县、滑县、浚县、汤阴、内黄都被列为"运河古镇",其历史遗址、文化资源、风俗风貌与河北大名县可谓一脉相承。由此,将形成大运河华北片区的"两府文化交融区"。

人类审美的原始体验来自"惊奇"和"新颖",而"交往"又促使人们相互欣赏进而产生"美美与共"的精神享受。大运河承载的是"流动的文化"因而具有当代性和时尚性。"两府"构成隋唐"北运河"的特殊板块,从区位上看,邯郸和安阳也都远离中心城市因而得以自成体系,进而具有依托城市群①"异质审美"和"相互欣赏"的文化吸引力。

正如前文所述,运河古镇由卫河串联起来可以成为中原城市群结合疫情防控政策发展"周边游"的支撑;同时也要突出文化特色以地方文脉打造"运河古镇",引发人们的历史沉思与兴叹,满足人们对"日常审美"追求。这既是运河沿岸古都文化带的发展路径,也是传统农区文旅产业以"美学建构"的方式推进县域经济高质量发展的现实路径。

【执行编辑:陈新汉】

---

① 中原城市群规划中包括新乡、安阳、焦作、邯郸等"北运河"城市。

价值实践问题研究

Research on Value Practice

重视基于"后物质时代"的价值观研究

沈湘平[*]

【摘　要】 西方后物质主义及其价值观的理论研究，对我们很有借鉴意义，但不宜照搬。我们应悬置具有特定价值倾向的"后物质主义"而借用更为客观的"后物质时代"判断，并以此为基础进行具有中国主体性、原创性的研究。以2021年全面建成小康社会为标志，中国已经整体进入后物质时代。后物质时代带来社会文明程度的显著提升，人们更加注重自我主观感受，价值观日益成为行动的核心动力，一些突出的问题则表明我们需要更好把握和应对后物质时代的变化。在中国进入后物质时代后，人们心灵安顿应成为国之大事，必须从生活政治高度保障和引导人们的文化选择，需要殷鉴西方后物质主义理论的一些具体洞见，持续开展专属中国公民的价值观现状调查研究，哲学在属于自己的时代应该发挥更大作为。

【关键词】 后物质时代；后物质主义；价值观；精神

---

[*] 沈湘平：北京师范大学哲学学院教授，北京师范大学全球化与文化发展战略研究院院长，中国人学学会副会长。北京师范大学哲学学院教授，主要研究方向为一般哲学理论、马克思学说、人学及价值与文化问题研究。

精准把握当今时代的总体特征和正确处理西方理论的适宜性问题，是包括价值哲学研究在内的中国哲学社会科学研究增强主体性的大问题。近年来，学界不时有关于后物质主义及其价值观的讨论，有人直接把这一源自西方的理论运用于中国现实的分析；有学者则对此做法质疑，认为这不过是西方思想话语"殖民"中国哲学社会科学的又一表现。笔者认为，我们必须正视中国整体进入后物质时代的事实，并从这一事实出发，认真把握"后物质时代"的深刻内涵和实质意义，可以借鉴但不能简单运用西方后物质主义价值观理论，做好我们自己的事情，原创性地开启我们自己的后物质时代的价值观研究。

一、中国已经整体进入后物质时代

20世纪60、70年代，由于战后经济的增长以及不断改善的社会福利保障，西方一些富裕国家掀起了所谓"反文化"的激进主义运动，影响所及，逐渐形成被英格尔哈特等西方学者称之为反对物质主义的后物质主义价值观，即从绝对重视物质福利、物质消费和人身安全向更加注重归属感、自我实现和生活质量的转变[①]。这些学者认为，这场"静悄悄的革命"首先在西方社会发生，最终是全人类的共同趋势，以此为旨趣的世界价值观调查（World Values Survey，简称 WVS）也在包括中国（1990年起）在内的各国持续进行。西方学者对西方社会的把脉无疑是精准的，其后物质主义价值观的一些结论对我们也很有借鉴意义。但是，一方面，西方后物质主义价值观有其特殊的历史背景、社会条件和现实针对性，罗宾·科恩、保罗·肯尼迪就曾明确指出这些价值观最初就有与亲资本主义力量相对立的意图，但归根结底"被看成是资本主义社会的一分子"[②]。另一方面，时至今日这些价值观在西方也发生着复杂的变化，例

---

① 参见〔美〕罗纳德·英格尔哈特：《静悄悄的革命》，叶娟丽、韩瑞波等译，上海人民出版社，2022。
② 〔英〕罗宾·科恩、保罗·肯尼迪：《全球社会学》，文军等译，社会科学文献出版社，2001，第441页。

如由于恐怖袭击、枪击事件多发和近年新冠肺炎疫情肆虐等,使人们比以往时代更加重视起人身安全——这在后物质主义价值观看来恰恰是一种物质主义价值观。因此,当学者们(包括直接运用这些理论的一些中国学者)不考虑各国具体条件而认为这种"主义"的价值观是人类普遍趋势时,的确存在自觉不自觉的西方中心主义问题,或者说是一种未经审慎检验的地方性知识的普遍化。不过,与后物质主义(post materialism)及其价值观这种具有一定意识形态性质的表述——值得注意的还有"物质主义"在英语中与"唯物主义"是同一个词,后物质主义容易被理解为后唯物主义——比较起来,后物质时代(post material age)则是一种相对客观的描述,任何一个国家发展到一定程度后都会迎来所谓的后物质时代——这可以说是西方所谓后物质主义价值观理论最无争议的普遍性洞见。由此,我们可以把西方后物质主义及其价值观视为后物质时代的一种西方现象。这是反映西方后物质时代这一社会存在的社会意识,其固然是包含普遍性的特殊性,但毕竟不等于普遍性本身。

根据唯物史观和世界历史经验,一个民族要自立于世界民族之林并走向繁荣强盛,物质基础是决定性的前提。近代中国曾经大大落后于时代,积贫积弱。在通过艰苦卓绝的救亡图存抗争而实现"站起来"后,如何通过发展这个硬道理实现"富起来",一度是几代中国人的梦想。中华人民共和国建立以来特别是改革开放以来,中国人民团结奋斗,终于赶上时代,实现了从生产力相对落后到经济总量跃居世界第二的历史性突破,实现了人民生活从温饱不足到总体小康、奔向全面小康的历史性跨越。特别是在建党100周年的2021年,新时代的中国终于全面建成小康社会,实现了中华民族的千年梦想,历史性地解决了绝对贫困问题。这一"历史性"所标识的分水岭、阶段性跃迁,表明中国开启了实现第二个百年奋斗目标的新征程,同时也表明中国迎来了一个发展阶段的新"奇点":从物质时代进入到了后物质时代——2021年可以称为中国的后物质时代"元年"。换而言之,后物质时代是我们实现第二个百年奋斗目标的历史条件的重要特征。

当我们说中国已经进入后物质时代,就意味着:① 人们生存和持续生存的物质条件得到了总体性的解决、机制性的保障,在直接需要的意义上,人们的物质需要总体上得到了满足。② 与此相关,社会生产中的精神生产或非物质生产凸显为社会中轴,就个人而言,不仅人们的精神需要满足的问题被极度地凸显出来,而且精神作为行动的动力因素日益增强。③ 即便是传统的物质生产和人们的物质需要也包含着日益增多的精神因素,这种"日益"以至达到这样一种程度,即其精神因素已经成为人们对于物质产品选择的关键因素。在其本质上,人们全部的精神诉求归结起来,就是在一般物质文化需要满足的基础上对美好生活的需要。也就是说,在归根结底的意义上,从物质时代进入到后物质时代的转变,反映的正是社会主要矛盾发生了关系全局的历史性变化。

当然,社会进入后物质时代,并不意味着物质的前提、基础作用的改变。在任何社会的任何阶段和任何时候,物质基础始终是人们一切活动的前提和基础,这一点永远不会改变,这也正是唯物史观的科学性、真理性所在。只不过,物质需要得到持续满足和保障后,物质生活变成了日常生活中恒常但也是平常的一部分,"殷实无忧"使人们至少在物质满足层面获得一种本体性的安全,从而使那种传统的、使物质保障成为可能的"艰辛""悲苦""绝望"在大多数人的日常经验中被渐渐封存起来,甚至经常闹出类似"何不食肉糜"的笑话。人们更多的精力、注意力放在了物质需要满足之外的其他方面。社会意识所聚焦、照亮的是被高度"文化化"的生活和非物质性的生产领域。

当然,进入后物质时代也并不意味着所有人在任何时候都解决好了物质需要问题。后物质时代从物质需要中解放出来是从总体意义上说的。一方面,人们物质需要的满足不是一次性的,而是需要可持续地进行、以不断地再生产来保障的。在整个过程中,不仅可能遭遇时空的阻断,而且从绝对的量特别是质上看,总体上还是不断增加的。另一方面,当前历史性地解决的是绝对贫困问题,而贫富差距还是一目了然地客观存在,相对贫困的问题还将长期存在。而且,因各种原因造成的不同程度的"返贫"还时有发生。因此,在历史性地解决绝对贫困的问题之后,实现共同富裕就成为中国在新征程上的重要议程和历史任务。共同富裕既包括物质上的共同富裕也包括精神上的共同富裕，但首先是物质上的共同富裕。

二、辩证看待我国后物质时代的精神现象

中国的体量和国家性质决定了其进入后物质时代的世界历史意义。起于西方 18 世纪启蒙思想的现代性本就包含着在寻求社会"进步"过程中重视物质世界的信仰，资本逻辑加持下的物质主义特征是西方资本主义社会的基本规定。今天，物质、技术自身的发展已经使得人类进入到尽管仍然以物的依赖为基础但精神已经比较独立的发展阶段。如果说半个世纪前西方后物质主义价值观的出现是其自身反思性进化的结果的话，那么中国进入后物质时代则是主动谋划的结果，其中还蕴含着对西方近代奠定的文明形态的一种自觉超越。也就是说，中国进入后物质时代与创造人类文明新形态是内在关联的。不过，中国进入后物质时代虽然可以以 2021 年全面建成小康社会为奇点标志，但实际上有一个量变渐进的过程。与此对应，人们的精神生活水落石出般地凸显也通过各种精神现象日益展现出来。这些精神现象总体上预示着中国在后物质时代迎来个人更加自由全面发展、社会更加文明美好的发展前景。同时，某些突出的问题也表明，我们还需要更加自觉、主动、系统地把握和应对后物质时代。

后物质时代带来社会文明程度的显著提升。古人说，"仓廪实而知礼节，衣食足而知荣辱"。马克思主义认为，社会存在决定社会意识。后物质时代的到来，表明以往受制于物质贫困、主要为物质因素制约的一系列问题的总体性解决，相应地整个社会的观念、风气也发生显著转变。在温饱未足的时代，难免会把粗陋的物质捧上宝座，不太注重精神内容，甚至把"文化搭台，经济唱戏"视为法宝。在解决"富起来"问题的后物质时代，这种情况发生了很大改观，不少人已经从物质的粗俗享受中解放出来，生命至上、生产绿色、生态美丽、生活美好成了社会的主流共识，规则意识、人权观念、个性诉求大大增强。当然，价值观和文明素质具有明显的稳定性特征，因此其提升具有明显的代际效应——价值

观改变和文明素质提升总是通过代际更替体现出来①。实际上，可以称为后物质时代原住民的00后青少年一代，整体文明素质比往代有了显著提高，这是几无争议的，也无疑是令人欣慰的事情。

后物质时代人们更加注重自我主观感受。在物质时代，人们更多精力放在满足生理、安全等客观性强的需要上，在物质需要得到保障后，人们能够把精神乃至审美的需求放在更优先的位置，更加在意自己的感受性，例如尊严感、获得感、公平感、成就感、归属感、美感、幸福感等，即便在学习、工作、休闲中也追求沉浸感。新时代中国共产党也明确强调要"不断增强人民的获得感、幸福感、安全感"②。这种"感"固然与客观条件、事实有关，但更强调自我的主观感受——"我不要你觉得，我要我觉得"。社会提供了相当的条件，觉得社会中个体应该得到了满足，但个人的自我感受却未必如此，个人感受的优先性也成了主体未曾言明的权利抗争。例如，近些年无论是以"打工人"自许的戏谑，还是对充当"工具人"的愤懑，实质上表达的是青年一代对主体感的焦虑与诉求。总的来说，自我感受集中体现于自由感。如果说物质及物质时代更多象征着必然王国的话，那么后物质时代就意味着向"存在于物质生产领域的彼岸"的自由王国的显著迈进——在此意义上，自由交互的虚拟世界乃至元宇宙的火热——2021年也被称为"元宇宙元年"——也不过是后物质时代到来的另一种确证。在后物质时代，自由时间、自由空间以及自由选择"可感"地增加，是一切主观自我感受的核心诉求所在。

---

① 2017—2019年中国公民价值观调查显示，"90"、"00"后公民的价值观与"70"后及以上公民价值观有着显著差异，例如，在关于国家的功能价值判断中，"70"后及以上公民认为最重要的是经济，但"90"后及以下公民则认为是社会；再如，在对同性之间也会产生爱情的认同度上，在1—10的认同度中，"70"后及以上选择的中位数是2，而"90"后及以下选择的中位数是7，差异十分显著。结合世界价值观调查中国部分的调查可见，中国公民反对同性恋的比率从2012年的89.5%显著下降到了2019年的62%，且已有47.7%即近一半公民相信同性之间也会有爱情。这从一个侧面反映了价值观代际变化之巨大。参见沈湘平、王怀秀：《中国公民价值观调查报告：国家·社会·个人》，中国社会科学出版社，2021，第642—643页。

② 习近平：《习近平谈治国理政》第3卷，外文出版社，2020，第66页。

后物质时代使价值观日益成为行动的核心动力。在物质时代，人们奋斗的一切都很直接地和他们的物质利益相关。在后物质时代，物质利益在人们的行动中依然发挥着基础性的动机作用，但相对而言已经越来越多在直接的层面将核心位置让给了情感与价值。人们选择某物，参与某事，日益从感受出发，首先考虑的是情感上高兴不高兴，主观上认为有无价值和意义大小。人们之间的矛盾冲突也日益表现为情感、价值观的矛盾冲突，物质利益因素则日渐"隐退"到"归根到底"的层面。人们对各种社会问题的看法也日益按照情感好恶、价值观立场进行站队，形成不同的圈子、阵营。整个以网络为载体的社会舆论场都呈现出"泛情绪化"特点，动辄上升为态度的互责、价值观念的决斗。敏感的媒介传播界已经提出所谓的情感传播理论，利用大数据在情感挖掘和情感强度统计的基础上研究互联网的传播规律与策略。当然，媒介和资本也最先认识到而且充分利用了当今社会"价值观粉丝化"的特点。实际上，后物质时代本质上是文化的时代、价值的时代。洛采当年关于世界的意义是首先来临的东西、价值观是形而上学的基础的思想，在后物质时代变成一种显在的历史事实，人终于在严格而直接的意义上成了价值观的存在物。

当然，由于特定的社会历史原因，后物质时代中国有一些精神现象很值得担忧，例如各种执着于外表显现的造作，精神内卷导致的生存焦虑，社会道德感的相对弱化，等等。特别是年轻一代作为后物质时代的原住民，大多没有匮乏的经历、艰苦的记忆，不少人缺乏辛勤的习惯和拼搏的意愿，出现所谓"佛系""躺平""丧"甚至"啃老"、巨婴心理。凡此种种，反映出在价值观作为行动核心动力的时代出现了动力不足和意义迷失的现象，在物质满足后似乎最可能接近幸福的时代却出现幸福感稀缺的问题。对于这些问题，简单沿用物质时代的方式方法进行应对显然是难以奏效的，而必须立足后物质时代的现实进行全新的探索。

三、加强后物质时代的价值观建设与价值观研究

后物质时代给中国社会带来广泛、深刻、全面的影响，确实不能简

单地用西方后物质主义理论进行解释。但是，进入后物质时代，在自觉不自觉地形成的、反映后物质时代的社会意识中，确实存在与西方后物质主义价值观类似的东西。由于西方后物质主义理论在中国的译介与实际运用，不少人已经自觉地以后物质主义价值观作为立场，并按照其蕴含、引申的原则来认识和行动，往往也以后物质主义的标准来评价社会、他人以及赋予自我选择与行动以意义。也就是说，中国后物质时代的社会意识正出现后物质主义化的倾向。文化的核心是价值观，一个国家的文化领导权问题实质上是价值观领导权问题，一个国家的文化安全问题实质上是价值观安全问题，所以对于中国出现的后物质主义化倾向不能等闲视之。不过，中国社会与西方社会在价值观形成上有大不同，重要之处在于人们的价值观不仅仅是对社会存在的反映，而且是有目的的文化教化的结果。我们的确要发挥这方面的主体性，借鉴西方物质主义价值观研究成果，从中国实际出发引导后物质时代的文化和价值观建设。

一是安顿心灵应成为后物质时代的国之大事。后物质时代意味着人们很少关注一般的生存问题，而更多地突出意义问题，关注终极目的。当前中国人精神状况中最大、最关键的问题甚至可以说是最大的敌人就是心灵的空虚与浮躁。全方位、立体地丰富人们的精神生活，是从物质利益到情感、价值需要变化的时代要求，是维护社会稳定和获得秩序合法性的必然选择，更是保障公民权利、福利，使人们获得更加自由全面发展的现实诉求。不过，人们的精神需要并非天然合理，也不是所有的精神产品都是正当的，在供给和需求两方面都需要及时、正确地引导，否则，就可能造成某种偏差、迷失，甚至是颠覆性的灾难。对于青少年一代，尤其需要帮助他们有效克服"精神生活物化"的问题、"人性的，太人性的"问题、一些人奋斗动力不足的问题，尤其是要从年轻一代注重主观感受的特点出发，真正在"有感"上下功夫，努力使人们获得内心的本体性安全、心灵能得到抚慰和安顿，从而提升生活的幸福感。

二是要从生活政治高度保障和引导人们的文化选择。相对于物质时代人们对生产的关注，后物质时代的人们更注重自我实现的生活方式选择，这种生活方式选择在本质上是一种精神选择、价值选择、文化选择，而多样的选择是自由及自由感中最基础的部分。传统上，人们都认为生活方式的选择是纯粹个人的私事——"我选择，我喜欢"，但正如吉登斯所揭示的，在高度现代性和风险社会条件下，自我实现的意向性与外延性之间高度强相关，不同主体间包括不同层级的主体间的文化选择处于一种非线性的效果历史关系，不仅影响到一个民族国家甚至影响到整个人类的前途命运，因而人们的生活选择日益成为一种政治，即与传统解放政治相对的生活政治。后物质时代的中国，在为人们创造、提供可靠的公共文化产品的基础上，要为人们在"乱花渐欲迷人眼"的信息时代作出尽可能正确的选择提供引导和帮助。

三是要借鉴西方后物质主义理论的一些具体洞见。西方后物质主义理论有其特殊的社会历史背景和自在的意识形态意蕴，不能照搬，但其毕竟反映了人类首批从物质时代过渡到后物质时代的群体的观念变化，一些洞见值得借鉴。例如，英格尔哈特指出："西方国家的传统与制度是基于物质主义的假设的。一个人秉持后物质主义的世界观就意味着他倾向于与他生活的社会类型不相协调。"[1] 这启示我们要重新审视社会各领域的主导性评价标准、工作机制是否适应后物质时代人们的价值观变化以进行积极的调整。再如，后物质主义理论还认为，后物质主义价值观的传播意味着彻底的社会重构与革命；社会主流政治问题发生变化，更加重视生活化问题；重视言论自由已经成为后物质主义特性的核心要素；非正统的马克思主义将得到复兴；神秘主义的宗教信仰更流行，人们更加"偏爱那些来自遥远国家的信仰"；对既有民族国家制度的支持发生变化，民族国家的合法性下降；在整个社会力量调整、思想变革、政治分裂中，年龄成为重要的基础；等等。这些都值得我们根据中国当前的实际情况，进行相应的具体研究，得出基于中国实际的判断，作出有效的应对。

四是要持续开展专属中国公民的价值观状况调查研究。马克思当年

---

[1] 〔美〕罗纳德·英格尔哈特：《静悄悄的革命》，叶娟丽、韩瑞波等译，上海人民出版社，2022，第329页。

曾经批评德国人:"习惯于用'历史'和'历史的'这些字眼随心所欲地想象,但就是不涉及现实。"① 我们今天的很多价值观研究何尝不是如此?真正把握和应对好中国的后物质时代及其精神状况、价值观状况,借鉴而非完全照搬西方后物质主义价值观理论,需要但不能满足于思辨的理论推演,而是亟须进行踏实的价值观状况的调查研究,使整个价值观研究以"真正的实证科学"为基础。值得注意的是:① 以西方后物质主义价值观为基础的世界价值观调查,在中国也进行了20多年,但其模式囿于西方文化,更适合于反映西方价值观,难以准确反映中国价值观,所以我们必须基于中国社会实际研制中国专属的价值观量表,产生真正具有主体性、原创性的成果。② 相对于以往传统的问卷调查和访谈方法,既要与时俱进地运用网络调查、大数据挖掘分析的新方法,还要开展人文社会热点解读与分析的方法,更加有效、精准、立体、生动地把握现实状况。③ 要结合社会主义核心价值观建设,以价值观调查为基础建立一种"调查—分析—建议—措施"的反思性监控系统,使得国家政策和各项工作能根据后物质时代人们精神状态、价值观变化进行敏感的修正。

五是哲学要在属于自己的时代发挥更大作为。真正的哲学是思想所把握的时代,是时代精神的精华。即便是实证的研究,如果没有真正哲学的头脑,既不能确定真正的任务,也不能分析、把握其中真正的必然性。凸显精神地位的后物质时代,无疑是一个真正的哲学时代,也是哲学自我实现和真正检验哲学功能的时代。哲学一直被视为是基于物质生活保障但又超脱物质藩篱的自由探索,柏拉图甚至把哲学理解为遗忘肉体的死亡练习活动,亚里士多德则把幸福分为不同层次,视物质享受为最低层次,而哲学沉思生活才是最幸福的。更多的哲学家从不同角度和层面指示着从占有到存在、从满足到幸福、从意思到意义、从能力到境界、从选择到智慧的人类觉醒。今天的后物质时代逐步为这些觉悟提供了条件,后物质时代是一个最适合于哲学、人们在本质上日益哲学地存

---

① 马克思、恩格斯:《马克思恩格斯文集》第 1 卷,人民出版社,2009,第 531 页。

在也完全可能哲学地存在的时代。哲学乃至整个哲学社会科学需要自觉实现后物质时代的转向,在准确把握后物质时代的精神状况的基础上,努力为天地立心、为生民立命,以无负于终于和哲学走到一起的时代。

【执行编辑:尹　岩】

《神圣家族》对《什么是所有权》中贫困问题的关注

任帅军①

【摘　要】 贫困问题是理解蒲鲁东《什么是所有权》和马克思《神圣家族》中批判私有财产的重要概念。他们都认为，解决贫困问题是无产阶级社会运动的现实任务。然而，蒲鲁东没有揭示滋生贫困的经济基础及其社会历史的规定性，马克思却看到消灭贫困是革命的必然要求。他从经济、政治、哲学三个维度超越蒲鲁东，把哲学批判建立在从"巴黎手稿"延续到《神圣家族》政治经济学批判的基础之上，以哲学批判的方式关照政治经济学、关照社会现实生活，从而使他的政治经济学批判上升到哲学批判的高度，哲学批判就以强烈的历史使命感获得更高意义。马克思的批判揭示了贫困的实质，对打赢新时代的脱贫攻坚战具有重要启示。

【关键词】 贫困；政治经济学批判；哲学批判；反贫困

在《神圣家族》中，马克思先后面对过三种思想，分别是以鲍威尔

---

① 任帅军，复旦大学马克思主义学院讲师，研究方向为《神圣家族》文本研究、人权价值、法律评价、社会主义核心价值观等。

兄弟为旗手的自我意识哲学、蒲鲁东对国民经济学的批判以及费尔巴哈的人本学唯物主义。其中,蒲鲁东是马克思一生中长期关注和论战的对象。与鲍威尔兄弟作为思辨唯心主义鼓吹手长于哲学批判、费尔巴哈作为直观唯物主义布道者长于哲学批判相比,蒲鲁东更擅长政治经济学批判。如果说清算鲍威尔兄弟是马克思思想裂变期的关键性事件,超越费尔巴哈是马克思形成历史唯物主义的必要环节,那么蒲鲁东对马克思而言就不仅意味着单纯的理论批判,而且是促使马克思投身工人运动、对历史唯物主义进行科学论证首当其冲的对手。当马克思才刚刚崭露头角之时,蒲鲁东的《什么是所有权》就让他在西欧树立了影响甚广的"革命者"形象,成为青年马克思当时批判观念论的重要思想参照系。虽然他本人反对暴力革命,却还是被马克思视为解放工人的理论同盟。然而,埃德加·鲍威尔只把蒲鲁东看作单纯的批判对象,却没有像马克思那样把蒲鲁东看成是至关重要的研究对象。通过对《神圣家族》和《什么是所有权》的比较,可以准确把握马克思对埃德加批判蒲鲁东的批判的理论原貌及其超越性,从中寻找方法论的启示。

一、贫困问题的双重批判

相对于马克思,蒲鲁东更早对私有财产进行政治经济学批判,并在《神圣家族》中得到马克思的认可。"蒲鲁东则对国民经济学的基础即私有财产作了批判的考察,而且是第一次具有决定意义的、无所顾忌的和科学的考察。这就是蒲鲁东在科学上实现的巨大进步,这个进步在国民经济学中引起革命,并且第一次使国民经济学有可能成为真正的科学。"[①] 这是马克思基于《什么是所有权》对蒲鲁东的评价。蒲鲁东在这本著作中视所有权为不劳而获的盗窃行为,并从十个方面对"所有权是不能存在的"[②] 展开论证。他在寻找造成人与人之间不平等和普遍贫困的

[①] 马克思、恩格斯:《马克思恩格斯文集》第 1 卷,人民出版社,2009,第 256 页。
[②] 〔法〕蒲鲁东:《什么是所有权》,孙署冰译,商务印书馆,1963,第 186 页。

根源时认为，所有权的存在基础不正当，进而将对所有权的批判看成是"一次革命的想法"①。

贫困问题是蒲鲁东展开政治经济学批判的首因。这不仅是由于他出生社会底层，年轻时的贫苦生活使他一直关注社会贫困问题；而且也因为他较早在国民经济学的内部发现所有权是造成贫困问题的罪魁祸首。自资产阶级启蒙运动以来，格劳修斯、霍布斯等人就视财产权为一项基于契约的社会权利，洛克将财产权看作政府应当保护的合法权利，斯密认为劳动创造财富，卢梭则看到了所有权造成的不平等问题，之后的康德和黑格尔从哲学入手确证所有权的合理性。卢梭虽涉及所有权与不平等之间的关系问题，但他提出通过缔结新契约以形成公意来解决的理想化方案脱离了现实。那么，所有权与不平等之间到底是什么关系？为什么是所有权造成了贫困问题？这是蒲鲁东探讨所有权问题的切入点。

蒲鲁东虽在政治经济学的范围内探讨作为所有权基础的占有、劳动、时效、社会契约等问题，但他很清楚社会财富的积累、所有权的收益、工资的平等都不是纯粹的经济问题，也是法学问题、政治问题、哲学问题和社会问题，是需要多学科共同关注一起解决的问题。他就是从法权与政治经济学的双重维度对所有权进行批判。

而马克思不仅通过批判埃德加的《蒲鲁东》肯定了蒲鲁东对所有权的批判，而且还从哲学批判的高度指出所有权问题的实质是社会关系的异化，是私有财产与雇佣劳动的对立所导致的人的自我异化。虽然蒲鲁东看到了所有权与贫困之间的现实关系，为了消灭贫困而对所有权展开了革命性批判，可他提出的解决方案却是把对私有财产的独断支配权变为平等占有权，而不是彻底消灭所有权。

但埃德加批判蒲鲁东为解决贫困问题而把平等绝对化的做法却是一种神学思维方式，从他对蒲鲁东的法文进行德语上的"赋予特征的翻译"可知。"我不想提供任何新东西的体系，除了废除特权、消灭奴役，平均法权，法律至上以外，我别无其他愿望。公平，除了公平而外别无其他，

---

① 〔法〕蒲鲁东：《什么是所有权》，孙署冰译，商务印书馆，1963，第38页。

这就是我的主张；我让别人负责治理这个世界。"① 马克思指出这是"批判的蒲鲁东"② 在说话，不是蒲鲁东的原话。此段的原文是："我并不想建立体系：我要求特权的消灭、奴隶制的废止、权利的平等和法律主宰一切。正义，再没有别的东西，这就是我的论证的始末；我把治理世界的事务留给别人去做。"③ 埃德加把蒲鲁东的"不想建立体系"译为"不想提供任何新东西的体系"，把蒲鲁东不想脱离现实而抽象理解贫困的做法偷换成蒲鲁东不想提供除了平等正义之外的任何体系，以便他可以在自己的抽象概念中对蒲鲁东进行批判，从而把蒲鲁东看到的贫困问题转化为与现实无关的哲学问题。马克思指出，埃德加把贫困问题变成思辨问题的做法就是他批判蒲鲁东的做法，即把批判对象神学化，这种神学化就是把批判对象绝对化，只在与现实无关的观念领域进行批判。

马克思的批判是建立在蒲鲁东的政治经济学批判和埃德加对蒲鲁东的哲学批判之上的。虽然蒲鲁东用先验的正义这一伦理原则颠覆了资产阶级社会所有权的合法地位，有着明显的理论局限性，但他没有像埃德加那样抽象地理解贫困问题，而是积极思考如何解决社会贫困问题。马克思超越蒲鲁东和埃德加的地方在于，看到了私有制这一滋生贫困问题的社会根源，主张贫困问题的解决要靠消灭私有制来完成。而私有制是建立在现实的人的物质生产活动的基础之上的。他在《1844年经济学哲学手稿》中，就通过考察私有财产与雇佣劳动的对立统一关系得出消灭私有制的结论。而这一论题又在针对蒲鲁东的讨论中显示出理论重要性。

于是，马克思就由"巴黎手稿"中的政治经济学批判上升到了《神圣家族》中对埃德加等人的哲学批判。也可以说，"巴黎手稿"的政治经济学批判为《神圣家族》对埃德加等人的哲学批判作了理论上的准备。在这次哲学批判中，马克思的政治经济学批判在"形而上学"的层次获得它的理性具体的理论高度。这就需要探究马克思与蒲鲁东进行政治经

---

① 〔德〕埃德加·鲍威尔：《蒲鲁东》，李彬彬译，《现代哲学》2016年第1期。
② 指布鲁诺·鲍威尔的胞弟埃德加·鲍威尔对蒲鲁东《什么是所有权》的德文译文。
③ 〔法〕蒲鲁东：《什么是所有权》，孙署冰译，商务印书馆，1963，第41页。

济学批判所运用的不同哲学方法,比较马克思与蒲鲁东对待私有财产的异同,揭示造成他们对资产阶级社会贫困问题进行不同批判的背后原因。

二、马克思与蒲鲁东

毫无疑问,马克思与蒲鲁东均认识到,解决贫困问题是无产阶级社会运动的现实任务。然而,他们在如何认识和消灭贫困上出现了理论分歧,并在实践上提出了不同解决路径。因此,有必要梳理马克思与蒲鲁东对资产阶级社会贫困问题进行批判的异同,并上升到方法论层次审视构成他们不同批判路径的依据,从而呈现马克思是如何站在蒲鲁东的"肩膀"上走向历史唯物主义的思想历程。

(一)共同关注点

关注并解决资产阶级社会的贫困问题是马克思与蒲鲁东的第一个相同点。他们都抓住了资产阶级社会这种被异化了的人与人之间的社会关系,从而与沉浸在抽象思辨中的埃德加分道扬镳。这也是蒲鲁东引起马克思关注的一个重要原因。"蒲鲁东吸引马克思的地方,是他不是空想主义者。蒲鲁东力求证明,建立在资产阶级私有制之上的社会制度是工人贫困的原因。"① 蒲鲁东将贫困的对立面指向所有权,在国民经济学的分析框架中对其进行批判。他把所有权看作是贫困问题的罪恶根源,试图通过改变所有权造成的不平等现状来实现人与人之间的平等,这一点与马克思不谋而合。马克思既不赞成斯密等古典经济学家对资产阶级社会所有权的维护,也不满意空想社会主义者对所有权的无视,而是和蒲鲁东一样寄希望于改变维护所有权的一切现状。这就使他们都切中了批判资产阶级社会的关键"部位"——私有制。只不过马克思比蒲鲁东走得更远、更为彻底。他寄希望于无产阶级消灭所有权从而彻底解决社会贫

---

① 〔法〕龙格:《我的外曾祖父——卡尔·马克思》,李渚青译,新华出版社,1982,第72页。

困问题。

马克思与蒲鲁东的第二个共同点是，他们都立足于解决所有权问题来实现无产阶级的解放。虽然蒲鲁东不认为"所有权是统治者对被统治者不断玩弄权术的结果"①，但是社会底层群众因为所有权的存在陷入极端贫困的境地，遭受巨大的生活苦难，因此他设想通过占有方式使所有人都能平等享有所有权，使无产者不至于过分绝望。他采取的对策是："我对无产者宣传解放；对劳动者宣传联合；对有钱的人宣传平等。"② 这表明，蒲鲁东不仅要捍卫无产阶级和小资产阶级的利益，也承认大资产阶级的利益。马克思肯定蒲鲁东对人的物质利益的重视，与只关注思想的"绝对的批判"形成截然对立。蒲鲁东使马克思更加清醒地认识到，要想实现人的自由必须首先解决人的物质利益问题。这一问题得不到解决，无产阶级的解放就无从谈起。因此，马克思在批判布鲁诺割裂思想与利益的关系时说："'思想'一旦离开'利益'，就一定会使自己出丑。"③

在方法论上对所有权展开政治经济学批判，是马克思与蒲鲁东在对待财产问题上的共同突破。埃德加虽从哲学上对蒲鲁东展开批判，但他在对资产阶级社会的认识上并未达到蒲鲁东的高度。马克思并没有局限在像埃德加仅仅对蒲鲁东进行形而上学的批判，而是在政治经济学批判的基础上对埃德加进行了更高层次的哲学批判。埃德加并不关心是否会在实践上实现所有人的平等，只关心群众是否会有思想上的新变化。他虽看到，群众若不先在观念上有所改变，就无法在行动上产生效果，却忽略了群众观念的变化源于活生生的现实，而非纯粹的自我意识。这是蒲鲁东高于埃德加的地方。蒲鲁东直接指出国民经济学把私有财产当作合理前提的局限性，从而通过批判所有权第一次使国民经济学有可能真正成为科学。马克思虽肯定了蒲鲁东的贡献，但并未接受他的小资产阶级立场，而是认为由所有权滋生的恶果即私有财产并非合乎人性，因此

---

① 〔法〕蒲鲁东：《什么是所有权》，孙署冰译，商务印书馆，1963，第478页。
② 〔法〕蒲鲁东：《什么是所有权》，孙署冰译，商务印书馆，1963，第505页。
③ 马克思、恩格斯：《马克思恩格斯文集》第1卷，人民出版社，2009，第286页。

无产阶级不消灭这种非人性的生活条件就无法解放自己。马克思把蒲鲁东还局限于国民经济学的内部批判转变为对国民经济本身的考察以及对国民经济学的批判,从而超越了蒲鲁东。

(二) 思想分野

尽管他们都看到私有财产的非人性以及建立在这种非人性之上的异化社会关系,但是在如何对待所有权和解放无产阶级的问题上,马克思与蒲鲁东分路而行。主要原因还是在于,蒲鲁东所有权理论的抽象性、小资产阶级性和改良性,与马克思对私有财产的彻底批判性、科学性和革命性互不相容。

蒲鲁东对所有权展开的批判是法律意义上的批判,但运用的却是抽象的哲学方法,而不是埃德加所说的神学方法,导致他看不到所有权的社会历史性,更不能自觉审视自己的局限性。他分别从先占、劳动和契约入手指出,首先所有权不能因先占而取得,因为先占具有偶然性和不确定性,不能成为权利不证自明的来源。其次,所有权也不能因劳动而成立,因为"劳动没有使自然财富私有化的固有能力"[①],只能产生对产品的专属权(及物权),而无法使生产资料如土地被私有,不能将他没有创造而属于大自然无偿馈赠的财富据为己有。最后,所有权人通过契约占有他人劳动所得,收益权就是基于契约而产生的一种不正当权利,不能作为证明所有权存在的根据。紧接着,他从所有权想无中生有、生产成本高于价值、生产随着劳动而非所有权发生变化、所有权是杀人行为、所有权使社会自取灭亡、所有权是暴政根源、在消费收益时所有权会被消灭(在储蓄时会被消灭和在被用作资本时会反对生产)、所有权的积累力量无限但只能施展在有限的数量上、所有权没有反对自身的力量、所有权否定平等这十个方面进行论证。

蒲鲁东的论证无非是想证明所有权的非正义性是它不能存在的主要原因。所有权不具有正义性,根源于它造成了贫困,于是他试图说明所

---

① 〔法〕蒲鲁东:《什么是所有权》,孙署冰译,商务印书馆,1963,第137页。

有权因自身包含种种自相矛盾之处而不能存在。在蒲鲁东看来，相比较所有权而言，正义是自然法所确立的理性概念，是绝对真理对所有权的矫正从而可以达到对人性的复归。这就导致他看不到正义是一个"普罗透斯式"的概念，在不同历史时期其具体所指会很不一样，人们对正义的认识和理解也会随着具体历史条件的变化而变化。

那么，蒲鲁东为什么会迷恋正义这样的抽象词汇？

他认为，并非政府的软弱、阴谋叛乱、愚昧无知和普遍腐化造成了社会的贫困，而是对正义的定义、原则、特征与公式等的模糊或错误理解，使人们无法认清所有权的本质，于是有必要从正义入手展开批判。可惜他从正义出发对所有权的批判是一种外在批判，正义这一永恒的批判尺度成了衡量所有权的主要标准。然而他却不知道社会正义与否是以客观历史规律为价值判断标准的，取决于是否与一定历史发展阶段的物质生产力的要求相适应，而非以理性判断为唯一的标准。从根本上说，财产不是蒲鲁东所理解的表达平等意志的法律概念，而是表征物质生产关系的经济概念。蒲鲁东试图用法语的形式即平等来表达人人平等的思想，与埃德加用德语表达自我意识所阐发的东西一样，同样陷入了抽象的理论怪圈。"其所以如此，是因为它们完全以正义或平等之类的观念为起点，对专制、民主和自由等的现实基础知之甚少，无法正确认识私有财产的主客体本质，以致还在私有财产的桎梏下无法自拔。"①

这就导致蒲鲁东认为，只要用占有取代所有就能消灭正义的异化形式——不平等，因为"私有制，它是通过专属权和收益权而侵犯平等的，并通过专制主义而侵犯自由意志的"②。蒲鲁东是以占有形式重构所有权，试图在无产阶级身上实现工资平等，而不是消灭资产阶级社会被异化的社会关系。因此他反对暴力革命，认为"共产制是不平等，但这和私有制的不平等的意义是相反的。私有制是强者剥削弱者；共产制是弱者剥

---

① 杨洪源：《共产主义和社会革命的不同审视——重新探究马克思与蒲鲁东主义的思想交锋》，《教学与研究》2021年第2期。
② 〔法〕蒲鲁东：《什么是所有权》，孙署冰译，商务印书馆，1963，第298页。

削强者"①。不管在何种制度下，人都不能通过暴力实现平等，尤其让弱者剥削强者"是用相等的美好生活来酬报劳动和懒惰、才干和愚蠢、甚至邪恶和德行"②。他不仅看到资产阶级不劳而获的问题，同样也看到共产制会滋生懒汉的问题。可遗憾的是，他看不到只要所有权的经济基础仍然存在、工人就绝无变成懒汉的可能性，反而注定会遭受作为强者的资产阶级的剥削。尽管蒲鲁东提出了改良的新道路，赢得了正处于极度贫困处境的工人支持，但注定要失败。因为当时两大阶级之间的对立日益加剧，使得改善生活状况在工人那里成为压倒一切的迫切要求，反而使探究背后根本原因的做法显得不太急迫。但马克思清醒地知道，蒲鲁东的主张并没有改变工人的社会关系，也没有根除异化劳动，工人并没有变成蒲鲁东所希望的小资产阶级，而是仍然一无所有。

马克思在《神圣家族》中首先对埃德加批判蒲鲁东的批判进行了批判。

埃德加把蒲鲁东平等概念绝对化，指责蒲鲁东创立了一个宗教上的神。他把蒲鲁东的平等纳入思辨范畴，认为"蒲鲁东发现了某种绝对的东西，发现了历史的永恒基础，发现了为人类指引方向的神，它就是公平"③。这个所谓的"公平"把贫穷与所有权作为对立面纳入自身，并通过证明所有权的不可能性来消灭贫穷，于是对蒲鲁东而言，贫穷的事实就成为绝对合理的了，所有权这个事实则成为不合理的了。埃德加认为，蒲鲁东只是基于公正平等原则攻击所有权，并不能改变现实生活中贫穷与富有的对立。因为他所使用的方法就错了，只有通过观念改造的哲学批判才能实现社会平等。"蒲鲁东以贫困和人类的需要为出发点，他把贫困和需要这两个范畴变成绝对的范畴，设想每个人都是为了自己的需要同时也为了社会必需的需要而工作的工人，这就是他的做法。"④ 只要工人改变自己需要的观念，不把贫困当成绝对范畴，社会才能往前发展。

---

① 〔法〕蒲鲁东：《什么是所有权》，孙署冰译，商务印书馆，1963，第297页。
② 〔法〕蒲鲁东：《什么是所有权》，孙署冰译，商务印书馆，1963，第298页。
③ 〔德〕埃德加·鲍威尔：《蒲鲁东》，李彬彬译，《现代哲学》2016年第1期。
④ 〔德〕埃德加·鲍威尔：《蒲鲁东》，李彬彬译，《现代哲学》2016年第1期。

埃德加对蒲鲁东所看到的东西自然也不陌生，只不过他认为这种把贫困绝对化的做法阻碍了历史进步，因此就要从观念上进行批判。哲学批判、观念批判是埃德加试图改变世界的方式。

马克思从"赋予特征的翻译"和"批判性的评注"两个方面对埃德加的批判做了回应。当埃德加用德语翻译蒲鲁东的法文著作时，按照自己的观念解读，把蒲鲁东的话语转化成自己的观念范畴，从而把他变成自己的批判对象。不仅如此，埃德加还用自己的哲学批判剪裁蒲鲁东的观点，把他视为神学批评家进行否定，马克思在"批判性的评注"中就予以指出。例如，"批判性的评注1"就对"赋予特征的翻译1"中埃德加对蒲鲁东的宗教批判继续进行了回应。埃德加认为："每一种宗教观念的特点都是把这样一种情况奉为信条：两个对立面中最后总有一个要成为胜利的和唯一真实的。"① 他以为，蒲鲁东是借贫困来攻击所有权，使得对工人观念的批判被工人贫困的事实所取代，而且，蒲鲁东太在乎所谓的平等，以致于像宗教那样陷入了教条主义。但马克思一针见血地指出，埃德加对蒲鲁东的攻击从来都不探寻所有权、平等、贫困等概念背后的事实本身，而仅仅围绕着这些抽象概念做文章，因而成了脱离历史和现实的"批判性的评注"。马克思讥讽道："批判的批判是把这样一种情况奉为信条：两个对立面中有一个——'批判'——最后会作为唯一的真理战胜另一个对立面——'群众'。可是蒲鲁东却把群众的公平当作绝对的东西，奉为历史上的神，从而就犯下了更不公平的过错，因为公平的批判已经非常明确地为自己保留了这个绝对的东西、这个历史上的神的地位。"②

马克思不仅对埃德加把现实问题转变成抽象观念的做法进行了揭露，还对蒲鲁东提出的实现平等思想进行了建设性回应。马克思首先指出蒲鲁东在国民经济学的范围内批判所有权给了埃德加当头一棒。但是蒲鲁东的做法并不彻底，是用形而上学的哲学批判来研究所有权，就给思辨

---

① 〔德〕埃德加·鲍威尔：《蒲鲁东》，李彬彬译，《现代哲学》2016年第1期。
② 马克思、恩格斯：《马克思恩格斯文集》第1卷，人民出版社，2009，第258—259页。

哲学家们提供了可乘之机。也就是说，蒲鲁东所使用的方法和德国批评家的做法一样，都不是从所有权的经济起源来论证的。马克思反对任何将所有权伦理化、思辨化的做法，认为从法权角度理解所有权并不能揭示它的经济基础及其社会历史的规定性。所有权问题归根结底是一个纯粹的经济问题。只有从雇佣劳动与私有财产的关系出发，才能看到消灭贫困不是公平的自然产物，而是革命的必然要求。因为私有财产不是自然存在物，而是两大阶级对立的社会产物，是作为异化的存在与无产阶级相对立的，它表征着有产阶级剥削无产阶级的社会关系。无产阶级与私有财产就作为对立面而存在于资产阶级社会的整个关系当中。因此，"无产阶级作为无产阶级，不得不消灭自身，因而也不得不消灭制约着它而使它成为无产阶级的那个对立面——私有财产"①。蒲鲁东达不到马克思的科学性、彻底性和革命性，就在于他缺乏对所有权历史发展过程的本质认识，缺失了马克思对私有财产进行政治经济学批判的历史使命感。

三、马克思的超越

尽管马克思把蒲鲁东当作批判埃德加的理论盟友，但他并不赞同蒲鲁东对资产阶级社会所有权的分析结论，而是从经济、政治、哲学三个维度超越了蒲鲁东：在经济维度，马克思并不赞同蒲鲁东对小资产阶级利益的维护，而是通过揭示私有财产的社会历史规定性，提出变革所有权经济基础的主张，从而超越了蒲鲁东的政治经济学批判；在政治维度，马克思也不赞同蒲鲁东非暴力革命的改良主张，而是指出两大阶级的对抗不会因为双方的妥协而消除，调和论不过是无视残酷现实的乌托邦理想；在哲学维度，马克思看到蒲鲁东没有跳出国民经济学的理论局限性，通过政治经济学批判的不同哲学方法，从历史唯物主义方法论的高度对思辨唯心主义进行了系统反思，并超越了蒲鲁东"形而上学"的研究方法。

---

① 马克思、恩格斯：《马克思恩格斯文集》第 1 卷，人民出版社，2009，第 260 页。

（一）经济维度的超越

在对资产阶级社会经济基础的认识上，马克思用私有财产概念超越了蒲鲁东对所有权概念的使用。在《神圣家族》中，马克思是从私有财产出发论证无产阶级历史使命的。这根本不同于蒲鲁东从所有权出发消灭社会贫困的做法。在蒲鲁东看来，所有权表达的是一种人对物的排他性权利，是一个法权概念。而马克思使用的私有财产概念是用来揭示隐藏在人与物关系背后的人与人之间的关系。马克思并不赞同蒲鲁东在法的范畴中讨论国民经济学的问题，而是在纯粹经济学的范畴中批判私有财产的社会历史性。私有财产是异化劳动的产物，表征了"雇佣劳动由于为别人生产财富、为自己生产贫困"①而产生的社会关系，即私有财产的人格化（有产阶级）与雇佣工人之间的剥削关系。

私有财产不仅剥夺了蒲鲁东在一般意义上论述财产时所体现的物的个性，更重要的是剥夺了雇佣工人作为人的个性，使资产阶级社会的一切关系都通过买卖中介呈现出来。而蒲鲁东只看到了其中的人性扭曲（异化方面），并没有看到"以对物的依赖性来表达人性本身就是资产阶级政治经济学对人性的误解，它是异化的表现而非克服"②。马克思则通过阐明无产阶级的历史使命来克服这种异化。"它的目标和它的历史使命已经在它自己的生活状况和现代资产阶级社会的整个组织中明显地、无可更改地预示出来了。"③

蒲鲁东触摸不到私有财产的本质，自然提不出消灭私有制的理论主张。马克思超越蒲鲁东的地方就在于，他在雇佣劳动与私有财产的关系中看出了私有财产与无产阶级的对立，自然就看到了无产阶级不消灭一切非人性的生活条件就不能解放自己的唯一出路，从而在蒲鲁东批判的基础上对私有财产关系及其历史发展过程有了一个科学的把握。

---

① 马克思、恩格斯：《马克思恩格斯文集》第 1 卷，人民出版社，2009，第 261 页。
② 林钊：《马克思对蒲鲁东无政府主义思想的批判》，《山东社会科学》2018 年第 3 期。
③ 马克思、恩格斯：《马克思恩格斯文集》第 1 卷，人民出版社，2009，第 262 页。

（二）政治维度的超越

自资产阶级启蒙运动以来，自由、平等、民主的观念深入人心，欧洲资产阶级革命试图通过政治运动实现这些主张。究其根本原因，资本主义工业大发展创造了前所未有的社会财富。财产权作为资产阶级社会的核心支柱，不仅成为平等自由的基础，还成为现代政治文明的保证。包括卢梭和斯密等在内的18世纪启蒙思想家，一般都将资产阶级取代封建专制的历史表述为一种自然而然的历史过程。他们都认为，人人生来就享有自由、平等、财产和安全的权利。自然人所享有的这些天赋人权是神圣不可侵犯的。卢梭还关心社会进步对人产生的异化问题，但他并不认为这个问题是私有财产的罪过。蒲鲁东比卢梭更进一步的地方在于，他指出所有权是造成人性扭曲和社会贫困的根源。这直接引导马克思面对私有财产本身，对资产阶级社会的经济基础进行剖析，从而发现了经济基础对上层建筑的决定作用。所以马克思在之后给施维泽的信中写道："他的第一部著作《什么是财产》无疑是他最好的著作。这一著作如果不是由于内容新颖，至少是由于论述旧东西的那种新的和大胆的风格而起了划时代的作用。"①

但是到了19世纪，市民社会已经完全被财富所征服，个人完全受到私有财产的控制，成为整个资本主义生产方式的附属物。启蒙时期那种脱离以往历史和当下现实来建构政治共同体、发展市民社会的做法行不通了。蒲鲁东提出第三种社会形式，"建立在这四种原则——平等、法律、独立性、相称性——的基础之上的社会"② 用于解决所有权产生的社会危机。在这种方案中，对于占有的机会平等取代了不劳而获的所有权，个人的独立性受法律保护，才能的差异只被允许在智慧和情感范围内而不致侵犯社会平等。他认为，这样就能既避免私有制带来的特权，又避免共产制对强者的剥夺。可是，这种寄希望于通过理想性原则来和平改

---

① 马克思、恩格斯：《马克思恩格斯选集》第3卷，人民出版社，2012，第13页。
② 〔法〕蒲鲁东：《什么是所有权》，孙署冰译，商务印书馆，1963，第317页。

造社会制度、进而消灭阶级对抗的做法遭到马克思的否定。因为无产阶级不先改变社会地位如何才能实现对物的平等占有？在当时两大阶级的激烈对抗中放弃革命无异于自取灭亡。即便资产阶级采取了缓和阶级冲突的措施，也并没有消灭阶级对抗的社会性质及其经济基础。这种后来被蒲鲁东发展为互助制的社会依然是"小资产阶级的乌托邦"[1]。与之相对，马克思指出，英法两国的一部分无产阶级已经意识到，不消灭无产状态就不能实现解放。这种意识，连同自己的历史任务，在政治斗争中逐渐明确起来。

（三）哲学维度的超越

虽然蒲鲁东早于马克思对国民经济学进行批判，但马克思却后来者居上，早于蒲鲁东摆脱了国民经济学的羁绊，立足资产阶级社会的国民经济本身研究它的客观发展规律，并超越了作为整体的国民经济学。这得益于马克思在进行政治经济学批判时，使用了与蒲鲁东不一样的哲学分析方法。埃德加主张实现正义要先使人具有新观念，这属于纯粹的观念论批判范式。蒲鲁东把综合共产制和私有制的第三种社会形式叫作"自由——是唯一可能的、唯一合乎正义的和唯一真实的社会形式"[2]，就使他的政治经济学批判与哲学之间在方法上具有了一致性，体现在对所有权进行了形而上学的研究，最后走向了公平和自由的抽象主张。

而马克思一开始就深入到进行物质生产活动的工人当中探究私有财产的经济起源，并批判埃德加把蒲鲁东当成神学家而忽略了后者对批判私有财产的贡献。虽然蒲鲁东在国民经济学的范围内超越了斯密、特拉西、西斯蒙第、李嘉图等人，但他始终把私有财产当作国民经济学的合理前提，不仅没有达到恩格斯在《国民经济学批判大纲》中对私有制的批判高度，也没有达到马克思在"巴黎手稿"中批判私有财产的高度，当然也更达不到马克思、恩格斯在《神圣家族》中对私有财产社会历史

---

[1] 刘雅：《马克思对蒲鲁东所有权理论的批判》，《马克思主义哲学研究》2015年第2期。
[2] 〔法〕蒲鲁东：《什么是所有权》，孙署冰译，商务印书馆，1963，第323页。

规定性地揭示了。马克思把蒲鲁东发现的问题放到资产阶级社会现实的历史关系当中,通过指出私有财产世界的两个对立面是私有财产与无产阶级,揭示了贫困、非人性和人的异化背后的经济基础,以及由该经济基础所决定的无产阶级的社会地位和生存处境,就使之前对私有财产与异化劳动的理论分析具有了感性材料和现实内容,远远超越了埃德加和蒲鲁东等人。这是马克思在批判埃德加对蒲鲁东的批判时对历史唯物主义方法的一次具体运用。

四、政治经济学批判之上的哲学批判

蒲鲁东的考察起始于政治经济学批判,然后转向哲学批判和社会政治活动。马克思的变革由哲学批判开始,然后转向政治经济学批判和社会政治活动。马克思与蒲鲁东的殊途异路,绝不只是他们对资产阶级社会经济基础及其本质的认识不同,归根结底源于政治经济学批判的不同哲学方法。

蒲鲁东和马克思都看到,社会贫困问题是资产阶级社会经济形态演变的必然结果,是资本主义经济范畴矛盾运动的必然产物。但蒲鲁东仅局限于所有权的异化表现、执着于用平等占有取代所有权造成的不平等,而没有看到,他始终是在物的异化范围内思考解决之道,平等占有也只不过是重新对异化劳动的物化肯定,并没有消除异化劳动的经济基础。他在《什么是所有权》之后,又在《贫困的哲学》中从系列辩证法完善他的所有权批判理论,就很好地避开了对国民经济进行纯粹政治经济学批判的工作,最终导致他对贫困的认识一直停留在主张消灭人的异化的一些外在表现形式上。

而马克思早在对资产阶级社会进行哲学批判时就产生了物质利益困惑,在"巴黎手稿"中他从异化劳动入手对私有财产展开无情批判。他从一开始就知道,不管国民经济如何进步,不管国民经济学家们如何鼓吹私有制,他们所研究的对象始终是对经济异化现象的个别形式的批判,虽然蒲鲁东对国民经济存在的前提进行了批判,却也只是停留在如何维护这一前提的认识上面，始终没有达到马克思提出彻底消灭私有制的高度。马克思很清楚，不铲除滋生劳动异化的经济基础就无法消灭异化劳动，不能仅仅看到异化的个别形式，也不能仅仅对异化做抽象的理论批判，而要把从事物质生产活动的工人发动起来，联合他们消灭非人性的生活条件及其政治上层建筑，才能真正解放资产阶级社会的一切人。

马克思与蒲鲁东对待国民经济学的不同就在于，前者用历史唯物主义的眼光审视私有财产的社会历史性，后者却达不到这样的高度。所以，马克思在《哲学的贫困》中这样评价蒲鲁东："蒲鲁东先生自以为他既批判了政治经济学，也批判了共产主义；其实他远在这两者之下。说他在经济学家之下，因为他作为一个哲学家，自以为有了神秘的公式就用不着深入纯经济的细节；说他在社会主义者之下，因为他既缺乏勇气，也没有远见，不能超出（哪怕是思辨地也好）资产者的眼界。"① 但马克思并非为了批判而批判，仍在《神圣家族》中给予他高度赞誉，从马克思一直将蒲鲁东视为一生的重要关注对象就可以看出蒲鲁东对马克思思想的长期影响。

《神圣家族》从整体上看，无疑是马克思、恩格斯对思辨唯心主义的哲学批判，但从其中的第四章第四节"蒲鲁东"来看，他们把这种哲学批判建立在从之前一直延续到现在的政治经济学批判的基础上了。并且在后来，马克思愈发重视政治经济学的研究工作，《资本论》成为他一生中处于思想巅峰时期的最重要著作。于是就有一种声音认为，马克思的经济思想逐渐赶超了他的哲学思想，马克思由哲学批判转向了纯粹的政治经济学批判，甚至抛弃了他的哲学研究。从马克思一生的关注点和思想的转变来看，确实是在他后期的主要著作中扬弃了哲学。但是，这只是形式上的一种变化。马克思是把他的历史唯物主义科学化了，或者说，《资本论》把从《神圣家族》到《德意志意识形态》所逐渐明晰的历史唯物主义科学化了。哲学批判并未消失，而是作为方法论用于指导《资本论》的理论建构了。

---

① 马克思、恩格斯:《马克思恩格斯选集》第 1 卷，人民出版社，2012，第 236 页。

如果马克思在《神圣家族》中没有上升到哲学的高度系统批判思辨唯心主义，审视蒲鲁东的政治经济学批判，我们就不仅不太会注意到马克思在这里对政治经济学的贡献，而且不太会意识到马克思对蒲鲁东《什么是所有权》的反思正是接下来系统回应蒲鲁东学说的开始，这也成为马克思日后系统探究资产阶级社会基本经济规律的理论前奏。

不仅如此，马克思站在青年黑格尔派、费尔巴哈、蒲鲁东等人的"肩膀"上，通过对思辨唯心主义、国民经济学和各种社会主义、共产主义学说的反思，最终实现了对自己思想体系的三个组成部分即唯物史观、政治经济学和社会主义学说的系统思考与整合，从而预示着其新世界观的破茧而出。

五、新时代脱贫的反贫困批判

马克思在《神圣家族》中对私有财产的批判揭示了贫困的实质，对思考新时代的中国打赢脱贫攻坚战具有重要启示。反贫困一直是中国在现代化征程中着力解决的重大现实问题。从理论上反思贫困的根源，才能在认清私有制本质的基础上抓住全面建设中国特色社会主义的意义；从实践上聚焦反贫困的时代呼声，在决胜全面建成小康社会中消灭贫困，从时代高度明确：脱贫是社会主义现代化建设进程中历史与逻辑相统一的要求。

（一）脱贫是中国特色社会主义在新时代的要求

贫困问题一直是一个世界性顽疾，但中国作为世界上最大的发展中国家却走出了一条解决它的新路子。中国并未像许多资本主义国家让经济增长和社会发展带来的财富停留在少数资本家手中，而造成本国民众和其他国家的贫困。在看到"资本带来的不是全球性的富裕，而是大部分社会成员的贫困"[①] 症结后，中国共产党就把促进全社会共同富裕作为

---

① 周露平：《〈资本论〉的反贫困哲学及其新时代价值》，《马克思主义研究》2019，第12期。

中国特色社会主义建设的一项长期任务，才最终在脱贫攻坚战上取得重大进展。习近平总书记在十九届五中全会上指出，"脱贫攻坚成果举世瞩目，五千五百七十五万农村贫困人口实现脱贫"①。在建党百年之际，中国实现了"现行标准下农村贫困人口全面脱贫"②。这是全面建成小康社会的标志性事件，表明中国特色社会主义迈向了新的发展阶段。

根除资本阻碍全体人民走向共同富裕的羁绊，是马克思对私有财产的批判在当下中国的创造性发展。资本既是塑造现代社会的重要力量，又是造成社会贫困的罪魁祸首。在中国的现代化征程中，资本被限定在中国特色社会主义制度的框架内，才是打赢脱贫攻坚战的关键。不对资本的归属问题加以原则性的说明，就跳不出私有制的窠臼，消灭贫困也就无从谈起了。正是因为这个问题在中国被明确化，我们才能集中力量消灭绝对贫困，为迈向共同富裕打下坚实基础。

（二）在深入推进社会主义现代化建设中把握反贫困批判

反贫困也是运用抽象与具体这对思维范畴对贫困问题在特定社会历史条件中的现实关照。国民经济学家们看到了贫困现象并想解决这个社会问题，但一直将反贫困视为抽象的理论批判，非但助益寥寥还使资产阶级社会的贫困问题愈演愈烈。马克思、恩格斯并没有陷入单纯形而上学的政治经济学批判，而是直面资产阶级社会工人们的贫困现实，将对无视工人物质利益的思辨哲学批判建立在具有现实内容的政治经济学批判之上。但是他们并非止步于此，而是用哲学批判审视政治经济学批判，从而在后者中发现了人类社会发展的一般规律和资产阶级社会发展的特殊规律。

马克思对贫困问题的双重批判在新时代具有强烈的现实指向性。一方面，贫困问题需要上升到抽象的理论批判层面才能彻底追问贫困的本

---

① 《中共中央关于制定国民经济和社会发展第十四个五年规划和二〇三五年远景目标的建议》，《人民日报》2020年11月4日。
② 习近平：《关于〈中共中央关于制定国民经济和社会发展第十四个五年规划和二〇三五年远景目标的建议〉的说明》，《人民日报》2020年11月4日。

质,超越对个别贫困现象的伦理诉求,将政治经济学批判上升到哲学批判的方法论高度,凸显马克思对贫困问题进行历史性审视的理论价值。另一方面,贫困问题一直是实践中的一个具体问题,需要放到社会历史的具体语境中进行考察。在当下,决胜全面建成小康社会,深入推进社会主义现代化建设就是中国步入新时代的历史具体,反贫困批判是对这一"具体"的理论抽象,两者统一于中国特色社会主义的现代化进程。在全面建成小康社会上形成的全社会共识,就是从哲学批判的高度对与日常生活相联系的贫困问题进行政治经济学批判的历史性总结,因而成为马克思主义中国化在新时代的最新进展。

综上分析会发现,马克思把蒲鲁东的政治经济学批判上升到了哲学批判的高度,哲学以方法论的方式关照着政治经济学、关照着社会现实生活,不仅与以认识资产阶级社会贫困这一经济现象的科学认识联系在一起,而且与认识中国特色社会主义在新时代的反贫困批判联系在一起,与决胜全面建成小康社会联系在一起。马克思的改变世界起始于认识世界、起始于认识改变世界的客观规律,这也是运用马克思主义的方法论能切中当下中国社会现实的根本原因。

法国新马克思主义的代表人物列斐伏尔在其代表作《日常生活批判》中就提出了这样一种振聋发聩的见解,可以视为马克思的批判生生不息的原因:"我们必须在马克思的经济学和政治学中去重新发现马克思的哲学,马克思的哲学没有'被清除掉';相反,马克思的哲学是一个契机,一个基本要素,只有在较高层面的实在中,马克思的哲学才会获得它的全部意义。"[1]

【执行编辑:彭学农】

---

[1] 〔法〕列斐伏尔:《日常生活批判》第一卷,叶齐茂、倪晓晖译,社会科学文献出版社,2018,第163页。

研究动态

Research Trends

"大变局中的中国价值哲学研究"

——第二十二届中国价值哲学大会会议综述

关山彤[*]

2022年8月27日,第二十二届中国价值哲学大会成功举行。本届大会由中国辩证唯物主义研究会价值论研究专业委员会、上海大学马克思主义学院、上海大学哲学系共同主办,上海大学价值与社会研究中心承办。大会的主题是"大变革中的中国价值哲学研究"。全国30多所高校和科研单位的专家、学者250多人通过线上会议的形式参加了大会。大会以主题报告、价值论基础理论论坛、价值实践论坛和研究生论坛为学术交流形式,80多位学者发言。为了更好地培育价值哲学研究的新生力量,本届大会首次设立了研究生论坛,中国社会科学院大学、复旦大学、北京师范大学、中山大学、上海大学等高校的30多位研究生参加了本论坛。

上海大学哲学系主任刘小涛教授和中国辩证唯物主义研究会价值论研究专业委员会会长孙伟平教授在开幕式上先后致辞。刘小涛教授对各位专家、学者的到来表示热烈欢迎和感谢,他指出,哲学是守护价值的学科,面对当今激烈变动中的全球局势,我们处在"百年未有之大变局"当中,在这样的时代状况之下,从事价值哲学的理论研究工作显得格外

---

[*] 关山彤:上海大学哲学系讲师,主要研究方向为马克思主义哲学。

重要。孙伟平教授在致辞中肯定了 40 年来价值哲学研究取得的成就，同时指出，价值哲学在哲学学科确立了重要地位，但是进入大变革时代，对于价值哲学理论的研究来说，机遇与挑战是并存的。从国内情况来看，价值底线频频遭受冲击，一个良善的价值秩序有待进一步确立；从全球的情况来看，在逆全球化的潮流下，国内对西方特别是美国的价值观认可程度发生了变化。在信息化时代，在这样一个具有革命性和颠覆性的高科技时代，智能机器、无人机等高科技产品的出现，颠覆了人们对传统价值主体的认识，一些以往被视为毋庸置疑的前提问题已经发生了变化。正因如此，迈入大变革时代，不管是从传统的角度来看还是从创新的角度来看，价值哲学领域的许多理论问题和实践问题都亟待进一步的研究和讨论。

大会在上午进行了主题发言。来自国内重点高校和研究机构的 13 位专家、学者就大变局中的中国价值哲学研究的理论和实践问题做了精彩的报告。

中国政法大学终身教授李德顺先生提出，我们首先必须明确，中国当代价值哲学研究应是马克思主义的。在这其中，有以下三个方面的研究任务：一是思想溯源研究，二是理论形态研究，三是理论应用研究。在明确了这三大任务之后，我们需要冲破陈旧僵化的学术成见和意识形态偏见的束缚，在此基础之上展开同西方价值哲学理论的合作式对话。价值哲学研究应当是"当代的"，因为它是以问题为中心面向现实的研究，它也应当是"中、西、马"学说的理论汇通。中国的价值哲学研究基本上形成了中国风格和时代面貌，具有独立而开放的立场、观点和方法系统，并能够在进行理论辨析和思考的同时，力求结合实际，面对改革开放和世界形势的大局，随时应用和检验自己的理论及其思维方式，不断加以深化、拓展和充实。这一点也正是当代马克思主义中国化的一个实质性要求。

山西大学马克思主义学院、中国人民大学哲学学院马俊峰教授认为，价值论基础研究围绕着两个问题展开，一是事实判断和价值判断之间的关系问题，二是意义性价值的问题；事实同价值之间的统一性不应从理论哲学的思路出发,在逻辑上寻找其统一性,而要从实践哲学的角度出发来讨论;实然本身是事实和价值的综合,如此一来,价值就体现为主体的一种期盼,价值与事实之间就不存在矛盾;应该区分意义和价值,在这两者之间做出分辨,从自律和尊严的角度去凸显意义的特质;如果实然性价值服从的是因果律,规范性价值是由社会所规定的,用以判断是非对错的,那么进入自律性阶段我们所面对的就是意义性价值,意义性价值体现的是自觉地遵守和守护,而意义是自我所赋予的。

华中师范大学政治学部、湖北大学哲学学院江畅教授,从万物价值的基础、人类价值基础的特殊性、需要的对象化体系意义以及从潜在价值到现实价值等四个层面再次反思了价值的基础与生成,他认为万物都是有价值的,以往对价值的关注较少关注事物的价值以及事物之间关系的价值,从价值论上看,每一事物的存在在本性上都是对他物有利的,是有价值的。他强调,人类的价值基础具有特殊性,人是宇宙中对所有事物依赖性最强的事物,人类对同类有更强的依赖性;人类特有的自为性使人类成为价值主体并因而成为价值源泉;人类能够使自己的需要对象化,使自己的需要更好地得到满足;人类有自我意识,既有自为性也有社会性,能够使自己的需要对象化,这是人类成为人类价值创造者、宇宙主体的主要标志;而需要的对象化对于人类不断满足需要、不断改进生活具有丰富而重大的意义。

复旦大学哲学学院冯平教授强调,价值哲学究其根本是现代化运动的产物,跟现代化运动血肉相连。如果我们不能从现代化运动的角度出发来理解价值哲学的经典文献,那我们就不能够理解这些文本的强大生命力。对于中国的哲学研究而言,我们身处现代化的途中,价值哲学将会是最有生命力的学科。以西方的价值哲学研究为例,发端于19世纪中叶德国的西方价值哲学研究,其所关注的问题正是现代化运动中所涌现的问题。冯平教授认为,主观主义价值论代表人物佩里的价值理论是值得关注的,他的重要命题"价值是任何兴趣的任何对象"是同现代生活中所提倡的人人平等血肉相关的,应对这一理论做更加深入的辨析。

上海大学哲学系陈新汉教授就价值理性异化的问题作了探讨。他说,面对马克斯·韦伯所提出的价值理性和工具理性的问题，西方马克思主义对工具理性作了很多批判，但基本没有对价值理性作太多分析，国内的相关研究也是如此，但是价值理性同样存在异化的状况，并且这种异化比工具理性异化更为根本，应当对价值理性问题的研究给予重视。他指出，价值理性的作用就在于从"最后基准点"的角度出发，使主体通过分析、比较和整合，确立或形成一种能体现主体价值追求和价值取向的社会价值观念；然而，价值理性有可能在确立和形成社会行为"最后基准点"的社会价值观念并由此所发生的对目的设定及其实在化作用中，背离人文精神，这就有可能发生异化；作为"用"的价值理性背离了作为"体"的人文精神，这就是价值理性异化的本质；在今天，我们应当思考如何在价值理性批判中克服价值理性异化的问题，在社会意识中对价值理性异化和工具理性异化不断批判，就能使价值世界构建中的异化不断地得到克服。

南开大学马克思主义学院阎孟伟教授讨论了实践哲学的前提预设问题。他认为，"实践理性"前提预设必然包含着价值预设，包含价值理性和工具理性，在这其中，价值理性是第一位的；价值理性必然要依赖于一定的价值预设，价值预设作为实践理性的前提具有终极性；实践理性的价值预设在人类的实践活动中的作用则主要有建构和批判两个基本方面，但它不是从经验中抽象概括出来的，而是来自人们自身的纯粹理性的自我设定，这是从人类社会的历史发展过程中提炼出来的。他指出，马克思的实践哲学同样存在着这种以人的自由本质为起点的价值理念，用马克思实践哲学的前提预设展开批判，这就是我们熟悉的马克思对现代资本主义的批判，这个批判同样需要普遍性的具有终极性意义的价值预设。

西北政法大学马克思主义学院刘进田教授提出"马克思主义哲学是实践的人本价值哲学"的观点，认为在马克思的哲学中，马克思要做的是超越解释世界，从知性上升到理性，对资本主义进行评判和评价，这就涉及价值哲学层面的问题，而只有理性才能提供这样的前提；马克思主义哲学自始至终在价值哲学的价值与事实、现实与应然、必然王国与自由王国这样的思维框架中运行；在此基础之上，马克思主义哲学的实践性、整体性特征以及重感性或现象性的特征都是同人和价值内在相关的；马克思的哲学是一种辩证法哲学，这也是重视人和价值的内在哲学要求的本质体现。

东北师范大学马克思主义学部胡海波教授研究了价值和人的内在联系和直接关系，他认为价值是人的目的性存在、理想性存在、创造性存在，价值和人之间的联系是生命性的，如果我们不能在生命本性当中找到价值的本质和归属，那么价值研究就是缺少根基的；强调价值哲学的马克思主义哲学特色，就意味着必须要重视价值哲学中的两个维度，即西方哲学的价值性和中国哲学的价值性，西方的价值哲学是一种对象性的外向价值理论，中国的价值哲学是一种内向性的悟觉价值理论，更强调人生的安身立命；价值哲学理论研究要引入对中国哲学和西方传统哲学特别是马克思哲学的研究，由此去把握价值哲学的基础和渊源。胡海波教授最后总结强调，对价值理论的研究最重要的是思考和把握观察人类尤其是中华民族具有怎样的理想、想实现怎样的创造，这是最重要的。

山东师范大学马克思主义学院、中国人民大学哲学院龚群教授提出"在百年未有之大变局中推进价值观的创新性发展"的主张。他说，价值哲学已经成为马克思主义哲学的一个基本和必要的组成部分；社会主义核心价值体系、社会主义核心价值观、全人类共同价值这三个层次的理论的提出，构成了一个完整的对核心价值体系的不同具体内容的表述，其内在的逻辑坚持了马克思主义的指导思想，这也体现了中国传统文化对价值理论建构的基石作用。他指出，如果从价值本身来把握这三个层次，社会主义核心价值体系、社会主义核心价值观以及全人类共同价值都可被看作是精神价值类的价值和价值观，这是非常值得注意的理论现象，充分体现了党和国家对于价值问题的高度重视，表明价值观的建设已经成为中国意识形态建设的必要组成部分，价值观的问题不仅在理论界得到了重大推进，在意识形态层面也得到了党和国家领导的高度重视。

上海师范大学哲学与法政学院何云峰教授就劳动幸福问题展开了讨论。他指出，由于劳动既具有属人性也有非属人性的两重属性，所以劳动是幸福与不幸福的统一体，只有充分认识到劳动所包含的两重性，才能正确理解劳动的本质和意义；劳动的属人性和非属人性处于历史发展之中，随着生产力和生产关系的发展，劳动的属人性会不断提高；为了维护劳动幸福权，实现劳动正义，就必须提高劳动的属人性，消解劳动的非属人性，而解决这一问题的最佳方案是同时提高劳动的属人性并降低劳动的非属人性；一个良善的社会必须动态地跟踪劳动的属人性和非属人性的矛盾运动状况。

中国政法大学哲学系教授文兵考察了全球正义理论与人类命运共同体理论之间的异同，主张凸显出人类命运共同体理论作为中国为世界贡献的一个理论方案的独特之处。在文兵教授看来，全球正义理论主要是受到罗尔斯的影响，其理论首要地是面向自由社会的，遮蔽了世界秩序中的不公正部分；如果按照李德顺教授的主张，将主体视为是一个多元多层次的结果，那么人类命运共同体在一定意义上就是人类主体的表现方式。他认为，人类命运共同体理论为建构公正公平的国际关系提供了一个方向，人类命运共同体要尊重多元、多层的主体的主体性，实现共商、共建、共赢、共享，这是中国智慧的集中体现。

上海社会科学院黄凯锋研究员认为，针对大变局下的价值哲学研究，有三个值得关注的主题：第一个主题是深化主体性价值思维的再研究，要关注研究多元主体和普遍共识之间的关系；第二个主题是深化价值与事实复杂关系的再研究，要深化历史事实和思想建构之间的关系，与此同时，也应该在应用和实践过程中重新思考和研究主体性价值事实；最后一个主题是深化对科学价值的再认识。她指出，2019年新冠肺炎疫情暴发以来，科学价值规律和政治决策、价值之间的复杂关系越来越被凸显出来，这就要求我们深化对科学文化的认识，关注科学共同体之外和之内不同的声音，把对科学价值的再认识作为价值哲学研究的议题。

湖南师范大学公共管理学院毛新志教授从人类基因编辑伦理治理的内涵、伦理审查机制、交流机制以及决策机制四个方面探讨了人类基因编辑的伦理治理机制。他说，所谓人类基因编辑的伦理治理，是指政府管理者、科学家等主体对人类基因编辑的全过程的伦理治理原则、治理模式等问题进行平等对话和民主协商,确立共同遵守的伦理治理框架,塑造良好的社会伦理环境,促进基因编辑真正造福于人的治理机制;伦理审查和伦理交流为伦理决策提供了基础与前提,只有这三种机制相互作用,才能共同构筑人类基因编辑伦理治理机制的核心架构。

大会在下午同时举办了"价值论基础理论论坛""价值实践论坛""研究生论坛",针对时下的热点价值问题进行了热烈的讨论。

在"价值论基础理论论坛",学者们就价值论的重要理论问题进行了深入反思,论坛的人数之多让人们看到了价值论理论问题的重要性和学者们对于理论问题的重视,问题的广泛性和深刻性充分体现了价值哲学对于社会现实的人文关怀。

中国文艺评论家协会、北京大学艺术学院庞井君教授从社会价值论角度出发分析了人类的精神结构,认为人类精神体系正在发生着史无前例的大变革,这也在人类终极信仰体系的重建和最高价值体系的跃迁在"自然"这里的汇流合一中得到了体现,我们需要基于这种变革的时代背景去思考人类社会所遭遇的问题。

厦门大学哲学系徐梦秋教授从规范性维度这一理论视角出发,探讨了如何理解马克思主义理论的规范性维度这一问题,他主张将规范性维度和认知性维度视为对待事物的两种方式,这两种方式是相互依存的,但是西方马克思主义者,例如哈贝马斯等人主张在马克思主义理论中引入和运用规范性维度,以拓展研究视域,这种主张是不够完善的。

华中科技大学哲学系韩东屏教授认为,对价值基础理论研究的强调,重要的是如何设法提高中国价值哲学的质量和水平,使其领先于世界价值哲学研究的水平;他提倡一种人本价值哲学理论,并指出其基本主张是人是价值资源,主张以人为本的基本价值,与关系主义的价值哲学理论的不同在于对价值的定义不同;而价值哲学应为人提供价值实践、价值选择的原则和值得永远追求的价值取向。

中国政法大学马克思主义学院孙美堂教授指出,现代文明从多方面解构了传统信仰的基础,人也成为了精神漂泊者,在当代文化语境下,试图重建传统形态的信仰几乎是不可能的,因而,我们今天能做的主要有三点：第一，研究重建信仰所面对的各种问题，并尝试性地提出解释和解决办法；第二，促成不同价值观的对话，并在对话中按"最小公倍数"原则寻求价值共识；第三，承认复杂性、流动性和不确定性的生存方式，并从中寻找相对确定的价值基础。

上海师范大学高惠珠教授提出发展新时代马克思主义价值哲学，是时代赋予理论工作者的光荣历史使命，推动价值哲学研究适应新时代的需求要重视三个方面：一是视域拓新，这是推进新时代价值哲学研究的认识前提；二是同中华优秀传统文化相结合，推进新时代价值哲学研究的路径分析；三是与中国特色社会主义实践相结合，推进新时代价值哲学研究的路径分析。

中国人民大学国际关系学院李石教授提出，为了解决客观价值论和主观价值论各自所包含着的理论困难，应建立一种特殊的"人际价值论"；主张价值取决于"人"与"物"的特殊关系，是无法进行人际比较也无法量化的，而价格则是物品交换时供需关系的反映，是"人际比较"的指标，其数值由具体的"供需关系"所决定；"价值"与"价格"之间存在着不可逾越的鸿沟，价值是"个人化"的，而价格则是"人际的"。

上海立信会计金融学院孙咏教授认为，探讨社会公平正义问题不能脱离历史和社会当下的发展状况，空洞地谈论抽象的伦理道德的正义平等问题。进入信息文明时代，我们更加需要以马克思主义世界观为指导，将其同中国优秀的传统文化相结合，同时吸收全人类的一切优秀文化成果，凝聚人类命运共同体意义上的价值共识。

中央财经大学马克思主义学院邱仁富教授认为，要把握全人类共同价值的多维视角，弘扬全人类共同价值应当从以下几个方面出发：在应对国际和平赤字、发展赤字导致的世界分化、分裂日趋明显中牢牢把握和平与发展的时代主题；在应对治理赤字、公平赤字的严峻挑战中把握公平正义的价值；在破解西方推行民主自由"转橘为枳"的困境中把握人类民主自由的价值；在破解人类现有价值解释乏力的困境中把握全人类共同价值的向度，推动全人类共同价值为人类社会和智能社会的相关关系提供整体观照。

上海大学哲学系尹岩教授认为，我们应该看到，信息时代的到来是现代信息技术革命带来的人的存在方式的划时代变化。现代信息技术、网络计算机计算、信息革命、信息经济、智能产品、大数据、互联网、信息化、信息文明共同构建了信息时代，所有的信息技术产品的使用，都是人的本质力量的增长。因而，必然蕴含着主体性的质的变化，看不到这一点，就不能说我们已经真正理解了信息时代，而只有充分理解了信息的独特内涵和本质，才有可能理解信息时代的主体性意蕴，人们之所以没有认识到信息时代的主体性意蕴，一个根本的原因是没能以对的思维方式正确地理解信息独一无二的本质属性。如果人们发现了信息的真正本质，把价值思维带入到对人类信息现象的思考中，最终将认识到信息时代的主体性意蕴。

该论坛的青年学者在一系列价值理论问题上表现出了不俗的学术功力。国防大学政治学院邹安乐副教授认为战略思维具有重要的价值意蕴，体现了战略坚定性与策略灵活性的统一、谋事与谋势的统一、谋当下与谋未来的统一以及谋局部与谋全局的统一。南开大学哲学院林建武副教授认为，一个试图去践行某些道德规范或者展开某种道德品质、认为自己作为生活于某种特定道德状态之中的人，由于外部的或者内部的原因，让自己不得不去面对不可协调的冲突和两种完全不同的道德要求，使得道德上同时被要求的两种行动不可能同时被实现。上海大学哲学系彭学农副教授肯定了伯克特在论证马克思政治经济学批判的生态学维度方面所作出的突出贡献，但同时指出，他不能从实践思维方式、辩证思维方式和价值思维方式相统一的角度来充分展开历史唯物主义的生态价值观。北京科技大学副教授王俊博基于对《巴黎手稿》的考察，主张重思作为主体与价值哲学之中介的实践概念，在他看来，实践是主体方面的主客统一与客体方面的主客统一的统一，只有建立在普遍必然性基础之上的价值概念才能够得到新的解释。上海市委党校肖鹏副教授认为，笛卡儿以来的形而上学重新恢复了主体性的霸权力量，在马克思那里，资本同样具有与这种力量极其相似的性质，主要表现为资本为了在历史中实现自己的主体性原则与目标，以无人身的"幽灵"方式抓住了不同历史阶段中的对象作为自己的"傀儡"。上海大学哲学系张艳芬副教授探讨了杜威理论中的评价和探究问题，认为杜威所讨论的评价并不是立足于因果关系，而是立足于手段与目的的关系，前者在一定的条件下会转变为后者，这也就是外在的和偶然的关系转变为内在的和自由的关系；这种探究不能失去刺激和目的，而这种刺激和目的终归是社会的因而是具有道德属性的。北京化工大学马克思主义学院陈阳副教授认为，直觉作为非理性因素在价值推理中与理性因素起着并行不悖的作用，当直觉成为形成价值判断的主导性依据的事关重大却信息不足的矛盾情景时，就会激发出"直觉型判断"。上海大学哲学系副教授杨丽指出，批判理论的正义观应该被理解为对社会现实的理性的反思形式，它必须为不正义的社会关系勾勒出一个敏感的传感器，阐明解放潜能的力量，我们可以从否定性、规范性和解放性三个层面出发来理解批判理论的正义观。云南大学马克思主义学院讲师常臣尤指出，价值哲学为我们打破现代性的消极后果、构建和谐社会关系、促进人的全面发展、推动构建新型国际关系提供了强有力的理论支撑。中国政法大学讲师阴昭辉认为，自动驾驶电车的伦理难题是：当遭遇到"电车难题"时，自动驾驶汽车是否应当始终以保障车内乘客安全为其最高义务论原则？而回答与之相关问题的一个重要思路是，智能机器何以能够"理解"诸如"好坏""是非"这样的基本价值概念，并在规范冲突情境下进行有效价值推理，以支持其做出可靠的驾驶决策。上海大学马克思主义学院讲师李大山认为，理解不是一种知识，理解具有内在价值，认为与之相关的争论事实上混淆了理解本身与理解的产物的区别。上海外国语大学马克思主义学院讲师吴奇主要讨论了理性与感性这一对价值理念之间的冲突问题，他认为，感性认识之于理性认识是具有重要作用的，但仅仅停留在感性认识层面是危险的，必须将感性认识上升到理性认识层面，避免陷入价值理性异化之中，这就要求我们必须要返回到对人自身的思考中去。上海大学马克思主义学院讲师赵柯围绕"国家与自由"这一主题对黑格尔的自由观做了政治哲学解读。赵柯认为，在一定程度上，黑格尔的反—反国家主义继承了霍布斯的国家主义。上海大学马克思主义学院讲师高红明基于弗兰茨·诺伊曼（Franz Neumann）的法政治学批判指出，一方面，法律作为某种规范性的东西，其发展不可能独立于社会现实；另一方面，以利益诉求的表达和获取为目的的政治权力如果没有规范性法律的约束和限制，极易退化为专制和暴力。

在"价值实践论坛"，学者们紧扣时代主题，以价值论视角对各种现实的价值问题进行了哲学反思。

北京师范大学哲学学院沈湘平教授提出，西方后物质主义及其价值观的理论研究，对我们在当代中国从事价值观研究很具有借鉴意义，但并不宜照搬。我们应悬置具有特定价值倾向的"后物质主义"而借用更为客观的"后物质时代"判断，并以此为基础进行具有中国主体性、原创性的研究。

国防大学政治学院唐志龙教授认为，文化自信是一个国家与民族发展更基本、更深沉、更持久的力量。对文化自信价值的思考，对于我们面对百年未有之大变局，深入研究文化自信多方面价值，拓展价值论的研究领域具有重要理论和实践意义。

东华大学贺善侃教授提出从价值观层面考察，当今世界百年未有之大变局的实质是从"范式性"全球价值理念向"文明型"全球价值理念的大转型，而体现这一世界新秩序的全球治理理念是"共商共建共享的全球治理观"；从思想基础分析，共商共建共享的全球治理观是中国倡导的"文明型"全球价值理念的具体体现，全人类共同价值体现了高超的中国智慧，倡导和践行全人类共同价值是推动构建人类命运共同体的关键之举。

湖北大学哲学系周海春副教授认为，史伯的思想中蕴含着全人类共同价值的基因，其中比较有代表性的思想是"和实生物"的思想。史伯"和实生物"思想以发展为价值归宿，以主体的全面而自主的发展为基本价值立足点，以对象世界的丰富性为实现自我价值的条件，以个体价值成为整体价值的确证为灵魂。这一思想中包含自由、正义、发展等全人类价值的基因。

上海财经大学马克思主义学院裴学进教授回顾了党的十九大以来社会主义核心价值体系和社会主义核心价值观之间理论关系的不断进展，认为有关社会主义核心价值观的重要论述推动了马克思主义核心价值观理论的新发展，开辟了马克思主义核心价值观理论的新境界，并对相关理论领域接下来的进一步发展和推进作了展望。

宝鸡文理学院王世荣教授提出，中华民族对世界文明的重要贡献之一是提出了天人合一的思想。这一思想意味着人不仅对世界的持续发展负有责任，还应对存活环境的大自然负有责任。

"价值实践论坛"的青年学者的思考给人以深刻启发。中共玉溪市委党校刘杰副教授认为，要增强中国共产党的领导力的汇聚效应、提高领导力的支撑功效、强化领导力的竞争力，就必须增强"能力、领导、领导力"中的价值耦合，遵循"中国共产党能、中国特色社会主义好、马克思主义行"的价值逻辑，构建"价值、制度、行动"的领导体系。河南农业大学鹿林副教授认为中华民族文化价值体系是中国人民和中华民族价值共识形成的基础，是凝聚实现中华民族伟大复兴巨大精神力量的最终源泉；百年未有之大变局客观地构成了我们反思和审视中华民族文化价值体系的时代背景，我们必须对之进行认真反思和审视，完成历史性的重建任务。宝鸡文理学院马小茹副教授基于对罗西·布拉伊多蒂的后人文批判思想的批判，提出了有关后人类主体这一新的价值向度的思考，认为后人类主体的理论设计立足后人类中心主义批判视野下的问题范式，对于新时代构建人类命运共同体具有极其重要的理论借鉴价值。河南大学法学院邹益民副教授认为，黑格尔的理念论有助于我们对多元价值进行包容，应从黑格尔精神现象学中萌发的沟通理性、对黑格尔式的线性史观进行修正后，审慎思考进步史观以及宽容精神。上海大学哲学系张亚月副教授认为，休谟的"大规模社会正义观"对于构建全球正义而言具有重要启示，这涉及大规模社会的正义机制问题、社会整体利益的普遍主义和遵从原则，还涉及外部权威的维系机制问题以及国际正义问题，对于我们构建人类全球正义而言具有重要的启示性意义。海军军医大学政治理论教研室张婧副教授提出在思想政治教育领域，必须重新审视教育者、受教育者、教育载体和教育情境的关系问题，拓展思想政治教育的互动研究视角，从教育者组织互动、受教育者参与互动、教育载体促进互动和教育情境推动互动四个角度为有效实现思想政治教育互动提供理论支撑和实践指导。西北政法大学文化与价值哲学研究院讲师王轩认为，数字正义是社会数字转型的整体性价值实践，必须要立足社会普遍主义正义观的适用性和实效性，着力对网络空间数字组织与生产结构的价值反思，为数字化时代网络空间治理实践确立合理性的价值逻辑与评判标准。复旦大学马克思主义学院任帅军认为贫困问题是理解蒲鲁东《什么是所有权》和马克思《神圣家族》中批判私有财产的重要概念，马克思的批判揭示了贫困的实质，对打赢新时代的脱贫攻坚战具有重要启示。西北政法大学文学与价值哲学研究院讲师郑毅提出，中国乐制中蕴涵着人类共同价值的内涵，礼乐推进社会统一与和谐，规范了人类共同的公平正义之社会秩序价值；中国乐制开创了自上而下一以贯之的价值典范，为凝聚人类共同价值创辟了道路。上海大学哲学系讲师盛宁指出，《尚书·大禹谟》中的"正德、利用、厚生"这一思想，不仅是中国古人关于如何实现善政的基本设想，同时可被视为中国传统实践观的总体性原则。对四者在中国古人实践活动中综合运用的考察，不仅有助于理解其对中国古人个体实践与社会实践的重要引导作用，同时也能够为社会主义和谐社会乃至人类命运共同体的构建提供重要的借鉴。复旦大学马克思主义研究院讲师刘伟兵提出，马克思主义基本原理同中华优秀传统文化相结合的价值观维度表现为马克思主义价值观的中国化，中华优秀传统价值观的创造性转化和创新性发展，对中华民族精神的彰显。首都师范大学讲师孙晓静主要探讨了阿伦特对恶的平庸性与无思的自我的思考，认为阿伦特反思恶的理论路径以及其背后所揭示的超越恶的意图触及了个体的现代性反思，这一理论过程中暗含着内在性的张力。西北政法大学法治学院讲师王金霞主要分析了社区型城市的权力问题。她指出，在争取城市权利和寻求空间正义的过程中，人们必然会寻求社区理论和社区运动的结合，回归和复兴社区是世界范围内的社会运动，社区型城市权利的理论建构则是对这一运动的回应和推动，具有重要的理论和实践意义。杭州职业技术学院马克思主义学院讲师付志强指出，"工匠精神"作为中国共产党人精神谱系的重要组成部分，在党的百年历程中形成了鲜明的特色品质，是高职思政课精神品格教育的主要内容，因而必须大力弘扬"工匠精神"，将其融入高职思政课教学的理路之中，为培育担当民族复兴大任的时代新人奠定坚实基础。

与上面两个论坛相比，研究生论坛彰显了新时代价值论研究的活力与潜力，从每位研究生发言的主题就可略见一斑。来自中国社会科学院大学、中山大学、复旦大学、北京师范大学、南京大学、南开大学、西北大学、上海大学等全国各地高校的研究生们主要围绕价值哲学理论中的基础问题、不同理论家的有关价值问题的探讨、当代社会发展中的价值理论问题等主题分别做了相关的报告。

会议闭幕式由孙伟平教授主持。首先由中国辩证唯物主义研究会价值论研究专业委员会学术委员副主任陈新汉教授为大会做总结，他说，在本次会议上，近80位专家学者围绕大变局中的价值哲学、价值论的基础研究、价值的实践问题、价值研究和当今科学发展的问题以及其他相关议题作了深入的报告和探讨，报告主题涵盖面广，内容翔实深刻，成果斐然。陈新汉教授最后为大家介绍了由中国辩证唯物主义研究会价值论研究专业委员会和上海大学价值与社会研究中心组编的《价值论研究》，呼吁各位专家学者为该书赐稿。最后，2023年年会承办单位湖南师范大学毛新志院长作了讲话，毛院长邀请并期待大家能够在2023年相聚长沙共襄盛会。

【执行编辑：尹　岩】